王阳明全集

全译本

石玉 译著

四

天津出版传媒集团
天津古籍出版社

卷之十三　别录五

卷之十四　别录六

卷之十五　别录七

卷之十三　别录五

奏疏五

乞宽免税粮急救民困以弭灾变疏

十五年三月二十五日

照得正德十四年七月内，节据吉安等一十三府所属庐陵等县，各申为旱灾事，开称本年自三月至于秋七月不雨，禾苗未及发生，尽行枯死，夏税秋粮，无从办纳。人民愁叹，将及流离，申乞转达宽免等因到臣。节差官吏老人踏勘前项地方。委自三月以来，雨泽不降，禾苗枯死。续该宁王谋反，乘衅鼓乱，传播伪命，优免租税。小人惟利是趋，汹汹思乱。臣因通行告示，许以奏闻优免税粮。谕以臣子大义，申祖宗休养生息之泽，暴宁王诛求无厌之恶，由是人心稍稍安集，背逆趋顺，老弱居守，丁壮出征，团保馈饷，邑无遗户，家无遗夫。就使雨旸时若，江西之民亦已废耕耘之业，事征战之苦，况军旅旱干，一时并作，虽富室大户，不免饥馑，下户小民，得无转死沟壑，流散四方乎？设或饥寒所迫，征输所苦，人自为乱，将若之何？如蒙乞敕该部暂将正德十四年分税粮通行优免，以救残伤之民，以防变乱之阶；伏望皇上罢冗员之俸，损不急之赏，止无名之征，节用省费，以足军国之需，天下幸甚。缘由于本年七月三十日具题请旨，未奉明降。

译文

正德十四年七月期间，根据接到的吉安等一十三府所管辖的庐陵等县各自的申报，就旱灾这件事写道：从今年三月份到秋季，七个月的时间没有降下一滴雨。禾苗还没来得及长大，就全部枯死了，夏季的赋税和秋季的纳粮都无法办理缴纳，老百姓都忧愁叹息，将要流离失所，所以申请恳求向上转达灾情、宽免当地粮税等情况到我这里。于是我差遣了一个老练的官吏，实地考察上面提到的受灾的地方，确定了自从三月以来，一滴雨也没有降，庄稼全部枯死了。接着又发生了宁王图谋反叛，乘着灾情鼓动叛乱，散布假旨意，准予豁免租税。一些小人见利忘义，唯利是图，蠢蠢欲动，想跟着叛乱。因此我遍街贴满了告示，许诺把灾情上奏给皇上，豁免粮税。并且告诉他们君臣的大义，重新申明祖先休养生息的恩惠，以此揭露宁王索求财物、贪得无厌的罪行，于是民心有所安顺，背离叛逆，趋向顺服，老人和弱者留在家里安居，青壮年随着军队出征，团保提供粮食和军饷，城邑中不落下一户，每户都不剩下一个壮丁。就算是雨水均匀，年景较好，江西的老百姓也已经废弃了耕种农事，专门从事征战的艰苦，况且战争和干旱同时发生，即使富家大户也难免承受饥饿的痛苦，那穷民小户，怎么能不饿死荒野，四处流散呢？假如为饥寒所迫，为征调、运输差役所苦，人们自发叛乱，将怎么办呢？如此承蒙圣上能够发下旨意，暂时将正德十四年江西应该缴纳的粮税一律宽免，来救助受灾的百姓，以避免叛乱的祸端；诚恳请求皇上能够裁减撤去多余官员的俸禄，去掉一些不重要的赏赐，停止那些没有名目的征纳，节约开支减少费用，以此来满足国家的军事需要，那真是天下百姓的幸运了！正因为如此，在今年七月三十日呈报上奏臣的建议，请求皇上降下意旨，但是没得到明确批复。

随蒙大驾亲征，京边官军前后万数，沓至并临，填城塞郭。百姓戍守锋镝之余，未及息肩弛担，又复救死扶伤，呻吟奔走，以给厮养一应诛求。妻孥鬻于草料，骨髓竭于征输。当是之时，鸟惊鱼散，贫民老弱流离弃委沟壑，狡健者逃窜山泽，群聚为盗，独遗其稍有家业与良善守死者十之二三，又皆颠顿号呼于梃刃捶挞之下。郡县官吏，咸赴省城与兵马住屯之所奔命听役，不复得亲民事。上下汹汹，如驾漏船于风涛颠沛之中，惟惧覆溺之不暇，岂遑复顾其他，为日后之虑，忧及税赋之不免，征科之未完乎！当是之时，虽臣等亦皆奔走道路，危疑仓皇，恐不能为小民请一旦之命，岂遑为岁月之虑，忧及赋税之不免，征课之未完，而暇为之复请乎！

译文

承蒙您大驾亲自出征，京城周围兵将前后数万人，纷至沓来，围堵了城池，填塞了街巷。百姓在抵挡刀箭的同时，还没有来得及放下肩膀上的担子得以休息，就又抢救扶持伤患，哭喊着向前奔走，来供给服役，满足朝廷的索求。他们变卖妻子儿女来换取被征发的草料，榨干骨髓来应付官府的赋税征收。当时的情况，老百姓就像是受了惊吓的飞鸟、河鱼一般四处逃散，潦倒的平民和老弱病残之人流离失所，尸体堆弃在了沟壑，健壮的人都逃跑到了深山泽地，聚集在一起成为盗贼，唯独留下了那些稍微有点家业和善良老实的坚守者，这些十分之二、三的坚守者，又在刀枪威逼和皮鞭鞭挞之下，颠沛困顿，哀嚎呼喊，痛苦极了。郡县的全部官吏都跑到了省城里和军队驻扎之所，听从命令和役使，不能够亲自来处理老百姓相关事务。上上下下来势汹汹而危急，就如同驾驶一艘漏船在大风大浪之中颠沛流离，正在匆忙地担心自己的船翻了而被淹死，哪里还有空关心其他的事，即为着日后打算，忧虑自己的赋税不能被免，征收的苛捐杂税何时结束！那时，我也在路上奔波，心情危急惊恐，担心不能够保存百姓旦夕间的性命，那里还有时间去思考为了长久的打算，请求免去赋税和征课呢？

若是者又数月，京边官军始将有旅归之期，而户部岁额之征已下，漕运交兑之文已促，督催之使，切责之檄，已交驰四集矣。流移之民闻官军之将去，稍稍胁息延望，归寻其故业。足未入境，而颈已系于追求者之手矣！夫荒旱极矣，而又因之以变乱；变乱极矣，而又加之以师旅；师旅极矣，而又竭之以供馈，益之以诛求，亟之以征敛。当是之时，有目者不忍睹，有耳者不忍闻，又从而刻其膏血，有人心者而尚忍为之乎！

译文

就这样又过了几个月，京城的边防军队开始有了归京的日期，而户部每年的征粮文书已经下达地方，征收漕运关税的文书也已经在催促，监督催促交粮的使者和催促征税的檄文都已经开始四处出现了。出逃在外的老百姓，听说官兵即将离开，才稍稍喘了口气，希望能够回归自己的家乡，从事以前的事业。脚还没有回到家中，脖子就已被追寻他们上交租税的人抓住了。那时候旱灾严重到了极点，并且又因为旱灾而出现了叛乱；叛乱十分危急的情况下，又加上征战的苦难；征战的苦难到达了极点，又使他们竭尽供给，造成官府强制征收得更频繁，征课敛赋得更急切。在这个时候，有眼睛的人不忍心亲眼去看，有耳朵的人不忍心亲耳去听；官府又从处于苦难中的百姓身上吸取膏血，有良心的人忍心这样做吗？

今远近军民号呼匍匐，诉告喧腾，求朝廷出帑藏以赈济，久而未获，反有追征之令。哄然兴怨，谓臣等昔日蠲赋之言为诒己。窃相伤嗟，谓宸濠叛逆，独知优免租税以要人心，我辈朝廷赤子，皆尝竭骨髓、出死力以勤国难，今困穷已极，独不蒙少加优恤，又从而追征之，将何以自全？是以令之而益不信，抚之而益愤愤，谕之而益呶呶，甫怀收复之望，又为流徙之图。计穷势迫，匿而为奸，肆而为寇，两月以来，有司之以鼠窃警报者，月无虚日。无怪也，彼无家业衣食之资，无父母妻子之恋，而又旁有追呼之苦，上有捶剥之灾，自非礼义之士，孰肯闭口枵腹，坐以待死乎？

译文

如今各个地方的军队、老百姓都扑倒在地号呼痛哭，喧闹着诉告，请求朝廷能够把国库储存的粮食拿出来赈济受灾的地方，许久之后也没有获得回复，反而发出追缴粮食和赋税的命令。这马上激起了百姓的埋怨，并认为我等过去说要免除赋役的话是骗人的。偷偷地相互伤心叹息，说：宸濠逆党，尚且还知道用免除老百姓的田赋和各种税款的方法来收买人心，我们都是朝廷的赤胆忠心的子民，都曾经竭尽自己的骨髓，拼死挽救国家于危亡之中，现在已经困窘到了极点，还不能承受一点朝廷的抚恤，竟又要追加征敛，将凭什么来保全自己呢？因此，下令指挥他们，他们就更加地不信服；安抚他们，他们反而更加愤怒；谕示他们，他们却更加抱怨不止。本来他们满怀被收复的希望，现在却又要考虑流离迁徙去谋求出路。没有活路了，形势又十分危急，于是他们只能躲藏起来成为奸民，放纵自己的行为成为盗贼，两个多月以来，衙门每天都有人因偷窃而报警的，一个月中没有哪天是不发生的。不奇怪的！他们没有家产、衣服、粮食等资费，也没有可留恋的父母和妻儿，并且旁边有追赶打骂的苦楚，上面又有被鞭策剥削的不幸，他们自己也不是懂得礼义的人士，谁愿意闭着嘴饿着肚子，坐在哪里等死呢？

今朝廷亦尝有宽恤之令矣，亦尝有赈济之典矣，然宽恤赈济，内无帑藏之发，外无官府之储，而徒使有司措置。措置者岂能神输而鬼运？必将取诸富民。今富民则又皆贫民矣！削贫以济贫，犹割心脔肉以啖口，口未饱而身先毙。且又有侵克之毙，又有渔猎之奸，民之赖以生者不能什一，民之坐而死者常十九矣。故宽恤之虚文，不若蠲租之实惠；赈济之难及，不若免租之易行。今不免租税，不息诛求，而徒曰宽恤赈济，是夺其口中之食，而曰“吾将疗汝之饥”；割其腹肾之肉，而曰“吾将救汝之死”。凡有血气，皆将不信之矣。

译文

如今的朝廷也曾经下过宽免抚恤的命令，也曾经有过救灾济民的法令，但是抚恤救济灾民，内部的宫廷没有钱币藏粮的发出。外面的官府也没有钱粮储备，而只是让专司官吏去想办法，置办者难道能够像鬼神那样把钱粮从别的地方挪过来？必然是从比较富裕的老百姓那里夺取。如今富人也变成了穷人了！剥削贫困的人来救济贫困，就如同割下心头肉来喂养嘴巴，嘴里还没有吃饱而人却先死了。并且还存在着侵吞克扣的弊端，又存在鱼肉百姓的奸诈，老百姓赖以生存下来的不到十分之一，坐等着死的人常常有十分之九。因此朝廷发布宽慰抚恤的虚假文告不如免除他们的租税来得实惠；难以做到赈灾济民的行动，不如免除他们的租税更容易执行。如今不免除他们的租税，无止息地进行索取，并只是说些宽慰抚恤赈灾济民的话，这是从他们嘴里的夺取粮食，却说“我在治疗你们的饥饿”；割掉他们肚子内脏上的肉，却说“我这是救助你们免于一死”。凡是有血有肉的人，都将不会相信这些话的。

夫户部以国计为官，漕运以转输为任，今岁额之催，交兑之促，皆其职之使然。但民者邦之本，邦本一摇，虽有粟，吾得而食诸？伏望皇上轸念地方涂炭之余，小民困苦已极，思邦本之当固，虑祸变之可忧，乞敕该部速将正德十四、十五年该省钱粮悉行宽免；其南昌、南康、九江等府残破尤甚者，重加宽贷，使得渐回喘息，修复生理。非但解江西一省之倒悬，臣等无地方变乱之祸，得免于诛戮，实天下之大幸，宗社之福也。

译文

户部的职能是替国家做筹划，漕运官是以转运输通为己任，现如今一年一度的催促缴税，督促交粮，全部都是他们的职责所在。但是，老百姓是国家的根本，一旦国家的根本发生动摇，即使有粟米，朝廷又怎么能吃到它呢？乞求皇上悲痛地考虑到地方上处于极端悲惨境地的民众，百姓的困苦已经到达了极点，臣思考国家的根基需要巩固，又思虑可能发生祸变而担忧，乞求命令户部迅速将正德十四年和十五年的江西省的银赋和粮税全部免除；那受到灾情比较厉害的南昌、南康、九江等府地，应该更加宽免钱粮赋税，使他们暂时能得到喘息的机会，迅速地恢复生产和生活秩序。这样的做法不但可以解决江西省的危险局面，我等也可因没有出现叛乱的祸害，得以幸免被杀戮的危险，这实在是天下人最幸运的事情，也是宗庙社稷的福气。

夫免江西一省之粮税，不过四十万石，今吝四十万石而不肯蠲，异时祸变卒起，即出数百万石，既已无救于难矣。此其形迹已见，事理甚明者。臣等上不能会计征敛以足国用，下不能建谋设策以济民穷，徒痛哭流涕，一言小民疾苦之状，惟陛下速将臣等黜归田里，早赐施行，以纾祸变。缘系宽免税粮，急救民困，以弭灾变事理，为此具本请旨！

译文

免除江西省的钱粮税款，也不过四十万石，如今吝啬这四十万石的粮食而不肯免除粮税，他日突然爆发祸乱，即使拿出几百万石的粮食，也无法免除这场灾难了呀。如今已经出现了暴乱迹象，事情的道理是再明晰不过了。我等对上不能够筹备钱粮赋税来充足国家的收入，对下又不能思考谋划出好的政策来救济老百姓的穷困，只能够痛哭流泪，向皇上诉说百姓们的疾苦状况，只请求皇上早日将我们这批人撤职回家，也要早日执行免除粮税的政策，以此免除可能发生的祸乱。为了免除老百姓的粮税，紧急救助百姓脱困，来消除灾祸叛乱的事，书写奏折，请求皇上的旨意。

计处地方疏

十五年五月十五日

臣惟财者民之心也，财散则民聚；民者邦之本也，本固则邦宁。故文帝以赐租致富乐之效，太宗以裕民成给足之风。君民一体，古今同符。

译文

我认为，惟有财物是老百姓关心的问题所在，财物疏散出去，那么老百姓就能够聚集在一起；老百姓是国家的根本和基础，基础稳固了，那么国家才能够安定。因此，汉文帝以赏赐租田来实现富裕欢乐的天下太平，唐太宗凭借让老百姓生活富裕起来，达到丰衣足食的风气。君主与百姓本为一体，古代和现代都是相同的。

臣会同巡按江西监察御史唐龙议照宁贼宸濠志穷荒度，谋肆并吞，其于民间田地山塘房屋等项，或用势强占，或减价贱卖，或因官本准折，或摭别事抄收。有中人之家者，一遭其毒，即无栖身之所。有上农之田者，一中其奸，即无用锄之地。尤且虚填契书，以杜人言，私置簿籍，以增租额。利归一己，害及万家。故先有副使胡世宁直言指陈，续该科道等官交章举发，言皆有据，事非无征。近奉诏书曰："宸濠天性凶恶，自作不靖，强夺官民田产，动以万计。"则陛下明以烛奸，深知宸濠田产皆夺诸百姓者也。又曰："占夺田产悉还本主。"则陛下仁以悯下，尽欲举百姓之田产而给还之也。圣言犹在，昭如日星，国信不移，坚如金石。

译文

我与巡行到江西的监察御史唐龙一同讨论商议，那宁贼宸濠志向短浅，荒淫无度，筹划肆意地吞并他人的财产，对于老百姓的田产、山塘、房屋等财产，或者凭借威势强行占领，或者逼迫减价，用很低的价格强势地买过来，或者凭借官方的文书批准折变，或者指摘别的事情抄家没收。有些中等人家，但凡遭遇到他的毒手，就会连一块安身立命的地方都没有了。有上等田地的农户人家，一旦中了他的奸计，就会连一点可以耕种的田地都没了。尤其是，他还填写虚假的契书，来杜撰别人的言语，私底下增置书薄户籍，以此来增加租税收入。所有利益归于他一人，但是却有上万家百姓因此受到伤害。所以，先前有副使胡世宁直接陈述指告，接着该科、道等官吏，接连上交奏章举报他，他们说的话都很有根据，这些事情并不是没有证据。近期接到了皇上的诏书说："宸濠这个人本性十分凶残暴恶，胡作非为，一点都不安守本分，强行夺取官员和百姓的田地和财产，动辄就以万为单位来计算。"这是英明的皇上识破了奸贼，深深地知道宸濠的田地和财产，都是从老百姓那里抢夺豪取过来的。又说："他抢占夺取的田地和财产，要全数都归还他原来的主人。"这是皇上以仁德怜悯体恤百姓，准备把他抢夺豪取的全部田地和财产还给受害的百姓。皇上的话到了现在仍然还在臣的耳边回响，就如太阳和星星一样明亮清晰，国家的信义没有遭到破坏，像是金刚石一样坚固。

始者，宸濠既败，该臣等已行守巡等官，将该府及各贼党田地房屋，许令府县等官俱抄没在官，造报在册矣。但委官查勘之时，正事变抢攘之际，业主惊散，俱未宁家，上司督责，急欲了事。依契溷查，凭人浪报，多寡是较，占买未分。明诏虽有给主之条，小民犹抱失业之恨。昔之居，不得而居也，昔之田，不得而食也。泽未下究，怨徒上归。况屋无主则毁，地不耕则荒。故兵马之后，瓦柱仅存，田野之间，草莱渐长。兼以势室豪强，恣行包侵之计，奸徒私窃，动开埋没之端。及今审处不早，将来遗失益多。

译文

开始的时候，宸濠既然已经败落了，我和已经行使巡察职责的官员们，针对逆贼宸濠的府宅以及各党羽的田地屋宅，命令府县的官吏都抄家没收到官衙，收归公有，已经书写在册了。但是委任的官吏正在检查确认的时候，正处于发生事变混乱不堪的关头，那些田产的原主人已经都被吓跑了，全部都未能安居下来，上面的官员督促责办，急切地想要早日办完事情。按照契书混乱地查看，任凭别人随便报告，多少大小缺乏校对，是抢占还是购买的没有分清。皇上英明的诏书，虽然上面有全部归还原主的条文，但是平民百姓还是抱有失业的愤恨。过去有房子的人，现在却没地方居了住，过去曾有田产的人，现在却不能种田养活自己。朝廷的恩惠没有能够到达百姓身上，对朝廷的怨恨却陡然上升。更何况房屋没有主人打理就会毁坏，土地不去耕种就会变得荒芜。因此经过兵马的践踏之后，只剩下一些屋墙乱瓦，田野上也渐渐地生长野草。更有实力、权势强大的家族，恣意地进行侵吞包占，再加上奸贼之辈私自偷窃，动辄就施展手段吞没。到了现在进行审察已经有些晚了，将来会失去更多的财物。

再照前项田产，多在南昌、新建二县，受害独深，人人被其诛求，家家被其检括。且贼师起事，抄掠尤惨，官兵破围，伤残未苏，财尽已极，民困莫加。查得二县额派兑军淮安京库三项粮米共十一万九千石有零，淮、益二府禄米共四千二石，节奏宽免，未奉停征。运官守催，旗校逼取，势急若火，案积如山，民纳不前，官宜为处。

译文

再说照得前面提到的田地和财产，大多数位于南昌、新建二县，这二县受害的程度尤其深切，人人都被逆贼宸濠势力强制索取过，家家户户都被他们搜查抢掠过。而且，在贼兵叛乱的时候，对这里进行了特别惨烈的掠夺，官兵在破除贼兵之后，受到伤害的老百姓到现在还没有得到恢复，老百姓的财产已经被搜刮穷尽，他们的穷困无以复加了。实地考察到这两县每年需要承担兑付军饷、淮安国库、京库三个项目粮税共有十一万九千石多一点，淮安、益王两府共四千零二石的禄米，之前上奏祈求宽免，并没有收到停止征敛的命令。运输的官员不停地催促，军队的小官进行威逼抢夺，危急的形势如着火一般，各种各样的案件堆积成小山，民众含冤的不敢上前，官官相护。

及照一方之统会在于省城，各府之钱粮并于司库。查得本布政司官库，先被贼兵劫抢，继因军饷动支，官吏徒守乎空柜，纸笔亦赊于铺家。大兵必有荒年，民穷必有盗贼，万一变生无常，衅起不测，则寸兵尺铁皆无所需，束刍斗粮亦不能办，公私失恃，缓急可忧。

译文

考虑到一个地方总的统治在省城，各府的银钱和粮食全部要集合起来存在省级仓库里面。考察得知该布政司的官家仓库，先前被造反的军队抢劫，接着又支付了大量的军饷，如今官吏只守护着一个空仓，就连他们使用的纸笔也都是从店铺里赊取的。大的征战出现之后必然会有荒年，老百姓穷困到了一定的程度必然会出现盗贼，万一发生特殊的情况，突然爆发什么祸事，那么就没有地方筹办一寸兵器和一尺铁枪，也无法筹集一束马草一斗粮食。公私两个方面都面临危险，紧急的形势真是让人忧虑呀！

再照省城各门城楼窝铺及诸司衙门，先是王府占据，多属疏隘，近因兵火蔓延，半遭荡焚。夫城楼者，一方防御之所关，衙门者，诸司政令之所出，托始创新，固无民力，因陋就简，见有官房。如蒙乞敕该部查议，将前项抄没过宁府及各贼党下田地山塘房屋等项，行令布政司会同按察司各掌印官，及分守、分巡官并府县官，从实覆行查勘明白，委系占夺百姓者，遵照诏书内事理，给还本主管业。及将于内官房酌量移改城楼窝铺衙门，余外无碍田地山塘房屋，仍令各官公同照依时估变价，银入官，先尽拨补南、新二县兑军淮安京库折银粮米，及王府禄米，外有羡余，收贮布政司官库，用备缓急。仍禁约势豪之家，不得用强占买，各委官亦不得畏势市恩，致招物议。凡拨给变卖事情，若有势豪强占强买，及委官畏势市恩各情弊，许抚按衙门指实纠劾惩究。施行事完，该司将各项数目径自造册奏报，并呈该部查考。是盖以百姓之业，纳百姓之粮，以地方之财，还地方之用。民沾惠而国不费，事就绪而财不伤。《书》曰："守邦在众。"《易》曰："聚人曰财。"惟陛下留意焉。缘系计处地方事理，未敢擅便。为此具本请旨！

译文

再去看看省城的各个大门、城楼、窝铺以及各个司的衙门，最开始被逆贼藩王所占据，大多属于紧要的关隘，最近因为祸乱，大火蔓延，有一半已经遭到了焚烧和毁坏。那城楼，是防御外敌的重要关卡，那衙门，是各个官府发号施令的初始点，新的局面刚刚开创，原本来就没有多少力量，只能凭陋从简，勉强作为官用房屋。因此请求敕令该部勘察商议，将前面查抄没收的宁府财产以及各个贼党占有的田地、山塘、房屋等等财产，命令布政司与按察司各个掌印的官员，以及分守官、分巡官，连同各个府县的官员重新进行实事求是的实地考察，直到明白无误，确实是掠夺和侵占老百姓财产的，遵照诏书中相关的法令条文，退还给原来的主人和业主管理。并且将内朝官的官舍根据实际情况改造成城楼、窝铺、衙门，除此之外，对于没有什么大碍的田地、山塘、房屋，依然下令给各级官吏，公平地按照当时的价格进行估价变卖，所得银两全部归公，首先尽量拨款补发给南安、新建两县的兑付军饷、淮安国库、京库的三项粮米折变银钱以及王府的财禄粮米，另外还有剩余的话，就贮存在布政司的官库里，作为紧急情况时的备用资财。仍要下达禁令，约束那些有权势的人家，不允许他们依靠势力压价购买，各个委派的官吏也不要因为害怕他们的权势，而表示给他们恩惠，从而招致非议。凡是拨款、给还、变卖的事情，如果有豪强倚仗权势强行占用、强行购买，以及有委派的官吏因为害怕权势以表示恩惠等等弊端，允许巡抚、巡按等衙门，按照实际情况施行纠察、弹劾、惩治、深究。处理完事情之后，该司要将各个项目的数据，直接编写成册来奏请上报，并且呈送该部进行查看考核。这大概是用百姓的田地和财产来交纳百姓的征粮，把地方上的钱财和物品，归还地方上使用。百姓们得到了实惠而国家又没有花费开支，事情处理好了而百姓们的财产却没有被伤害。正如《尚书》中说的那样："守护国家的安危在于民众"，也如《易》中所说的那样："人聚集在一起就叫财。"唯有皇上留心就能观察到了。因为筹划地方上的事情，臣不敢擅自做主，因此写了这个折本请求皇上的旨意。

水灾自劾疏

十五年五月十五日

臣惟有官守者，不得其职则去。受人之牛羊而为之牧者，求牧与刍而不得，则反诸其人。臣以匪才，缪膺江西巡抚之寄，今且数月，曾未能有分毫及民之政。而地方日以多故，民日益困，财日益匮，灾变日兴，祸患日促。自春入夏，雨水连绵，江湖涨溢，经月不退，自赣、吉、临、瑞、广、抚、南昌、九江、南康沿江诸郡，无不被害，黍苗沦没，室庐漂荡，鱼鳖之民聚栖于木杪，商旅之舟经行于闾巷，溃城决堤，千里为壑，烟火断绝，惟闻哭声。询诸父老，皆谓数十年来所未有也。除行各该司府州县修省踏勘具奏外，夫变不虚生，缘政而起，政不自弊，因官而作。官之失职，臣实其端，何所逃罪？

译文

我认为当官的人没有能够尽到职责，就应该罢免他的官职。受了别人的托付替人家放牧的人，找不到水草丰富的地方，就应该把牛羊还给人家。我凭借着浅薄的才能，辜负了朝廷授予我江西巡抚职位的期望，如今我赴任已经有几个月了，还未曾带给老百姓丝毫的政绩。而地方上的问题一天比一天多，老百姓的生活一天比一天的穷困，财物一天比一天的匮乏，天灾一天比一天厉害，人为祸患一天比一天危急。自从春天开始到了夏天，降雨连绵不断，大江和大湖的水都已经涨满外流，几个月过去了，水位未能降下，从赣州、吉安、临、瑞金、广、抚州、南昌、九江、南康等这些沿江的府郡，没有一个不遭受灾害的，田里的庄稼全部都被水淹没了房屋泡在水中摇摇欲坠，那些受灾的老百姓都聚集在树梢上栖息，商人旅行的船只直接穿行在以前的大街小巷里，城楼被洪水冲溃，堤坝都决了口，几千里之内成为了一片水沟，看不到老百姓做饭时的炊烟袅袅的情景，只能听到一片哭声。向那些老人们询问，都说十几年来都没有见过这么大的洪水。除了该地掌管各个司、府、州、县的官员对实地进行了具体勘查并且把奏章上交之外，这场灾难变化并不是凭空而产生的，是因为官府施政不力而造成的，政府施令的弊端也不是自然造成的，是因为当官者的所作所为而导致的。当官者的失职，实际上我就是罪魁祸首，没有什么理由可以逃避这个罪责。

夫以江西之民，遭历宸濠之乱，脂膏已竭。而又因之以旱荒，继之以师旅，遂使丰稔连年，曲加赈恤，尚恐生理未易完复，今又重以非常之灾，危亟若此，当是之时，虽使稷、契为牧，周、召作监，亦恐计未有措。况病废昏劣如臣之尤者，而畀之怅然坐尸其间，譬使盲夫驾败舟于颠风巨海中，而责之以济险，不待智者知其覆溺无所矣。又况部使之催征益急，意外之诛求未已。在昔一方被灾，邻省尚有接济之望，今湖、湘连岁兵荒，闽、浙频年旱潦，两广之征剿未息，南畿之供馈日穷。淮、徐以北，山东、河南之间，闻亦饥馑相属。由此言之，自全之策既无所施，而四邻之济又已绝望，悠悠苍天，谁任其咎！

译文

江西的老百姓，遭受了宸濠叛乱的洗劫，他们的精力财粮都已经被搜刮殆尽。而且因为起先遭受干旱灾荒，紧接着又遭受征战的洗礼，即使接连几年的大丰收，再加上朝廷的特别给予的赈济抚恤，尚且恐怕难以完全恢复到从前的秩序，如今又遭受了非常严重的大水灾，情况紧急到这种境地了，在这个时候，即使让后稷、契作为太守，让周、召二公作为监官，恐怕也会手足无措，无计可施。更何况是像我这样无能、昏庸、卑劣的人当政，只能毫无办法地坐在这地方看着灾难的发生，这就好像一个盲人驾驶着一艘破船在狂风巨浪中航行，却还让他想办法渡过险情，不等智慧的人提醒，也知道船会倾覆淹死于此了。又何况上级的使者更加急迫地催促缴粮，意想不到的各种索取从未停止过。在过去，一个地方遭受了灾难，相邻省份还有进行救济的希望，现在就连湖、湘也多年遭受兵荒马乱，闽、浙两省也多年遭受旱灾和水灾，百姓的生活困苦不堪，广东、广西进剿夷贼从未停息，南畿一带的钱粮供应也是一天比一天困难。淮北、徐州以北的地方，山东、河南之间，听说也在闹饥荒，天灾人祸连成了一片。所以说，想保全自己的办法，是很难找到的，而想要得到四邻的救济，也失去了希望，悠悠的苍天呀，这一切究竟都是谁的过错和失误呢！

静言思究，臣罪实多。何者？宸濠之变，臣在接境，不能图于未形，致令猖突，震惊远迩，乃劳圣驾亲征，师徒暴于原野，百姓殆于道路。朝廷之政令因而阏隔，四方之困惫由是日深。臣之大罪一也。徒避形迹之嫌，苟为自全之计，隐忍观望，幸而脱祸。不能直言极谏以悟主听，臣之大罪二也。徒以逢迎附和为忠，而不知日陷于有过；徒以变更迁就为权，而不知日紊于旧章；徒以掇拾罗织为能，而不知日离天下之心；徒以聚敛征索为计，而不知日积小民之怨。此臣之大罪三也。上不能有裨于国，下不能有济于民，坐视困穷，沦胥以溺，臣之大罪四也。且臣忧悸之余，百病交作，尪羸衰眊，视息仅存。以前四者之罪，人臣有一于此，亦足以召灾而致变。况备而有之，其所以速天神之怒，深下民之愤，而致灾沴之集，又何疑乎！

译文

我沉默静想，想要探究其中的原因。我的罪责实在很多呀。为什么呢，当宸濠起兵叛乱的时候，我执政的地方就离他不远，却不能在他还没成气候的时候一举将他扑灭，反而让他变得更加猖獗，震惊了远近的各个地方，还烦劳皇上御驾亲征，让士兵在山野中遭受风吹、雨淋、日晒的苦楚，让老百姓死在道路边上。朝廷下达的政策和命令因此被隔断，难以贯通，致使各个地区的困穷疲惫日益加深。这是我的第一大罪状。只知道避免暴露行踪的嫌疑，苟且地作自我保全的筹划，隐忍地观望，侥幸脱离灾祸。未能耿直地献言，极力大胆地劝谏皇上，来使皇上省悟，这是我的第二条大罪状。只知把对人逢迎、随声附和当作忠诚，而却不知使自己渐渐地陷入更大的过失中；只知把原谅迁就作为权力变更的手段，却不知使旧的法规条文更加紊乱保守；只知把对事情进行整理编造、补缀作为本领，却不知道这样做渐渐背离了天下人的心愿；只知把聚敛财物、征收苛捐、索取民脂当作筹划重点，却不知这样会使贫苦百姓的怨恨日积月累。这是我的第三条大罪。对上不能对国家的建设做有所裨益的贡献，对下又不能做些救助于老百姓的事情，只能干坐着眼睁睁地看着老百姓穷困潦倒，相率溺亡，这是我的第四条大罪。而且我在忧虑心悸之外，多种疾病交互复发，脊背弯曲，身体羸弱衰老，只剩下了睁眼和出气的气力。前面所提到的四大罪状，我只要有其中一个也就足以导致灾祸，而引发了叛乱。更何况是四桩罪兼备呢，这就是加速天神的愤怒，加深老百姓的怨气愤恨，从而导致了各种灾难聚集在一起的原因，这还有什么可怀疑的呢？

伏惟皇上轸灾恤变，别选贤能，代臣巡抚。即以臣为显戮，彰大罚于天下，臣虽陨首，亦云幸也。即不以之为显戳，削其禄秩，黜还田里，以为人臣不职之戒，庶亦有位知警，民困可息，人怒可泄，天变可弭，而臣亦死无所憾。

译文

诚恳地希望皇上能够深切顾念灾难和祸乱，另外选择一个贤良能干的人，代替我的巡抚之职。然后把我斩头示众，向天下人彰显对我的惩罚，我就算掉了脑袋，也是非常幸运的了。即使不把我定成死罪，也请削减我的俸禄，罢黜我的官职，放归田园，来作为对我为官不称职的惩戒，如果凭此可以给其他在位的官吏一些警诫，使老百姓的困窘可以停止，民众们愤怒的情绪可以发泄出来，天灾祸乱可以消除，那么，就算是我死了也没有什么遗憾的了。

重上江西捷音疏

十五年七月十七日遵奉大将军钧贴

照得先因宸濠图危宗社，兴兵作乱，已经具奏请兵征剿。间蒙钦差总督军务威武大将军总兵官后军都督府太师镇国公朱钧帖，钦奉制敕，内开："一遇有警，务要互相传报，彼此通知，设伏剿捕，务俾地方宁靖，军民安堵。"

译文

先前因为宸濠试图威胁国家社稷的安全而起兵造反和作乱犯上的事情，我已经写过奏折，请求皇上允许调兵进剿。之后，承蒙钦差大臣、总督军务威武大将军、总兵官、后军都督府太师、镇国公朱钧发皇帖，奉皇上旨意，说："一旦遇到警报，一定要相互传达消息，相互报送，相互通知，增设埋伏，加以围剿，一定要使得地方上平定下来，军队和民众全部都去参与围追堵截。"

蒙此，臣看得宸濠虐焰张炽，臣以百数疲弱之卒，未敢轻举骤进，乃退保吉安。一面督率吉安府知府伍文定等调集军民兵快，召募四方报效义勇之士，会计一应解留钱粮，支给粮饷，造作军器战船，奏留回任监察御史谢源、伍希儒分职任事；一面约会该府乡官致仕都御史王懋中，养病痊可编修邹守益，刑部郎中曾直，评事罗侨，丁忧御史张鳌山，先任浙江佥事、今赴部调用刘蓝，依亲进士郭持平，军门参谋驿丞王思、李中，致仕按察使刘逊，参政黄绣，闲住知府刘昭等，相与激发忠义。

译文

承蒙此令，我察看到宸濠集团的反动气焰正处在高涨中，因为我只有数百名疲惫、孱弱的士兵，不敢轻举妄动，快速进军，于是退而求其次，确保吉安地区的安全。一方面去督促吉安的知府伍文定等人，调遣集合起所有的士兵、民间捕快，去召募各地的有报国之心的忠义奋勇的人士，筹划一切去留所需要的钱财和粮食，配发粮食和军饷，同时建造兵器、战船，奏请皇上对留任回任的监察御史谢源、伍希儒等人分别委以重任并明确职责；另一方面，还见到了吉安府的官吏、已经退休的都御史王懋中，刚刚养好了自己的病的编修邹守益，刑部郎中曾直，评事罗侨，丁忧御史张鳌山，以前担任浙江佥事、现在被部里调用的刘蓝，依亲进士郭持平，军门的参谋驿丞王思和李中，退休的按察使刘逊，参政黄绣，闲住知府刘昭等等，相互一起共同激励忠义与报国的决心。

七月初二日，宸濠探知臣等兵尚未集，乃留兵万余，属其心腹宗支、郡王、仪宾、内官并伪授都督、都指挥等官，使守江西省城，而自引兵向阙。臣昼夜促各郡兵，期以本月十五日会临江之樟树，而严督知府等官伍文定等各领兵，于十八日遂至丰城。分布伍文定等攻广润等七门。是日得报，宸濠伏兵千余于新旧坟厂，以备省城之援。臣遣知县刘守绪等领兵从间道夜袭破之。十九日，宣布朝廷之威，再暴宸濠之恶，约诸将二十日黎明各至信地。我兵四面骤集，遂破江西，擒其居守宜春王拱樤及伪太监万锐等千有余人。宸濠宫中眷属闻变，纵火自焚，延及居民房屋，臣当令各官分道救火，抚定居民，散释胁从，搜获原被劫收大小衙门印信九十六颗，三司胁从布政使胡濂，参政刘斐，参议许效廉，副使唐锦，佥事赖凤，都指挥王玘等，皆自首投罪。除将擒斩功次，发御史谢源、伍希儒权令审验纪录，及一面分兵四路追蹑宸濠向往，相机擒剿。

译文

七月初二日，宸濠打探知道了我们的军队还没有集中，于是留下了一万多人马，嘱咐他的心腹、宗亲、郡王、仪宾、内官以及他自己分封授予的都督、都指挥等官吏，来坚守保护江西的省城，他则亲自带兵向皇城出发。我不分昼夜地督促各郡的军队加快行军，希望能在七月十五日会师于临江的樟树，并且严厉地督促知府伍文定等官吏，各带兵同时出发，在本月十八日能够到达丰城一带。指挥伍文定等带兵攻打广润等七个大门。这天得到的报告说，宸濠反贼埋伏了一千多士兵在新旧坟厂一带，以为省城的支援作准备。于是我派遣知县刘守绪等人领兵，在夜里从小路对宸濠埋伏的军队进行偷袭，获得了成功。十九日，为重申广布朝廷的威势，再一次暴露宸濠的罪恶，与诸位将领约定在二十日的黎明同时到达事先约好的会师地点。我们的军队快速的从四面八方集结起来，于是江西被攻打下来了，擒拿那驻守宜春的王拱樤以及伪封太监万锐等一千多人。宸濠府中的家眷听闻前线溃败，就纵火自杀，大火蔓延开来延伸到了省城的其他人家的房屋，我当即下命令给各个官吏让他们分路去救火，安抚那里居住的老百姓，解散那些胁迫的军民并释放回去，搜查并寻找到被宸濠劫夺的大小衙门的官印共九十六颗，都指挥、布政、按察三司中胁从宸濠的人员，布政使胡濂、参政官刘斐、参议许效廉、副史唐锦、佥事赖凤、都指挥王玘等人，全部都已经自首投降，并认罪伏法。除了将在战斗中所抓获俘虏、斩杀敌军的功绩次序报给御史谢源、伍希儒，命令他们查验记录外，另一方面又把军队分成了四路悄悄地向宸濠逃跑的方向进行追赶，寻找机会对他进行围剿并擒捉。

二十二日，臣等驻兵省城，督同知府伍文定等各领兵分道并进，击其不意；都指挥余恩领兵往来湖上，诱致贼兵。知府等官陈槐等各领兵四面设伏。二十三日，复得谍报，宸濠先锋已至樵舍，风帆蔽江，前后数十里，不能计其数。二十四日早，贼兵鼓噪乘风而前，逼黄家渡。臣督各兵四面击贼，遂大溃，擒斩二千余级，落水死者万数。二十五日，又督各兵殊死并进，炮及宸濠舟。宸濠退走，遂大败。擒斩二千余级，溺水死者不计其数。

译文

二十二日，我们驻扎在省城里，同时督令知府伍文定等人，分几路带兵一起进军，以便出其不意对宸濠进行打击；都指挥余恩率领士兵往来于湖面，以此来引诱敌军前来。知府官员陈槐等各自带领着军队从四面八方进行埋伏。二十三日，又得到了谍报，说宸濠派出的先锋部队已经到达了樵舍了，敌军有很多船只，江面都被船帆遮住了，前后长达十几里路，不能够准确地计算他们的人数。二十四日的早晨，敌军战鼓敲击一通，乘着江风向前进军，逼近了黄家渡。我监督催促各个部队从四面八方向敌军进攻，于是敌军大败溃退，我们一共擒拿并斩首敌军两千多人，落水而死的人有一万多人。二十五日，我又下令督促各部队拼死共同前进，大炮轰击到了宸濠的座船。宸濠撤退，于是敌军大败。被我们擒获并斩首了两千多人，掉在水里被淹死的人多得数都数不过来。

二十六日，臣夜督伍文定等为火攻之具，四面兜集，火及宸濠副舟，众遂奔败。宸濠与其妃嫔泣别，妃嫔宫人皆赴水死。我兵遂执宸濠，并其世子、郡王、将军、仪宾及伪太师、国师、元帅、参赞、尚书、都督、都指挥、指挥、千百户等官李士实、刘养正、刘吉、屠钦、王纶、熊琼、庐珩、罗璜、丁瞶、王春、吴十三、秦荣、葛江、刘勋、何镗、王信、吴国七、火信等数百余人。被执胁从太监王宏，御史王金，主事金山，按察使杨璋，佥事王畴、潘鹏、参政程杲，布政梁宸、都指挥郏文、马骥、白昂等，擒斩贼党三千余，落水死者万余，弃其衣甲器仗财物，与浮尸积聚，横亘十余里。余贼数百艘，四散逃溃。二十七日，战樵舍等处，又复擒斩千余，落水死者殆尽。二十八日，知府陈槐等各与贼战于沿湖诸处，擒斩各千余级。除将宸濠并其世子、郡王、将军、仪宾、伪授太师、国师、元帅、参赞、尚书、都督、都指挥、指挥等官各另监羁候解，被执胁从等官并各宗室别行议奏，及将擒斩俘获功次一万一千有奇，发御史谢源、伍希儒暂令审验纪录，另行造册缴报外。

译文

二十六日，我连夜督令伍文定等人准备了对敌火攻时使用的器械，让他们从四个方向集中，当大火烧到了宸濠的副船时，敌军大败，四处逃窜。宸濠与他的妃嫔们哭着告别，那些妃嫔和宫女全部都跳进水里去赴死。我们的部队于是抓住了宸濠和他所立的世子、郡王、将军、仪宾以及所谓的太师、国师、元帅、参赞、尚书、都督、都指挥、指挥、千百户等官吏，有李士实、刘养正、刘吉、屠钦、王纶、熊琼、庐珩、罗璜、丁瞶、王春、吴十三、秦荣、葛江、刘勋、何镗、王信、吴国七、火信等共有数百人，被擒获的胁从人员有太监王宏，御史王金，主事金山，按察使杨璋，佥事王畴、潘鹏，参政程杲，布政梁宸，都指挥郏文、马骥、白昂等，一共抓获并斩首敌党有三千多人，掉落水里而死去的人有一万多，那些被丢弃的衣服、兵甲、武器、财物和浮在水面上的尸首都聚集在了岸边，绵延横陈了十多里地。只有剩下了几百艘叛贼的船，四散溃逃了。二十七日，又在樵舍等地方展开了战斗，同时又斩获了敌军一千多人，落水的人几乎全部都死了。二十八日，知府陈槐等人，各自与叛贼在沿湖的地方展开战斗，又分别抓获并斩杀了敌人千余名。除了将宸濠以及他所谓的世子、郡王、将军、仪宾，妄封太师、国师、元帅、参赞、尚书、都督、都指挥、指挥等官吏各自另行监禁，等候着解押到京城，被抓住的胁从的官吏以及各个宗亲都另外议定上奏，还将抓获和斩首敌军大约有一万一千多人的功绩次序，报给御史谢源、伍希儒，暂时命令他们审查并记录，并另外编写成册子上缴报告。

照得臣节该钦奉敕谕："但有盗贼生发，即便严督各该兵备、守巡各军卫有司设法调兵剿杀，其管领兵快人等官员，不问文职武职，若在军前违期，并逗遛退缩，俱听以军法从事。生擒盗贼，鞫问明白，亦听就行斩首示众。斩获贼级，行令各该兵备、守巡官即时纪验明白，备行江西按察司造册奏缴，查照升赏激劝。钦此！"及准兵部咨："为飞报贼情事，该本部题称，合无本部通行申明：今后但有草贼生发，事情紧急，该管官司即便依律调拨官军，乘机剿捕；应合会捕者，亦就调发策应。如有仍前朦胧隐蔽，不即申报，以致聚众滋蔓，贻害地方，从重参究，决不轻贷！"等因，题奉钦依，备咨前来。

译文

按照我所接到的皇帝的圣谕："一旦有盗贼出现，立即严格督促各个兵备、守巡的各部队职能部门想方设法调兵遣将去进剿攻杀，那管理带领士兵、捕快的官员，他不论是文职还是武职，假如在进军途中违反了规定的期限，并逗留不前，向后退缩的，都要按照军法进行处置。所活捉的盗贼，在审问核查明白之后，也就听任你的命令把他们斩首示众。所斩杀的逆贼首级，也要命令所在的兵备、守巡官按时查验记录清楚，让江西按察司登记在册，奏明上缴，等到查核清楚之后，将会大加赏赐。钦此！”以及批准的兵部的咨文写道：“这篇咨文是为了快速上报盗贼情况而写的：我部题奏，如果没有本部的通知说明：今后一旦发生盗贼草寇的事件，如果情况紧急，管辖这类事情的官吏，就可以自行依照法律调拨官吏、军兵，抓住时机围剿并抓捕贼寇；会同剿捕的人，也应该接受调拨，加以策应。如果有人仍然装作不知而隐蔽实情，不立刻向上级加以申报，以至于出现聚众闹事、滋事添乱的情况发生，造成危害地方的现象，就要从重发落，决不轻饶！”等等情况。奉皇上的旨意持着咨文来到这里。

又蒙钦差总督军门发遣太监张永前到江西查勘宸濠反叛事情，安边伯朱泰，太监张忠，左都督朱晖，各领兵亦到南京、江西征剿。

译文

同时又承蒙钦差大臣、总督军门发遣太监张永到江西来勘查宸濠犯上叛乱的情况，安边伯朱泰，太监张忠，左都督朱晖也分别率领着各自兵将到南京、江西参加了征讨进剿。

续蒙钦差总督军务威武大将军总兵官后军都督府太师镇国公朱统率六师，奉天征讨，及统提督等官司礼监太监魏彬，平虏伯朱彬等，并督理粮饷兵部左侍郎等官王宪等，亦各继至南京。

译文

又承蒙钦差大臣、总督军务、威武大将军、总兵官、后军都督府太师、镇国公朱，统率六军，奉皇上的命令参加了征战和讨伐，还有统提督等官司礼太监魏彬、平虏伯朱彬等人，和督促粮草军饷的兵部左侍郎等官吏王宪等等，也都接连来到了南京。

臣续又节该奉敕：“如或江西别府报有贼情紧急，移文至日，尔要及时遣兵策应，毋得违误。钦此！”俱经钦遵外。

译文

接着我又接到皇上的圣旨，说："如果江西有些府向上奏报的贼军情况紧急的话，奏报到达的当天，你要及时地派遣军队前往，加以策划和应对，不得违反和产生差误。钦此！"这些全部都遵照圣旨所说的去做了。

臣窃照宸濠烝淫奸暴，腥秽彰闻，数其罪恶，世所未有。不轨之谋，已逾一纪，积威所劫，远被四方。而旬月之间，遂克坚城，俘擒元恶，是皆钦差总督威德、指示、方略之所致也。及照御史谢源、伍希儒监军督哨，谋画居多；知府伍文定、邢珣、徐琏、戴德孺、陈槐、曾玙、林瑊、周朝佐，署都指挥佥事余恩，通判胡尧元、童琦、谈储，推官王暐、徐文英，知县李楫、李美、王冕、王轼、刘源清、刘守绪、傅南乔，通判杨昉、陈旦，指挥麻玺、高睿、孟俊，知县张淮、应恩、王庭、顾佖、万士贤，马津等，虽效绩输能，亦有等列，然皆首从义师，共收全功。其伍文定、邢珣、徐琏、戴德孺等，冒险冲锋，功烈尤懋。乡官都御史王懋中，编修邹守益，御史张鳌山，郎中曾直，评事罗侨，佥事刘蓝，进士郭持平，驿丞王思、李中，按察使刘逊，参政黄绣，知府刘昭等，仗义兴兵，协张威武。以上各官功劳，虽在寻常征剿，亦已难得。伏望皇上论功朝锡之余，普加爵赏旌擢，以劝天下之忠义，以励将来之懦怯。缘系捷音事理，为此具本请旨。

译文

此外，臣私底下查勘了宸濠荒淫残暴的罪行，残暴的恶名远扬，盘点他的大罪大恶，真是世间所未有。他谋逆造反的行为，已经超过了十二年，他所积累的淫威，使得周围的地方都遭受到了危害。然而在十几天的时间内，竟然攻克了这座坚固的城池，擒获了这叛逆的元凶，这些全部都是因为钦差大人、总督的英明、威武的指挥以及战略战术所促成的。同时御史谢源、伍希儒监督军队的行动，出谋划策很多；知府伍文定、邢珣、徐琏、戴德孺、陈槐、曾玙、林瑊、周朝佐，署都指挥佥事余恩，通判胡尧元、童琦、谈储，推官王暐、徐文英，知县李楫、李美、王冕、王轼、刘源清、刘守绪、傅南乔，通判杨昉、陈旦，指挥麻玺、高睿、孟俊，知县张淮、应恩、王庭、顾佖、万士贤、马津等，虽然都有效力和贡献，但是也有等级和列次，但他们都是从一开始就参加了讨伐逆贼的正义部队，同大家一起取得了全部的胜利。尤其是伍文定、邢珣、徐琏、戴德孺等人都曾冒着危险去冲锋陷阵，他们的功劳尤其重大。乡官都御史王懋中，编修邹守益，御史张鳌山，郎中曾直，评事罗侨，佥事刘蓝，进士郭持平，驿丞王思、李中，按察使刘逊，参政黄绣，知府刘昭等，也都领兵参与讨逆，从而增强了我军的威望和气势。以上这些宫吏的功劳，即使是寻常的进剿，也已经很难得了。希望皇上对他们进行论功行赏外，还应该给他们加官晋爵，加以表彰，从而劝进天下老百姓增长忠义之气，以激励以后的那些较为怯懦的人。这些是为江西捷报之事而写本上奏，请求皇上的旨意。

四乞省葬疏

十五年闰八月二十日

照得先准吏部咨："该臣奏称：'以父老祖丧，屡疏乞休，未蒙怜准。近者奉命扶疾赴闽，意图了事，即从彼地冒罪逃归。旬月之前，亦已具奏。不意行至中途，遭值宁府反叛。此系国家大变，臣子之义，不容舍之而去。又阖省巡抚方面等官，无一人见在者，天下事机，间不容发，故复忍死，暂留于此，为牵制攻讨之图；俟命帅之至，即从初心，死无所避。臣思祖母自幼鞠育之恩，不及一面为诀，每一号痛，割裂昏殒，日加尫瘠，仅存残喘。母丧权厝祖母之侧，今葬祖母，亦欲因此改葬。臣父衰老日甚，近因祖丧，哭泣过节，见亦病卧苫庐。臣今扶病，驱驰兵革，往来于广信、南昌之间。广信去家不数日，欲从其地不时乘间抵家一哭，略为经画葬事，一省父病。臣区区报国血诚，上通于天，不辞灭宗之祸，不避形迹之嫌，冒非其任，以勤国难，亦望朝廷鉴臣此心，不以法例绳缚，使臣得少伸乌鸟之痛，臣之感恩，死且图报，抢攘哀控。不知所云'等因。具本奏，奉圣旨：'王守仁奉命巡视福建，行至丰城，一闻宸濠反叛，忠愤激烈，即便倡率所在官司起集义兵，合谋剿杀，气节可嘉。已有旨著督兵讨贼兼巡抚江西地方。所奏省亲事情，待贼平之日来说。该部知道。钦此。’”备咨到臣，除钦遵外。

依照吏部先前的咨文，我曾上奏说：“因为父亲年事已高了，祖母刚去世，屡次向陛下上疏请求退休，未能得到您的怜恤而批准。最近遵从陛下的命令带病赶奔福建，想借这个机会把家事处理一下，于是准备从那里冒罪逃跑回家。这个事情在十几天前，已经写本上奏了。没有想到，刚走到半路，正好遇到了宁府一带地方出现叛乱。这是关系到国家安危的大的事变，作臣子的应该以国家大义为重，这就不允许我撒手不管而离开。又因为全省的巡抚等职能的官吏，没有一个人在事发现场，此等重要的时机，顷刻都不能耽误，所以忍受着病体的疼痛暂时留在这里，以实现牵制叛军和攻打讨伐他们的目的；以等待着朝廷委派的将帅大军到来，这就是我当时的初衷，即便是死了，我也不会去逃避的。我思念祖母从小对我的养育之恩，却来不及再见她一面，告别一声，每次号哭悲痛时，身体就像分裂般疼痛，几乎要昏死过去，身体日渐消瘦，仅仅只有苟延残喘的气力。母亲去世的时候，打算临时置棺待葬在祖母旁边，如今祖母要入土为安了，想要趁机改葬。我的父亲一天比一天衰老，最近由于祖母去世了，他因为过度的痛哭伤心，如今也卧病在苫庐房间。我现在拖着病体，带领军队，往来于广信、南昌一带。广信离我家只有几天的路程，我打算从那里抽个时间回一趟家，哭一哭去世的祖母。略微把丧葬上的事情安排一下，并且看一看父亲的疾病。我这一点点的报国赤诚之心，与上天相连通，不推辞绝灭祖宗的灾祸，不躲避各种踪迹的嫌疑，冒着非常大的风险担任这个职位，来拯救国家于危难，也希望朝廷能够鉴定我的这片忠心，不要用法令惯例来牵制我，使得我可以稍微实现一点如同乌鸦反哺般尽孝的痛快，那样我就会对朝廷感恩戴德，以死回报，心情纷乱复杂，控制着哀痛，我都不知道自己说了些什么。”等等情况。写了这本章奏请皇上，接到圣旨说：“王守仁接受命令来福建巡视，到达丰城时，听说了宸濠起兵叛乱的消息，义愤填膺，激发出了你的忠心，就马上倡议并带领当地的官吏，号召兵将义士，一起谋划进行剿灭叛军，你这么高尚的气节真值得表彰呀。如今已经有圣旨下达令他督统军队讨伐叛贼，同时任命为江西巡抚。你所上奏的有关回家省亲的事情，等到平定了叛贼以后再说，把这道指令下达到该部知道。钦此！”圣旨咨文传达我这里，我只能按照旨意执行命令。

近照宁王逆党皆已仰赖皇上神武，庙堂成算，悉就擒获，地方亦已平靖，百姓室家相庆，得免征调之苦，复有更生之乐，莫不感激洪恩，沾被德泽。独臣以父病日深，母丧未襻之故，日夜哀苦，忧疾转剧。犬马驱驰之劳，不足齿录，而乌鸟迫切之情，实可矜悯。已蒙前旨，许“待贼平之日来说”，故敢不避斧钺，复申前请。伏望皇上仁覆曲成，容臣暂归田里，一省父病，经纪葬事，臣不胜苦切祈望之至等因。又经具本，于正德十四年八月二十五日。差舍人来仪赍奏去后，迄今已逾八月，未奉明旨。

译文

近期照得宁王叛军、党羽已经依靠皇帝的神圣威武和朝廷的谋略决断，全部擒拿抓获，地方上也已经恢复了平定，家家户户的老百姓都在互相庆贺，庆贺他们免除了征战和调用所带来的痛苦，恢复了焕发新的生命的欢乐，没有不感激皇帝的洪恩和厚德，没有不因为受到了朝廷的德政而感恩戴德的。唯独我因为父亲日益加重的病情，母亲身后无法下葬的缘故，日日夜夜悲哀痛苦，忧愁使得疾病更加厉害了。向皇帝效犬马一样的功劳是不值得去说，而像乌鸟一样孝顺父母的迫切心情，才是真是值得悯恤和同情呀。承蒙皇上前面的圣旨，许诺“等到叛贼平定以后来告请回去看望父亲之事”，所以，胆敢不躲避斧钺之诛的危险，重新申报请求。希望皇上宽大仁怀改变想法，成全我尽孝的心愿，让我暂时回到故乡，去探望我生病的父亲，再安排一下祖母的葬礼，那是我极大的殷切的希望了！等等情况。我在正德十四年八月二十五日写下了奏章再次上奏。差派舍人前去朝廷送奏章，到今天已经过去了八个月，皇帝的明确旨意还没有到达。

臣旦暮惶惶，延颈以待，内积悲病之郁，外遭窘局之若，新患交乘，旧病弥笃，方寸既乱，神气益昏，目眩耳聩，一切世事皆如梦寐。今虽抑情强处，不过闭门伏枕，呻吟喘息而已。岂能供职尽分，为陛下巡抚一方乎？夫人臣竭忠委令以赴国事，及事之定，乃故使之不得一省其亲之疾，是沮义士之志，而伤孝子之心也。且陛下既以许之，又复拘之，亦何以信于后？臣素贪恋官爵，志在进取，亦非高洁独行，甘心寂寞者。徒以疾患缠体，哀苦切心，不得已而为此。今亦未敢便求休退，惟乞暂回田里，一省父疾，经营母葬。臣亦因得就医调理，少延喘息。苟情事稍伸，病不至甚，即当奔走赴阙，终效犬马。昔人所谓“报刘之日短，尽忠于陛下之日长也”。臣不胜哀痛、号呼、恳切、控吁之至！具本又于正德十五年三月二十五日，差舍人王鼐赍奏去后，迄今复六月，未奉明旨。

译文

我的心情终日焦虑，惶乱不安，伸长了脖子等待着圣旨的到来，体内聚积着悲伤的痛苦，外面又遭受着局势危急所带来的窘迫苦楚，我增添了新病，旧病也更加严重了，心绪已经烦乱，精神气色更加地混沌不清，耳聋眼花，全部经历过的事情，都像在做梦一样。如今虽然我抑制着自己的痛苦的情思，勉强留下来工作，也不过是紧关大门在床卧病，痛苦呻吟，喘气不止罢了。哪里能够尽职尽责，替陛下去巡行安抚一个地方呢？作臣子的尽忠尽力地为朝廷效命，为了国家的大事而奔波，等到平定国家大事之后，却执意不让他去探望一下生病的亲人，这会使有义之士心志沮丧的，也伤害了孝子的忠心。同时，既然皇上已经答应了这件事，却又要加以限制，这又凭借什么能够在以后树立信义呢？我平素贪恋官职、爵位，有向上进取的志向，也并不是心怀高洁、独来独往，甘于寂寞的人。只是因为我疾病缠身，内心深深的感受到了悲哀和痛苦，这样做也是无可奈何的。如今我也并没有想要就此退休归隐田园，只是乞求暂回故乡，探望生病的父亲，安排处理一下祖母的葬礼。也顺便医治一下我的疾病，调理一下我的身体，稍微喘一口气。等事情稍微处理好，我的病情也不再那么严重，就立即回到原地去任职，终身为朝廷效犬马之劳。这就是过去的李密所说的“报祖母的日子非常短暂，为皇上尽忠尽力的时日却还很长呀！”我不禁要痛苦悲哀地呐喊，恳切地哀告，极力恳求陛下！我又在正德十五年三月二十五日写下奏书，差派舍人王鼐去朝廷奏请，他去了以后到现在，又过了六个月了，可是还没有接到皇帝的明确旨意。

臣之痛苦，刻骨剜心，忧病缠结，与死为邻，已无足论；而臣父衰疾日亟，呻吟床席，思臣一见，昼夜涕洟，每得家书，号恸颠殒，苏而复绝。夫虎狼恶兽，尚知父子；乌鸟微禽，犹怀反哺。今臣父病狼狈至此，惟欲望臣一归，而臣乃依依贪恋官爵，未能决然逃去，是禽兽之不若，何以立身于天地乎！夫人之大伦，内则父子，外则君臣。事君以忠，事父以孝；不忠不孝，为天下之大戮。纵复幸免国宪，然既辱于禽兽，则生不如死。臣之归省父疾，在朝廷视之，则一人之私情，自臣身言之，则一生之大节。往者宁藩之变，臣时欲归省父疾。然宗社危急，呼吸之间，存亡攸系，故臣捐九族之诛，委身以死国难。时则君臣之义为重。今国难已平，兵戈已息，臣待罪巡抚，不过素餐尸位，以苟岁月。而臣父又衰老病笃若此，尚尔贪恋禄位而不去，此尚可以为子乎！不可以为子者，尚可以为臣乎！臣今待罪巡抚，若不请而逃，窃恐传闻远迩，惊骇视听。夫人臣死君之难，则捐其九族之诛而不恤，至其急父之危，则亦捐其一身之戮而不顾。今复候命不至，臣必冒死逃归。若朝廷悯其前后恳迫之情，赦而不戮，臣死且图衔结。若遂正以国典，臣获一见老父而死，亦瞑目于地下矣。

译文

我内心真的如刻骨剜心一般的痛苦，忧虑和疾病接连不断地发生，我多次差点死去，这些还不值得去诉说；但是我的父亲日益衰老，疾病也越来越重，躺在床席上呻吟号哭，想着和我再见一面，白天晚上都是以泪洗面，每当收到我的家书，就会哀恸得昏死过去，苏醒之后，重又昏倒。如同虎狼一般恶毒的野兽，都还知道父子间的恩义；如同乌鸟般的小禽鸟，也知道要报答父母的哺育之恩。现在我父亲病重到这种地步，只是想让我回家探望一下他，可是我依然贪恋自己的官职爵位，没有毅然决然地逃离回家，真是连禽兽都不如，还凭借什么在天地间生存和立足呢！人间最重要的人伦关系，对内是父亲和儿子关系，对外是君王和臣子的关系。应该是用忠义来效力君王，用孝心来事奉父亲；不忠不孝的人，将被天下人所杀戮。即使能够逃脱国家法律的制裁，但是在人格上却是连禽兽不如，即使活着，还不如死了。我回家探望生病的父亲，对朝廷上而言，那不过只是一件个人的私事，对我自己而言，这却是我一生中的重要的节操。过去在宁藩叛乱的这段时间，我常常想回家探望生病的父亲。然而国家社稷处于危难中，形势危急，关系着国家的生存与危亡，所以我置被族宗诛杀的危险于不顾，把自己交给国家，为处于危难中的国家死命效力。那个时候是把君臣大义作为最重要的事情。如今国家的灾难已经被平定，用兵征战已经停止了，我却冒着不孝的罪名来巡查各个地方，只不过是消耗身体，来苟且延缓生命罢了。并且，我的父亲已经衰老病重到如此的程度，我如果还贪恋官禄和职位而不去省亲，我还可以称为是人的儿子吗？既然连人的儿子都不能做了，还可以做您的臣下吗！我现在以有罪之身担任巡抚的重职，如果不向陛下请求擅自逃跑回家，私下里害怕传得这个地方远近皆知，会使舆论震惊异常，影响很坏。作为臣子为朝廷的安危而效死力，即使冒着被诛杀九族的危险也不怜惜，至于为生病的父亲而焦急，同样也会冒着被杀死的危险也毫不顾虑了。如今等待不到皇帝的命令，我必定会冒着生命危险逃回家里。假如朝廷怜悯我前前后后诚恳急切的请求，赦免我的罪过而不杀死。我死后以结草衔环来报答皇帝对我的恩典。如果最终被按照国家法典而被处法，我能够去看望一下老父亲，就算是死，在黄泉之下也瞑目了。

臣不胜痛陨苦切，号控哀祈之至，除冒死一面，移疾舟次，沿途问医，待罪候命外，缘系四乞天恩，归省父疾，回籍待罪事理，为此具本奏闻。

译文

我不禁殷切痛苦地哀求，期望到了最大程度！除了冒着死罪，一方面安排船只的行程，沿途求医治病，等待问罪听候命令之外，因为这是第四次乞求皇上的恩准，回家探望生病的父病，回原籍等待问罪等事情。为此我将这件事写成奏折向皇帝奏明。

开豁军前用过钱粮疏

十五年九月初四日

照得先因宁王变乱，该臣备行南赣等府，起调各项官军兵快人等追剿，合用粮饷等项，就仰听将在官钱粮支给间。随据吉安府申为处置军饷事，开称动调兵快数万，本府钱粮数少，乞为急处等情。已经通行各府，速将见贮不拘何项钱粮，以三分为率，内将二分解赴军前接济外。续为地方事，臣又看得各处军兵虽已起调，但前项事情系国家大难，存亡所关，诚恐兵力不敷，未免误事，又行牌仰各该官司，即选父子乡兵在官操练，听将官钱支作口粮，候臣另有明文一至，随即启行去后。续照前项首恶并其谋党，俱已擒斩。原调各处军兵，久已散归。就经备行江西布政司，通将各府州县自用兵日起，至于制兵日止，用过一应在官钱粮等项，逐一查明造报，以凭施行，未报查催间。

译文

起先因为宁王的叛乱，我去南赣等府县执行公务，抽调了那里的各级官吏、部队人马等追击叛贼，合计使用的粮食和军饷等款项，就完全听任当地官府的安排。接着根据吉安府所申报的处置安排军饷相关事宜的奏文说：调动了军兵捕快有几万人了，本地的官府钱粮数量很少，乞求赶紧想办法处理等等情况。现在已经下令通知各个府衙，快速将现有存贮的无论是什么项目的钱粮，按均分三份的标准，将其中三分之二押解到大部队进行接济。对于地方事宜了，我又看到各地的军队，虽然已经调动起用，但是前面所说到的叛乱，是国家的大灾难，关系到国家社稷的生死存亡，真心害怕兵力不足，从而难以避免耽误了国家的大事，于是又发牌下令给各地方的各级官吏，立即在乡间挑选民兵，在公家场内进行操练，听从他们的安排，把官府的钱财用来支付民兵口粮，让他们等到我的明确指示后，立即行动，作为援军出发。前面所说的叛乱的首领以及他的谋士、党羽，现在已经全部被抓获处斩。原来从各地征调的军兵，已经遣散回归原来的地方。于是经过江西布政司下令通行各地府、州、县，从启用部队的那天开始一直到平定叛乱停止用兵的日子为止，凡是使用过的官府的钱财和粮食等，都要逐一查看明白造册上报，凭借实施这个政策，这项工作正处在监督催问之中，还没有报上来。

又据江西按察司呈为紧急军情事，开称先准江西布政司照会，正德十四年十月初一日，该蒙户部员外郎黄著案验，内开蒙本部题奉钦依，差在军前整理粮草。今照各哨官军俱集江西省城，又闻圣驾亦将征讨，跟随官军未知数目，驻扎月日未知久近，所有粮料草束，合仰备行本司掌印等官从长设法处置，或支动在官银两，选委能干官员趁早多买粮草，预备支应，庶无失误等因到司。

译文

又根据江西按察司呈送来的紧急情报。上面说：先批准江西布政司会报的文书，正德十四年十月初一，承蒙户部员外郎黄著的案书和皇上批准，奉差在军中调遣粮草事宜。如今照得各卫哨的官军都集合在江西的省城，又听说皇上也将要挂帅征讨，伴驾的将官不知道具体的数目，驻扎的时间也不知道长短，所有的草料粮食，全要求掌管该部门的官员按照长时间停留的量进行置办准备，或者支取官衙的银两，选派能力突出的官员趁着时间早多多购买粮食和草料，预防供给需要，不要有差错等情况到有关部门。

彼时，巡按御史唐龙未到，本院押解逆犯宸濠等在途，查得江西省城司府及南、新二县并南、康二府库藏，俱被宁贼抢劫空虚，无从措置。诚恐临期失误，就经会同江西布政司，一面议借军门发候解京赃银，及南昌府县追到官本等银给发，委官汪宪等各领买办粮草供应；一面议将各府派银接济，缘由会呈本院，奉批俱准议，造册缴报查考等因。依奉除南康、九江、南昌三府县残破未派，备行抚州等十府，动支在官银两接济。续因起解首恶宸濠等并逆党宫眷等项，及补还原借解京赃银官本等银紧急，又经会呈议行各该府县，暂借在官银两，前来应济，共计用过银九千七百七十一两四钱。其余见存银两，俱系该解之数，悉行各府差人领回，听其收解外，呈乞施行等因到臣。

译文

这个时候，巡按御史官唐龙还没有到来上任，我也正在途中押解逆贼宸濠等犯人，了解到江西省城的府衙各司以及南、新二县和南、康二府的仓库，全被宸濠逆贼抢劫一空，没有地方置办。诚惶诚恐临近日期会失误，经过与江西布政司的会面，一方面商议借用总督府原本发配押解回京的赃款，等到南昌府县等到官衙例银的下发，委任官员汪宪等各自支取置办需要供应的粮食和草料；一方面商议命令各府衙拿出银两帮助，原由呈报给我，全部准许，并登记造册上报，方便查阅等等情况。除了南康、九江、南昌三府县衙因为残败破旧无能拿出银两，其他抚州等府衙，全都动用支取财政内的银两给予帮助。后来因为要押解逆贼首领宸濠以及其党羽、家眷等，就及时补齐归还原本要借用的押解回京的赃银，又经过开会商议通行各个府县，用于应急使用的暂时借用的府县财政银两，共计用银九千七百七十一两四钱。剩下的还存在账户的银两，全都是应该返还的银两，请各个府衙派人领取。

看得所呈前项供应粮料、买办草料，及自臣起兵以来费用过钱粮，中间多系京库折银及兑准粮米等项，俱系支给赏劳兵快人等，及供应北来官军并犒赈军民紧急支用，计出无聊，事非得已，别无浪费分文，据法似应措补。但今兵荒残破之余，库藏无不空虚，小民无不凋敝，远近人情汹汹，方求公帑赈济，若复派补，必致变生不测。其听解贼赃官本等银，实系宁贼抢劫官库积蓄，刻剥小民脂膏，相应存留，以救困竭。今又尽数解京，地方空匮，委果已极，查得各处用兵请给内帑，或借别省钱跟接济。迩者宁贼非常之变，事起仓卒，虽欲请给内帑，势有不及。后蒙该部议准，许于广东军饷银内支取十万。随幸贼势平定，前项准借银两亦遂停止，分毫不曾取用。

译文

查看之前所呈报的有关供应粮食草料以及购买置办草料的材料，以及自我率兵进剿以来所花费的钱财草粮，期间多由京库折算银两，及兑换粮食等物资，这些全都是用来供给犒赏民兵捕快等队伍。那供应北面来的官军以及犒赏支援军民所需要的紧急支付，这些都是出于无可奈何，不得已才这样做的，其他的并没有浪费一分钱，按照法律和制度似乎应该想办法去弥补其不足。但是现在，在经历了兵荒的破坏之后，官府的库藏中银两没有不枯竭的，贫困痛苦的百姓生活没有不凋敝和破落的，远远近近的百姓之间的情绪纷乱不稳定，正恳求朝廷使用国库里的银子赈济他们，如果重新又摊派了一些银两进行补足，一定会导致产生一些无法估测的危急。那些听从命令等候押解进京的赃银，实际上都是宁府的叛贼所抢劫的，大都来自官府大库的积蓄和老百姓的民脂民膏，应该相应地留下一些来救济和帮助这里的困顿窘迫的状况。如今又把这些银两全部都押解到京城，地方上情况变得更加匮乏和空虚，疲困已经到达了极点！了解到各个地方的用兵情况，虽然想要请求中央拨款接济但是时间条件却不允许，只好借用别的省的钱财和粮食用来救济和应急。最近发生的宁府叛贼不同寻常的叛乱，事情开始的仓卒和急迫，虽然想要请求朝廷拨发宫中银两应急使用，但是形势所迫又来不及这样做。后来多亏受到该部门的议定和批准，答应从广东的军饷和用银里面抽调出十万两支付使用。现在随着叛乱的平定，前面所批准借用的银两，也停止了借用，所以一分一毫的银两也没有支取使用。

伏望皇上悯念地方师旅饥馑之余，民穷财尽，困苦已极。近又加以水灾为患，流离益甚。乞敕该部查照，转行江西布、按二司，将自用兵以来支取用费过各该府县京库折银及兑准粮米等项，通行查明，各计若干，照数开豁，免行追捕。乃仰备造文册，缴部查考。庶军民得以少苏，而地方可免于意外之虞矣。

译文

臣乞求皇上，怜悯这些遭受了战争痛苦和饥荒的地方，百姓贫穷，财物困乏，痛苦和困顿到了极点。再加发生水灾，流离失所的百姓更加多了。臣乞求圣上下旨命令这些部门查明实情，转而下令江西布、按两司，将自从动兵讨伐逆贼以来，所有支付使用的费用，包括这里各个府、县国库折合使用的银两以及兑付的粮食等各项的数字，通知并查明，计算各个项的数目，按数目进行豁免，免除追查补收。还仰赖他们备写编造的各项书册，上缴户部核查。以此希望军民可以得以稍微复苏、缓和，而使地方上也可以免于意想不到的祸乱了！

征收秋粮稽迟待罪疏

十五年十二月初十日

据江西布政司呈："准布政使陈策等咨，照得正德十四年税粮，先准参议周文光奉户部勘合派属征解，随因圣驾南巡，各府州县官俱集省城听用，前项钱粮不暇追征。正德十五年正月初二日，蒙巡按江西监察御史唐龙案验为乞救兵燹穷民以固邦本事，该巡抚苏松，都御史李充嗣题称：江西变乱，南昌、南康、九江等府首被烧劫，其余府县，大军临省，供应浩繁，要将该年税粮尽行停免等因，备行分守南昌五道，勘议得：南昌府南、新二县被害深重，应免粮差三年；其余州县，并瑞州等十一二府属县，俱应免粮关二年。回报到司，即转呈本院具题外。本年二月内，续蒙钦差户部员外郎龙诰案验为儹运粮储事，备行本司督催该年兑淮钱粮交兑，遵依节行催征间。本年三月初五日，随准漕运衙门照札坐到兑军本色米八万石，折色米三十二万石，改兑米一十七万石，每石连耗折银七钱，备行作急征完起运。本月二十八日，又蒙抚按衙门案验为地方极疲速赐恩恤以安邦本事，该南京工科给事中王纪等奏，奉钦依，自正德十四年以前，一应钱粮果系小民拖欠未完的，俱准暂且停征，还着各该官司设法赈济，毋视虚文。钦遵通行外，又蒙员外郎龙诰案牌将粮里严加杖并，急如星火。小民纷纷援例，赴司告豁。呈蒙抚按衙门批行本司给示晓谕，纳粮人户先将兑军征解，小民方肯完纳。转行参议魏彦昭督运。续因本官去任，又经呈批参政邢珣暂管督兑。本官于五月二十日遍历催儹，通将征完本色米八万石兑完起运讫。其折色银两，催据广信等府属县陆续征解。近于十一月十三等日抄奉漕运衙门照札备行本司，将兑运折色银三十四万三千两务要征完足数，差官协同运官解部等因。依奉通行外，今照该年税粮，委因事变兵荒，经理不前，及专管提督官员更代不常，况奉部院明文征免不一，小民不服输纳，官府掣肘难行，因而稽延。若不预将前情转达，诚恐查究罪及未便等因”，备呈到臣。

译文

根据江西布政司的呈报：“按照布政使陈策等人商量询问的结果，照得正德十四年的粮税，先按照参议周文光，遵户部的命令勘查合计再行分派到各属地，征粮继而解押，由于皇帝南巡，各个府、州、县的官员们都在省城聚集听候调用，使得之前的钱粮没有时间去追促征缴。正德十五年正月初二，承蒙巡按大人、江西监察御史唐龙查询验证：为了乞求救助战火后的困窘和贫乏的百姓，用来巩固国家的根基一事：该地的巡抚苏松，都御史李充嗣写道：“江西出现动乱，南昌、南康、九江等府县，首当其冲地受到了烧杀劫掠，其他的各个府县，由于平定叛乱的大军到来，兵临省城，钱财供应实在繁多，因而要把这些地方本年的粮税，全部都予以免除”等等原因。南昌分守的五道官员勘验讨论发现：南昌府南、新二县受灾情况最为严重，理应把他们三年的粮税、差役全部都免除；对于其他的州县以及瑞州等十二府所属的县，也要把他们两年的粮税、差役免除。这些都已上报到布政司，也都随机转递到本院题阅了。今年二月里，又承蒙钦差大臣、户部员外郎龙诰考察检验，为的是积蓄粮食，继而存储运输的事情，令本司执行督促催问今年该应兑付淮安国库钱粮税赋的交纳兑付任务，现正在遵照命令催促征粮缴纳期间。今年三月初五，听任淮于漕运衙门根据公文，把已经运到的兑付军饷的本色米八万石，折合成色米三十二万石，改为兑付米一十七万石，每石米消耗折合的银两为七钱，千万要加紧征缴，完成后立即动身运输。”该月的二十八日，又承蒙抚案衙门考察检验，为的是于地方极度疲困贫乏，应尽快恩赐抚恤加以恩惠，确保国家的根本得以安定的事情，南京工科给事中王纪等人上奏，并得到皇帝的准许，从正德十四年之前的全部应该征收的钱粮、差役，百姓确实因贫困以致拖欠无力缴纳的，一律恩准暂停征收，此外还责令该地的各级官员想尽一切办法进行救济帮助，且不能弄虚作假，不予重视。这些都根据圣旨去处理了，又承蒙员外郎龙诰下发牌令，对征粮的里长都用杖刑来进行严加责罚，催促他们征缴钱粮就如同像流星的光从空中急闪而过一样紧急。贫困苦难的百姓根据以往的惯例，向有关部门进行告请，以求免去这些粮税。又呈蒙抚按衙门批示各司衙给予告示通告，让百姓们先把兑付军饷的粮食上缴解运，如此，贫困苦难的百姓们才愿意交纳这一项征粮。又转命参议魏彦昭监督漕运。接着，由于本官离任，又经过给上级呈报，批准参政邢珣暂时管理督促征粮兑付的事情。本官在五月二十五日，逐一地催促将粮食聚集在一起，将已经征缴完毕的本色米八万石交付进行漕运运输，这件事情才算告一段落。其他的那些折合色米所应付的银两，又催促广信等各府所属各县陆续地进行征缴解运。近日来，于十一月十三日从漕运衙门抄报，根据公文指示，布政司来执行，把兑付漕运的折色银子共三十四万三千两，一定要保证按应缴数目全部征纳，并由差派的官员和漕运官员一起解押到户部等等情况。这些都根据指示来通令执行，如今，照得今年的粮税征缴，确实因为叛军叛乱以及大军征伐，无法很顺利地进行执行，还因为有专门管这件事情的提督官时不时更换，并且部院对征缴的明文规定多少都没有一致的标准，贫困苦难的百姓又都对征纳税赋有些不服，各个官府衙门之间相互扯皮推诿，造成征缴期限推迟。若是预先不把前面的这些情况报告传达，真是担心追究责任的时候把罪名落到我的头上，给自己带来不便利。”等等情况都要呈报给本官。

窃照江西钱粮，小民所以不肯输纳，与有司所以难于追征者，其故各有三，而究其罪归则责实在臣。何者？

译文

其实江西的钱粮赋税，贫困苦难的百姓不肯缴纳的原因，和相关衙门追促缴纳时异常困难的原因，各有三个。若是真要追究这责任究竟落在谁的头上，那么，应该是我。为什么这么说呢？

宸濠之叛，首以伪檄除租，要结人心。臣时起兵旁郡，恐其煽惑，即时移文远近，宣布朝廷恩德，蠲其租赋，许以奏免，谕以君臣之分，激其忠义之心，百姓丁壮出战，老弱居守。既而旱灾益炽，民困益迫，然而小民不即离散者，以臣既为奏请，虽明旨未下，皆谓朝廷必能免其租税，尚可忍死以待也。夫危急之际，则啖之免租以竭其死力，事平之后，又罔民而刻取之，人怀怨愤不平，此其不肯输纳之故一也。

译文

因为，在宸濠搞叛乱的时候，是我最先张贴檄文，表示要免除贫困老百姓的钱粮租税，用来收服人心。我当时在他的邻郡发兵征讨，担心他煽动、蛊惑民心，于是便在远近各地到处张贴告示，以宣扬朝廷的恩德仁政，因而承诺要免除百姓们的租赋，还答应他们向皇帝奏请免除他们的粮税，又向他们表达朝中君臣的大义和职责所在，以激励他们为国尽忠的决心，就这样，在老百姓们中，不少的青壮年都踊跃报名参加了征讨逆贼的战斗，老幼妇孺等就留在家里看护。可没多长时间，旱灾越发得厉害，百姓们的穷苦困顿更加沉重紧迫。然而，贫困苦难的百姓没有立马解散逃往他乡的原因，是因为我已经代替他们向皇上上奏请求了，尽管朝廷还没有明文旨意，但他们都以为朝廷会答应他们免除租税的请求，所以才不惧生死地等待着。在朝廷社稷生死存亡的关键时刻，利诱老百姓把他们的钱粮租税免除，让他们拼尽全力出战以征讨叛贼，可是等到叛乱被平定后，却又把他们置于死地，不但不兑现许诺还继续向他们索取苛求，所以老百姓的心中才满腔怨愤，这是他们不肯缴纳粮税的第一个原因。

及宸濠之乱稍定，而大军随至，供馈愈烦，诛求愈急，其颠连困踣之状，臣于前奏已略言之。百姓不任其苦，强者窜而为寇，弱者匿而为奸。继而水灾助祸，千里之民皆为鱼鳖，号哭载途，喧腾求赈。其时臣等既无帑藏之储，又无仓廪可发，所以绥劳抚定之者，更无别计，惟以奏免租税为言。百姓睊睊胥谗，谓命在旦夕，不能救我，而徒曰免税免税，岂可待邪？盖其心以为免税已不待言，尚恨其无以赈之也。已而既不能赈，又从而追纳之，人怨益深，不平愈甚，此其不肯输纳之故二也。

译文

等到宸濠的叛乱稍微平定之后，征讨逆贼的大军也来到了。这时候，让老百姓供应的粮钱租赋变得更加繁多，对他们的索取也更为急迫，而老百姓的贫穷苦难、困顿破落的状况，我在前面的奏折里，大致都已经谈到了。老百姓不堪重负，无法忍受，他们之中强壮的人便开始偷窃，成了盗贼，懦弱的人便藏匿起来变成了奸民。紧接着又发生了水灾，使得百姓的祸患更加沉重，长达千里之地的老百姓，都成为了汪洋水泽里的“鱼鳖”，他们哀嚎求救，痛哭之声布满了道路，喧闹哀求着要求朝廷能够对他们进行赈济救助。可是那时候，我等不仅没有储存的藏银，就连可以发放的仓库存米也没有，仅凭我安慰抚恤老百姓的办法，并不能有什么好的效果，所以我只能用上奏皇帝请求，免除他们租税的承诺来安抚。老百姓们听后怒目而视，怨声不绝，说自己的生命已经在旦夕之间了，无法救助他们，而只说要免除他们的钱粮租税，莫非免除钱粮租税还需要等待吗？实际上，他们的心里早已经认为免除钱粮租税是没说的了，一直在埋怨朝廷迟迟不对他们进行赈济救助。然而，没多久，朝廷非但没有对他们进行赈济救助，还紧接着加紧对他们钱粮租税的催缴，于是老百姓更加怨声载道，愤懑不平，这是他们不肯缴纳征粮的第二个原因。

当大军之驻省，臣等趋走奔命，日不暇给，亦以为既有前奏，则赋税必在所免，不复申请。其时巡抚苏松等处都御史李充嗣奏称，江西首被宸濠之害，乞将该年税粮军需等项俱行停免。该户部覆题：“奉圣旨：是，各被害地方，着抚按官严督所属用心设法赈济，钦此！”又该给事中王纪奏，本部覆题：“奉圣旨，是，这地方委的疲困已极，自正德十四年以前一应钱粮，果系小民拖欠未完的，俱准暂且停征，还着各该官司设法赈济，毋视虚文，钦此。”俱钦遵，该部备咨前来。臣等正苦百姓嗷嗷，咨文一至，如解倒悬，即时宣布。百姓闻之，欢声雷动，递相传告，旦夕之间，深山穷谷，无不毕达。自是而后，坚守蠲免之说，虽部使督临，或遣人下乡催促，小民悉以为诈妄，群起而驱缚之。催征之令不复可行，此其不肯输纳之故三也。

译文

当征讨叛逆的大军驻扎到省城后，我等一干人来回奔波赴命，每天的事情都十分的繁多，真是无暇分身，我当时认为，之前免除百姓钱粮租税的事情既然已经向皇上上奏请求过了，那么要征的赋税一定是列在被免除的行列里，所以就没有再次上报申请。那时候巡行苏松等府县的官吏都御史李充嗣上奏说："江西首先受到了叛贼宸濠叛乱的危害，祈求将他们这一年的应缴纳的粮税、军饷等项全部免除。户部将奏请传达到朝廷，接到圣旨说："那些受到叛贼祸乱、受了灾害的地方，责令抚按官严厉督令各管辖地方的官员，想尽一切办法，对他们进行赈济救助。钦此！"此外，该地给事中王纪上奏到我这里，又交给朝廷审阅，接到圣旨说"以上这些受到灾难的地方，确实十分的疲苦贫困，从正德十四年以前的全部应征钱粮，果真是贫困苦难的百姓拖欠的、没有交纳的，特准许暂停征缴，还严令这里的各级官员想尽一切方法，对遭受灾难的百姓进行赈济救助，且不可弄虚作假，而要要切实严格执行。钦此！"这些也都按照圣旨所要求的去做了。户部的咨文也传达下来了。我正担心老百姓为此唠叨不休、苦苦哀求呢，咨文一到，也就解救百姓们于倒悬的危险之中，于是我立即把户部的咨文向老百姓宣读。老百姓们听说了这件事，欢笑的声音像雷一样响亮，奔跑着相互传告，仅仅是从早晨到晚上这么短的时间，即使是深山峡谷里的老百姓也都已经传达到了。从这以后，老百姓们都相信了免除钱粮租税的说法。因而户部使者督促交粮，有的命人到农村去督促催缴，贫困苦难的百姓们都认为这是欺骗妄为，大家都集合在一起对催征的人进行驱赶捆绑。督促征缴的命令不能再执行下去了，这是他们不肯缴纳粮税的第三个原因。

郡县之官，亲见百姓之困苦，又岂震荡颠危之日，惧其为变，其始惟恐百姓不信免租之说，指天画地，誓以必不食言。既而时事稍平，则尽反其说而征之，固已不能出诸其口矣，况从而鞭笞捶挞之，其遽忍乎！此其难于追征之故一也。

译文

郡和县的官员，都亲眼看到了老百姓穷苦困顿的状况，当时又正值逆贼叛乱时期，国家处在生死存亡的危急关头，他们担心百姓也发生动乱，开始的时候，只是担心老百姓不相信要免除他们钱粮租税的承诺，于是说话便毫无顾忌，信誓旦旦地说一定不会违背诺言。不久，叛贼之乱平定，国家就违背了承诺，转而又向老百姓催缴租税，这使得那些官员的嘴里难以再说出催缴粮食的话，况且以后又通过鞭打、杖罚老百姓的方式征缴粮税，他们又怎么能忍受呢？这是追促缴征如此困难的第一个原因。

三司各官，旧者既被驱胁，新者陆续而至，至则正当扰攘，分投供应，四出送迎，官离其职，吏失其守，纠结纷拿，事无专责，如群手杂操于乱丝之中，东牵西绊，莫知端绪。既而部使骤临，欲于旬月之间督并完集，神输鬼运，有不能矣。此其难于追征之故二也。

译文

布、都、按三司，过去的官员已经因为被叛贼挟持胁从，被驱逐了，新任命的官员陆续地到来了，到了之后正赶上要支持援助朝廷北来的讨贼大军，命他们各自分头去组织解决军队的粮草供应任务，于是他们都到各地去迎接、护送，当官的离开了他们的职责，忽略了他们的职守，纠缠在各种纠纷之中，各种各样的事情没有一个专门负责的，这就像是一群手被缠绕在乱麻之中，东牵西绊，互相扯皮，无法找到明确的头绪。没多久，户部的使官又突然到来，计划要在旬月的时间内，把军队所需的粮税征缴完毕，这时候，即使让鬼神来搬运，也不可能完成这项任务。这是督促缴征异常困难的第二个原因。

夫背信而行，势已不顺，若使民间尚有可征之粟，必不得已，剜剥而取之，忍心者尚或能办也。而民之疮痍已极矣，实无可输之物矣，别夫离妇，弃子鬻女，有耳者不忍闻，有目者不忍睹也。如是而必欲驱之死地，其将可行乎！此其难于追征之故三也。

译文

那背离信义去执行所谓的命令，情形本来就已经不顺利了，若是老百姓家里还有可以征缴的粟米，迫不得已，剜夺这些财物而拿走，心肠狠的人也许还能够办到。但是乡下已经是满目疮痍，老百姓的生活已经穷困破落到了极点，真的是没有什么东西可拿了，百姓夫妻离散，卖儿卖女，只要是长耳朵的人都不忍去听，只要是有眼睛的人都不忍去看。像这样如果一定要把他们置之死地的话，那催缴粮税的事情是可行的！这是督促征粮异常困难的第三个原因。

夫小民之不肯输纳既如彼，而有司之难于追征又如此，后值部使身临坐并，急于风火，百姓怨谤纷腾，汹汹思乱，复如将溃之堤。臣于其时虑恐变生不测，谓各官与其激成地方之祸，无益国事，身膏草野，以贻朝廷之忧，孰若姑靖地方，宁以一身当迟慢之戮乎。因谕各官追征毋急，以纾民怨。各官内迫于部使，外窘于穷民。上调下辑，如居颠屋之下，东撑则西颓，前支则后圮，强颜陵诟之辱，掩耳怨憝之言，身营闾阎之下，口说田野之间，晓以京储之不可缺，谕以国计之不得已，或转为借贷，或教之典拆，忍心于捶骨剥脂之痛而浚其血，闭目于析骸食子之惨而责其逋。共计江西十四年分兑军本色米八万石，折色米三十二万石，改兑米一十七万石。臣始度其势，以为决无可完之理，其后数月之间，亦复陆续起解完纳，是皆出于意料之外，在各官诚窘局艰苦，疲瘁已极，亦可谓之劳而有功矣。今闻部使参奏，且将不免于罪，臣窃冤之。

译文

小老百姓不肯缴纳粮税，就像已经说到的那样，而有关部门在督促缴纳租税时异常困难，又如上面说到的这样，后来正值户部使官亲身坐镇江西，像风火一样急迫地督令，老百姓怨声载道，毁谤之言纷腾四出，火气汹汹，想要叛乱的形势，就像是将要崩溃的防洪大堤。在这个时候，我忧虑到怕产生不测的叛乱，对各级官员说，与其把老百姓逼迫到叛乱的地步，不益于国家大事，还不如让自己葬身于草野之中，来免除朝廷的忧患，为了让地方上处于安定，宁可用一己之身来抵挡因为延误了朝廷的命令而被杀戮的后果。因此晓谕各级官员不要急于追征粮税，以求老百姓的怨气能得到抒发。而各级官员在内受到户部使官的逼迫，在外又由于受到穷困百姓的怨愤而窘迫。在上遭受役使，在下又向老百姓作揖求情，就像居住在要坍塌的房屋里一样，支撑住东墙，西墙就会倒下，顶挡住了前面，后面又会坍塌，对侵犯侮辱的语言强作笑颜，对怨恨愤怒的话语上耳朵假装听不见，在府衙的门里周旋工作，在田野里用嘴劝说，让他们知晓国家不可缺少储粮的道理，讲述征粮是国家大计，不得已才去做，有的替他们转借，有的教给他们如何典押东西、折卸房子，残忍地看着他们受着捶打骨头、剥蚀脂膏般的痛苦而流血；闭着眼睛看他们折骨做柴、蒸吃自己孩子的惨剧发生，却还责骂他们的拖欠、逃亡。江西在正德十四年共计摊派兑付军饷本色米八万石，折合成色米三十二万石，改成兑付米一十七万石。我开始考虑，在当时的形势下，认为绝没有可能完数征缴的道理，而在以后的几个月里，却陆续地征缴完毕并开始漕运运输，这些都是出乎我意料之外的，那些执行政令的各级官员，确实是痛苦窘迫，处境艰难，已经疲乏劳累到了极点，也可以说他们是劳苦功高之臣了。如今听说户部的使官上奏参劾，而且对他们并没有免除罪责，我私下里觉得他们冤枉。

昔之人固有催科政拙，而自署下考者，亦有矫制发廪，而愿受其辜者。各官之以此获罪，固亦其所甘心。但始之因叛乱旱荒而为之奏免者臣也，继之因水灾兵困而复为申奏者臣也，又继之因朝廷两有停征赈贷之旨，而为之宣布于众者，亦臣也，又继之虑恐激成祸变，而谕令各官从权缓征者，又臣也。是各官之罪，皆臣之罪也。今使各官当迟慢之责，而臣独幸免，臣窃耻之。

译文

之前，官员们固然有在催征工作中政绩拙劣的，但却能够亲自下到田间，进行考察，询问民间疾苦，也有假托君命，发布诏敕，宁肯把府第仓库的粮食发放下去，而甘愿领受责罚。各级官员因为这个而获得罪名，原本也是他们心甘情愿去这样做的。但开始的时候，却是因为发生了叛乱和旱荒，而替他们请求免除租税的是我，接着由于发生了水灾和兵荒，又继续替他们申报请求免除租税的是我，接着因朝廷两次发下免除老百姓的征粮并对老百姓加以赈济的圣旨，替他们把这个消息公布于众的人也是我，接着又考虑到担心把老百姓激逼成叛乱的祸患，而命令各级官员权且从缓征缴老百姓粮税的人，又是我。所以，各个官员所背负的罪名，都是我一个人的罪责。现在让各个官员承担起怠慢皇帝命令的罪责，而唯独我得以幸免。我私下里认为是一种羞耻。

夫司国计者，虑京储之空匮，欲重征收后期者之罪，而有罚俸降级之议，此盖切于谋国，忠于事君者之不得已也，亦岂不念江西小民之困苦，与各官之难为哉？顾欲警众集事，创前而戒后，固有不得不然者，正所谓救焚身之患，不遑恤毛发之焦，攻心腹之疾，不得避针灼之苦耳。

译文

负责管理国计民生的人，考虑到京城国库储备空虚，想要加重征敛赋税迟延的官员的罪名，并有罚减他们的俸禄、降低他们官职的建议，这全部都是出于为国家大事谋划、对皇帝尽忠而不得不这样去做的，难道他们都没有考虑过江西老百姓的穷苦困顿，以及各级官员的为难之处吗？想顾念警惕小老百姓们集众闹事，使工作在开展的同时，还要警戒后院起火，这本来就是不得不才这样做的，这正是人们所说的，想要救助身体被焚烧的祸患，就不能怜恤头发被烧焦，想要医治心脏、腹部的病痛，就不能躲避针灸灼痛之苦罢了。

伏望皇上悯各官之罪，出于事势之无已，特从眚灾肆赦之典，宽而宥之，则法虽若屈，而理亦未枉。必谓行令之始，不欲苟挠，则各官之罪实由于臣，即请贬削臣之禄秩，放还田里，以伸国议。如此，则不惟情法两得，而臣亦可以借口江西之民免于欺上罔下之耻矣。臣不胜惶惧待罪之至！缘系征收秋妆，稽迟待罪事理，为此具本请旨。

译文

希望皇上能够怜悯各个官员的罪责，是迫于形势，没有其他办法才导致的，能够根据天灾而特别赦免罪过的典章，来宽容饶恕他们，那么法令虽然像是被曲解了，但道理上却并不算过分。如果一定要说，法令刚刚实行，不想着暂且饶恕他们，那么各个官员的罪责，其实都是因为我而导致的，请立即削减我的俸禄，撤掉我的官职，放我回家去，以使朝廷的政议得到正常的伸展。这样，不但情义和法令都能够得到保全，我也可以用为了江西老百姓当借口，而免除了欺上罔下这个罪名的耻辱了。我禁不住惶恐地等待朝廷降罪，诚挚之情达到了极点！这原本是为了征收秋粮，延误了命令，等待降罪的事情，我特意为这件事写本上奏，请求皇上旨意！

巡抚地方疏

十五年四月二十五日

据江西布政司呈：奉臣案验，照得本院前任巡抚衙门近遭兵火废毁，兼以地址僻隘低洼，每遇淋雨，潢潦浸灌。见今本院在于都司贡院诸处衙门寄驻，迁徙不常，居无定止，人无定向。妨政失体，深为未便，合行议取，为此仰抄案回司，即便会同都、按二司官从长议，查省城官民没官房屋及革毁一应衙门，可以拆修改造者。会议停当，呈来定夺，毋得违错等因。依奉会同都指挥佥事王继善，按察使伍文定，议得前项衙门，先年建于永和门内，僻在一隅，地势低洼，切近东湖，一遇淫雨，辄遭浸漫。近因大军驻扎，人马作践，俱各倒塌。及查巡按衙门亦皆年久朽烂，偪侧俱难居住，欲择地盖造。缘今地方兵荒之后，取之于官则官库空竭，敛之于民则民穷财尽，反覆思惟，无从措置。查得承奉司并织造机房各一所，系是没官之数，俱各空闲，地势颇高，规模颇广。合无呈请将承奉司暂改为都察院衙门，机房改为巡按衙门，委官相度，趁时修理。如此则工费不繁，民力少节，实为两便。缘由呈详到臣。

根据江西布政司呈报：经我案考验查，我院之前的巡府衙门，近来因为遭受到了战争，被大火烧毁，又加上地址很是偏僻、狭隘，地势非常低洼，每次遇到下雨的情况，这里就会倒灌积水，形成大水汪洋。现今我院是在都司贡院等池处衙门寄托暂驻，还时常进行迁址搬家，没有固定的办公

地址，人员也没有固定的来往场所。妨碍政务，有失体面，极为不便，大家一块儿商议选取一处地方使用，为这件事还仰赖你们抄此案文回布政司，立即会同都指挥使司、按察使司的官员，从长计议，查找省城里官员、百姓被抄没的房屋以及遭到战争毁坏的全部衙门中可以进行拆修、改建的宅院。一起稳妥商议，呈报上来定夺决定，不得违背有错等等情况。按照命令会同都指挥佥事王继善，按察使伍文定，议定查明之前的衙门，早年是修建在永和门内的，很偏僻，在一个角落里，地势低洼，距离东湖很近，一遇到连绵不停的过量的雨，就会遭到淹没。近来因为征讨逆贼的大军驻扎在这里，人来车往，战马乱跑，都被践踏得一塌糊涂，全都倒塌了。另外查明，巡按衙门也因为年久失修，腐朽破烂，拥挤得都很再居住下去了，想另外选择地址建盖。但是由于如今这些地方遭受了兵荒，建房的费用若是从公家库藏里面支出的话，官库也会很快枯竭，若是向老百姓再作征敛，那么老百姓只会更加地穷困不堪，财物也早已被征尽了，进行反复地考虑，想不出办法去筹办。又查明承奉司和织造机房各有一所，这些都被抄入官府，现在也都空置着，地势很高，规模也很大。合计后还未呈报请求，可将承奉司暂时改作都察院的衙门，机房暂时改作巡按司的衙门，委派官员观察估量，趁着空闲再修理一番。这样的话，工程费用就不会很多，民力也可以节约一点，实在是一举两得的好办法。”正为了这个原因，奏文详细情况呈报给我。

查得先为计处地方事，该臣会同巡按御史唐龙议奏，乞将抄没宁府及各贼党田地房屋令布、按二司掌印及守巡并府县官员从实覆查，委系占夺百姓，遵照诏书内事理，各给还本主管业。及将于内官房酌量移改城楼窝铺衙门，余外田地山塘房屋，仍令各官公同照依时估变卖，价银入官。先尽拨补南、新二县兑军淮安京库折银粮米，及王府禄米外，有余羡收贮布政司官库，用备缓急。缘由会本具题去后，未奉明旨。今呈前来，为照各项衙门果已废毁，当兹兵火之余，民穷财尽，改创实难。今该司议将前项没官房屋暂改，不费于官，不劳于民，工省事易，诚亦两便，似应准议。除行该司，一面委官趁时修改，暂且移驻，以便听理。候民困既苏，财用充给之日，力可改创，再行议处。

译文

查明这首先是给地方上筹划的事，我与巡按御史唐龙商议上奏，乞求将查抄的宁府以及各个叛贼党羽的田地、房屋，命布、按两司的掌印官以及守巡官和府、县的官员重新从实复查，若真是抢占老百姓的，便根据诏书里所要求的条文，分别发还给他的原主管理使用。另外，将里面的官府用房，估量改建成城楼、窝铺衙门，剩下的田地、山塘、房屋，仍旧命令各级官员共同行动，按时估价变卖，那些变卖的银两充公。这些钱首先尽量拨发，补给南昌、新建两县，用来兑付军饷以及淮安国库所折的财粮和王府里的俸禄用米后，若是有剩余的，就在布政司的官库里储存，以预备出现紧急情况的时候使用。正是基于这个原因，我写了奏本发表了意见，可是到现在还没得到明确的旨意。现在又呈上奏文前来，为的是提醒各个司的衙门确实已经废弃毁坏，当时正处于战火虐袭的状态，百姓们贫困苦难，财产几乎耗尽，改造新建着实很难。现在布政司议定将前面提到的那些被抄没的房屋，暂时进行改建，这样既不花费官银，也不会让老百姓因此而受劳累，工程俭省，办事容易，这确实是一举两得的事，这似乎应该批准这项建议。除了命令该司，一方面委派官员及时进行修理改建，暂且搬迁到那里去驻扎，以便处理政务。等到老百姓贫困的状况已经缓解，资财的使用已经比较充足了，就可以另改新建，到时候再计议处理！

剿平安义叛党疏

十六年五月十五日

据江西按察司按察使伍文定关称：奉臣批据南康府通判林宽、安义县知县熊价、奉新县典史徐诚呈开俱奉本院纸牌及巡按御史唐龙、朱节等计委追剿逆贼杨本荣等。依奉前后诱捕，及于沿湖各处敌战，擒斩共一百二十六名颗，并于杨子桥巢内搜获伊原助逆领授南昌护卫中千户所印信一颗，合就解呈。奉批仰按察司会同都、布二司官将解到贼级纪验，贼犯鞫审明白，解赴军门，以凭遵照钦奉敕谕事理，就行斩首示众；有功员役分别等第，呈来给赏施行。并蒙巡按江西监察御史唐龙批："按察司会同各掌印官审究，及将有功官役并阵亡之人查明，具招呈报。"又蒙巡按江西监察御史朱节批："看得各犯罪恶贯盈，致勤提督衙门调兵擒剿，事情重大。按察司会勘明白，中间如有事出协从，情可矜疑者，通具呈报"等因。

译文

按照江西按察司按察使伍文定上报说：据我的批示："根据南康府通判林宽、安义县知县熊价、奉新县典史徐诚呈报说，全部依奉我院的令牌，并在巡按御史唐龙、朱节等人的筹划委派下，进剿叛贼杨本荣等人。"按照命令前后夹击诱捕，以及在沿湖一带和叛贼进行战斗，共计斩杀了叛贼一百二十六名，并且在杨子桥的家中搜查到了他原来协助逆贼而领受的所谓的南昌护卫中千户的官印一颗，也一并解押呈交。依奉批文，仰赖按察司会同都、布两司的官员，将解押到的叛贼以及尸首验查记录下来，对他们审问清楚，解赴到法场，听候发落，根据皇帝的圣旨所指示的条文，就把他们斩首示众了；而对那些有功的官员、差役，则分出立功等级，呈报上来给他们施行奖赏。另外承蒙巡按大人、江西监察御史唐龙批示："按察司会同各个掌印官审问查究罪犯，以及将有功的官员、差役和在征剿叛贼时阵亡的人，都一一查问清楚，一起呈送上报。"又承蒙巡按大人、江西监察御史朱节批示："看到各个罪犯确实是恶贯满盈，致使提督衙门辛劳地调军兵前去擒拿进剿，情况非常严重。按察司要会同大家一起把案情勘查明白，这其中若是有参与叛乱的胁从者，但凡情况有嫌疑的人，都要写来呈报。"等等情况。

依奉会同都指挥佥事高厚，左布政使陈策等，议得贼犯杨正贤等，累世穷凶，鄱湖剧患，近复从逆，幸而漏网，啸聚劫囚，敌杀官兵，滔天之罪，远近播闻。通判林宽等克承方略，首事缉捕，虽有小衄，竟收成功。知县熊价到任甫及半月，仓促偶当其冲，终能有备，多所擒获。典史徐诚奉调领兵破贼，适中机会。署都指挥佥事冯勋鼓勇而前，贼遂奔溃。其典史周祐阴谋散党，隐然之迹，未可泯弃。合无呈乞钧裁，将署都指挥佥事冯勋，通判林宽，知县熊价，典史徐诚，俱优加犒奖；林宽、熊价仍旌其除暴安民之劳；典史周祐另行赏赍，随征南昌前卫千户马喜，新建县县丞黄仲仁，南昌县主簿陈纪，安义县主簿崔锭，建昌县税课局大使江象，安义县领哨义官杨震七，协守县治安义县县丞何全，典史陈恒昭，把截九里三渡南昌前卫指挥梁端，千户周镇，俱量行犒劳；其余获贼吏兵、哨长、保长、总小甲人等，查照近日告示事理，分别等第，一一给赏；阵亡阵伤义兵程碧、程魁七等，俱各优恤其家，给赏汤药之费。如此，庶使有功者录而人所知劝，死事者酬而人无所憾矣。仍行该府县将逆贼杨正贤等妻男财产估变价银，修筑县城，尤为便益。缘由同查过功次文册关缴到司，备由转呈到臣。

译文

一切都依照指示去做了，会同都指挥佥事高厚，左布政使陈策等人查明议定贼犯杨正贤等人都是几世的大凶大恶之人，是鄱阳湖的大祸患，近来又重新作乱，这次有幸漏网了，他纠集逆贼前来劫狱，杀死了官兵，他的滔天罪行，不论远近都有传闻。通判林宽等人，制定了战略战术，首先对这些叛贼开展缉捕，虽然有些小的挫败，竟然也大获全胜。知县熊价上任还不到半个月，仓促间偶然出兵，身先士卒，最终有所准备，擒获了很多逆贼。典史徐诚遵奉调动，带领军兵前去讨伐逆贼，正好赶上了围攻逆贼的时机。署都指挥佥事冯勋，奋勇向前，一鼓作气，于是贼兵奔逃溃败。典史周祐暗中进入逆贼团体，隐姓埋名在逆贼中侦得实情，其功劳真是不可泯灭舍弃呀。希望上级能够根据情况公平裁定，对署都指挥佥事冯勋，通判林宽，知县熊价，典史徐诚，一律从优加以犒赏奖励；对林宽、熊价，仍然表彰他们清除凶暴、安定百姓的功劳；对典史周祐另外进行赏赐，跟随征讨的南昌前卫千户马喜、新建县县丞黄仲仁、南昌县主簿陈纪、安义县主簿崔锭、建昌县税课局大使江象，安义县领哨义官杨震七，协助守护县里治安的安义县县丞何全、典史陈恒昭，把守堵截住了九里三渡的南昌前卫指挥梁端、千户周镇等，都应该对他们进行论功行赏、犒劳；其余抓获逆贼的官员、士兵、哨长、保长、总小甲长等人，也都要根据近日来张贴的告示规定，分别对他们的功劳划分等次，一一地进行奖赏；在作战中阵亡的、负伤的义兵程碧、程魁七等人，都对他们的家属进行优待、抚恤，并赏赐给他们用来医治病痛的药费。这样才能够使有功劳的人享受官、禄，人们也就会因此受到劝勉，对为征讨逆贼而牺牲的人进行酬报抚恤，人们也就没有什么缺憾了。另外仍然命令该地各府县的官员将贼犯杨正贤等人的妻子孩子、财产估价变卖，用来修筑县城，尤为便利。这样做的缘由和查验过的立功等级的文册，都一同缴报到了司里，再把报告呈递给我了。

簿查正德十五年十一月初十日，据江西按察司副使陈槐关称：原问犯人胡顺并杨子桥等家属财产通该查抄解报，呈详已批该司查照施行，务得的实，毋致亏枉外，续据安义县申称：依奉拿获杨子桥妻周氏，男杨华五、华七、华八、月保并伊同居亲弟杨子楼收监、起解间，十二月二十二日辰时，不期子楼未获男杨本荣统集百十余徒，各持枪刀冲县。当同巡捕主簿崔锭督领机兵防御。彼贼势勇，打入狱门，劫去杨华五等，并原监杨正江、杨绍鉴及别犯胡清等一十八名，烧毁总甲张惟胜房屋，劫掠铺户傅甫七等货物。随即起集哨长陈魁四等，屯兵设法擒获杨华五等，仍旧收监。一面追获余贼杨子楼等，合行申报等情。

译文

从文簿里查知正德十五年十一月初十日，依照江西按察司副使陈槐报告说：原本已被抓获的案犯胡顺才、杨子桥，对于他们的家属、财产，都进行了抄查没收，解押上报，呈上的详细情况已经批准该按察司去执行，要求必须以事实为根据，务必不要导致差误和冤枉。接着又根据安义县的申报说：依照命令抓获杨子桥的妻子周氏，儿子杨华五、华七、华八、月保以及与他们在一起居住的亲兄弟杨子楼，在把他们监禁起来准备解押期间，十二月二十二时的七到九点，没想到还没有被抓获的杨子楼的儿子杨本荣纠集了一百一十多人，都拿着刀枪向县府冲来。当时巡捕主簿崔锭命令县府机关的军兵进行防御，可是那伙歹徒人多势众，还是被他们攻打进入监狱的大门，把杨华五等人以及原来监禁在这里的杨正江、杨绍鉴以及其他的罪犯胡清等十八人全都劫走了出来，他们还用火烧毁了总甲长张惟胜的房屋，抢掠了傅甫七等人家商铺里的货物。紧接着，县府马上招集哨长陈魁四等人，调集兵力设计谋策擒拿住了杨华五等人，仍旧把他们关押在监狱里。一方面派人全力追捕逆贼杨子楼等人，一起上报。”等等情况。

又据通判林宽呈称：首恶杨子荣、杨华二等照旧立寨啸聚，批仰按察司会同各官议处。随据该司呈称：依奉会同署都指挥佥事王继善，左布政使陈策，副使顾应祥等，议得杨本荣等罪恶，据法即当督兵擒捕；但访得杨姓一族，稔恶从乱者有数，若使兵刃一加，未免玉石未辨。合行该县再谕杨本荣等作急投首，庶几杨绍鉴等之罪可辨，杨本荣之情可原。若使负固不服，即将稔恶贼党指实，申来议处。呈详到臣。

译文

又根据通判林宽呈报，首恶杨子荣、杨华二等人，仍然占山为王，纠集众人为贼，批示仰赖按察司会同各级官员想办法处置。接着据按察司呈报：依照命令，会同署都指挥佥事王继善、左布政使陈策、副使顾应祥等人，议定杨本荣等人穷凶极恶的罪行，依照法令应当督令兵将前去抓捕；但又访知，杨姓一族人中，参加叛乱、行恶的罪恶分子却是少数，若是对他们大动干戈，难免会有玉石不辨、好坏不分的后果。应该责令该县再次晓谕通告杨本荣等人，马上投案自首，或许杨绍鉴的罪行能够得到分辨，杨本荣劫狱做贼的行为能够得到原谅。若是他们仍旧冥顽不灵，不听从规劝，就把那些行凶作恶的罪恶分子揪出来，申报上去，请求处理。”这些都已经详细地呈报给了我。

照得本院前年驻兵省城，擒剿叛贼之后，即欲移兵扑灭逆党杨子桥等。彼因访得各犯亲族亦多良善连居，若大兵一临，未免玉石俱焚，方尔迟疑。当据杨子桥等自行投赴军门，本院仰体朝廷好生之德，正欲保全一方之生灵，当即遵照诏书黄榜事理，将子桥等量加杖责，释放回家，谕令改恶迁善。其余党恶，悉不根究外，后因解京逆党刘吉、陈贤等供攀不已，朝廷之意，将复发兵加诛，则恐失信于下；将遂置而不问，则一般从逆之人乃至极刑抄没，而子桥等独不略加惩创，亦何以警戒将来？故照旧释其党从以示信，独行拘子桥以明罚；其迁徙抄没，亦止及于子桥一身。朝廷之处，可谓仁至义尽矣。为之亲族党与者，正宜感激朝廷浩荡再生之恩，皆宜争出到官，输诚效款，自相分别，洗涤其既往之愆，而显明其维新之善。却乃略不改创，辄敢抗逆官府，冲县劫囚，自求诛灭。据法论情，已在必诛无赦。但念中间良善尚多，止因杨子桥同居稔恶之徒，缪以危言激诱，族党煽惑鼓动，以至于此，恐亦非其本心。今据三司各官呈议，亦与所访略同。准依所议，姑且未即加兵，就经批行该道守巡官先行分别善恶，令其亲族非同恶者自行告明官司，各另屯住。其被胁之人，若能投首到官，亦准免罪。有能并力擒捕首恶送官者，仍一体给赏。俱限一月之内投首输服。若过期不出，即将各犯背叛情由备细呈来，以凭发兵剿灭。一面行仰该县及各附近官司整集兵快义勇，固守把截，听候本院进止。仍备出告示，晓谕远近外。

译文

按照前年，我在省城驻扎军队，剿灭了宁府叛贼之后，接着就想派兵去追剿逆党杨子桥等人。那时查访得知各名罪犯的亲戚族人，大多数都是善良守法的人，若是动用军兵，大军一到，难免会造成玉石俱焚的结果，好人坏人都会一起遭殃，所以才迟迟没下决心对他们进行进剿。当杨子桥等人投案自首后，我体谅到朝廷有好生之德，不愿看到生灵涂炭，正想保全一个地方的百姓，于是立即根据皇上诏书、圣旨的精神，对杨子桥杖打了一通，便释放其回家，并晓之以理，劝他改恶从善，不得再逞凶生事。对其他的参与叛逆的人，也都不再作追究根查，后来，由于押解进京的逆贼刘吉、陈贤等人相互招供，攀扯到杨子桥等人。朝廷的想法是，要对杨子桥再次进行征剿诛杀，但若是这样的话恐怕会对老百姓失去了信义；若是最终对他置之不理，不加追问，那么一般情况下，贼党叛乱会被处以极刑，并进行抄家、没收财产，而唯独对杨子桥这样的首恶没有进行一点惩罚，如此还怎么能够对将来发生的祸患起到警戒作用呢？所以仍旧把胁从的贼犯、逆党释放回家，以表达朝廷对天下百姓的信义，唯独把首恶杨子桥拘捕了起来，以表明对他的惩罚；至于流放和抄没家产，也只是对首恶杨子桥一个人施行。朝廷对这个事件的处理，可以说已经仁至义尽了。作为杨子桥的亲族、党羽，正应该感激朝廷皇恩浩荡以及给予新生的恩德，都应争抢着到官府表达诚意以报效国家，与罪恶行径诀别，洗涤过去的罪恶，并表示自己的改过自新、弃恶从善的决心。但是他们不仅没有略微的改过自新的表示，竟然还胆敢同官府对抗，率众冲击县府、劫走狱囚，自寻死路，走向灭绝。按照朝廷法令，根据事件的情理，都应该处于一定要被诛杀的行列，丝毫没有赦免的余地。但是，考虑到这里面还有很多心地良善的好人，只是由于与杨子桥同居的穷凶极恶的罪恶分子，错误地用危言耸听的话来刺激劝诱他的同族人，进一步煽动、蛊惑他们的人心，才导致达到这样的地步，这恐怕并不是出于他们的本意。现在根据布、都、按三司各个官员的呈报、建议，同我所访查的结果也基本一致。批准了他们的建议，对杨子桥等人姑且没有派兵剿杀，批准该道的守巡官，先要对逆贼分辨出好人、坏人，并命令他们的亲族中人，若平常不是同他们一起作恶的人，要主动地到官司府第讲述明白，还都要与他们分开居住。那些被迫胁从参与叛乱的人，如果能主动到官府来投案自首，也能够对他们免除罪责。若是有能力强并全力把叛逆闹事的首恶元凶抓捕到并送交官府的人，仍然一视同仁地给予奖赏。这些都给一个月的期限，命逆贼投案自首，表达忠诚顺服。如果超过了一个月的期限还不投案认罪，就立即把各个罪犯参与叛乱的情节、原委、都详细地呈报上来，来依照情况派兵进行剿杀灭绝。另一方面，还仰赖该县以及附近的各级官员，召集军兵和义士，紧密地把守、堵截要塞，听候本院宣布的开始以及结束的时间。同时，本院仍然准备张贴告示，把宗旨通晓谕示给远近的各个地方。

续据通判林宽呈称：遵照明文，密唤杨姓良善户丁杨庸、杨邦十五等七名到职，示以祸福，给以犒赏。着令分别良善，止捕冲县逆贼送官。随该杨庸等诱擒逆贼九名到县，又获贼犯一十七名。随给牌面，令通县老人分投抚谕，而各贼仍前立寨不服。续又擒获贼犯四名。后闻官司要捣巢穴，连夜鼓挟邻族，约有百十余徒，掳船奔入鄱阳湖。欲即率兵追剿，缘该县空虚，诚恐贼计中途回锋冲突，未可轻出。除差人飞报沿河保长，立寨防剿，一面牒府督率星子、建昌、都昌兵沿湖巡捕外，呈乞施行等因。

译文

接着又据通判林宽呈报说："依照明文规定，秘密地叫来杨姓的几个心地善良的人户壮丁杨庯、杨邦、十五等七人到官府任职，向他们讲明祸患与福利，并对他们进行犒赏。让他们分辨出良善的人，只把那些对抗官府、袭击府衙的逆贼抓捕起来，送到官府。于是，杨庯等人引诱抓获了九名贼犯来到县府，接着又抓获了十七名。于是发给他们牌令，命令全县的尊长对他们分别进行抚慰、晓谕，可是那些逆贼仍旧驻扎在山寨里，也没有要服从命令投诚的意思。接着又抓获了四名逆贼。后来，他们听说府衙要直捣他们的老窝，便连夜鼓动挟持乡邻族人，共计约有一百一十几人，抢劫船只，逃入了鄱阳湖。这时，本想派兵大肆进剿，可是由于县里兵力空虚，真的是怕中了叛贼的调虎离山之计，于是，只在中间途中回马对他们冲杀，没有轻易地出兵追击。除了派人飞马通知沿河的各地的各个保长，立起营寨以防被逆贼偷袭之外，一面又呈牒文命令府察官率领星子、建昌、都昌的官兵，沿湖巡逻追捕逆贼，呈报乞求施行。"等等情况。

据呈，臣会同巡按御史等官，看得贼既入湖，良善已分，正可四面合兵追剿，除行南昌守巡兵备点选兵快，就行都司冯勋统领，星夜前去跟蹑贼踪，设法剿捕，就经批仰按察司，即便通行该道守巡官及沿湖各该官司地方保甲人等，一体集兵防剿追捕，毋令远窜贻患。臣等又虑安义县治单弱，恐各贼乘虚归劫，另行牌调奉新县典史徐诚选兵四百，密从间道星夜前去该县，会同知县熊价协力防剿。又行牌仰各官于九姓良善之中，挑选义勇武艺，及于沿湖诸处，起集习水壮健惯战之人，各官身自督领，密取知因乡导，四路爪探，或蹑贼踪，或截要路，或归防县治，张疑设伏，声东击西。一应事机，俱听从宜施行；合用粮赏，就于司府库内原贮军饷银内支给。及差官赍执令旗、令牌前去督押行事。军兵人等但有军前不听号令，及退缩逗留，侵扰良善者，遵照敕谕事理，就以军法从事。各官俱要竭忠尽力，慎重勇果，杀贼立功，以靖地方。若畏避轻忽，致贼滋蔓，贻患地方，军令俱存，决难轻贷。完日通将擒斩功次获功人员等项一并开报，以凭施行去后。

译文

根据呈报，我会同巡按御史等官员，看到逆贼既然已经逃入湖中，已经把善良的人分化出来，正是可以对逆贼进行四面围剿的大好时机，于是除了南昌守巡的军兵，我们又挑选了一些兵马让都司冯勋率领，连夜偷偷地去跟在这帮逆贼船只的后面，想方设法进剿捕获，就经按察司批准，立即通知该道的守巡官以及沿湖的各级官员、地方保甲等人，全部调集兵力布防，参加进剿围捕，务必不能让逆贼远离那里，给以后留下祸患。我又考虑到安义县治安保卫力量薄弱，担心逆贼会乘其虚弱，返回兵力进行劫杀，便另发牌令命奉新县的典史徐诚，挑选四百名军兵，秘密地从小道，连夜赶往该县，会同知县熊价一起齐心协力，布防剿敌。又发牌令，仰赖各级官员，在诸心底善良的老百姓中，精心挑选义勇兵和懂得武艺的人，及在沿湖的各地，招募水性好、健壮又作战经验丰富的人，每个官员都必须要亲自督领，并秘密地找寻知情的本土向导，到各个方向进行探查，或者暗中跟踪敌船，或者堵截要塞，或者撤回到县里进行布防，维持治安，散布疑兵，暗中埋伏，声东击西，巧用计谋。所有的这些办法，都要根据实际情况，采取恰当的措施；应该使用的粮食、赏银，就从司府的库藏中原本贮存用作军饷的银子中支取分发。另外还差派官员持执令牌、令旗前往，督促押解执行公务。军兵等人，但凡有在军前不听号令以及退缩不前、逗留不走的，或打扰侵犯善良老百姓的人等，都会依照圣旨中谕示的条文，对他们按军法给予处罚，进行惩戒。各个官员都要尽忠竭力，慎重、果断、勇敢，努力杀贼，建立功勋，使地方能够得到平定。若是有人拈轻怕重、胆小畏避、玩忽职守，致使逆贼滋长蔓延，给地方上贻留祸患的，无论是军法还是律令都在这里，决不会轻饶。围剿结束后，还要把擒拿抓获的逆贼人数，以及官、军立功的大小等级、立功的人员等项目记录清楚，一同呈报上来，并以此来实施赏惩，发令去留。

今呈前因，照得臣先节该钦奉敕谕："但有盗贼生发，即便设法调兵剿杀，听尔随宜处置，钦此。"钦遵，除将前项有功官员支兵人等及阵亡被伤等项，俱准议于南昌府动支本院贮库支剩军饷银两，除已犒奖给赏优恤外，其未经奖犒给赏优恤者，批仰该司查照等第，逐一补给。贼属男妇估价变卖银两，亦准修筑该县城垣支用。擒获贼犯，鞫问明白，仍解军门斩首示众。斩获贼级，行令造册缴报，并行巡按衙门知会外。

译文

现在呈报前面的情况，遵照我以前接到皇上的圣旨，谕示说："但凡有盗贼发生出现，便要立刻想方设法调集军兵进行剿杀，听凭你们根据实际情况进行处置，钦此！"这些都已经遵照执行了，除了对前面提到的那些立功的官员、支援部队以及在剿敌时死伤的人员等，都批准议定从南昌府支取本院贮存库中剩余的那些用于开支军饷的银两外，已经犒赏、奖励、抚恤的除外，那些没能得到犒劳、奖赏、抚恤的有功人员，批准该司查明其立功的等次，逐一地进行补发。对这些逆贼的家属、儿子、媳妇，则进行估价变卖，所变卖的银两，也批准支取，用来作为修筑该县城垣的用费。对擒拿、抓获的逆贼，都要鞫问、审查清楚，仍旧解押到法场，在众人面前施以斩刑。所斩杀的逆贼，都要令人做书册填写在案，上缴呈报，又让巡按衙门阅读知晓。

臣等议照叛党杨正贤等，肆其凶狂之习，恃其族类之繁，稔恶一方，流劫远近。既积有世代，此复兴兵助逆，脱漏诛殄，略无悔创，乃敢攻县劫狱，聚众称乱。恶贯满盈，天怒人怨，遂尔一旦扫灭。在朝廷固犹疥癣之搔爬，在江西实亦疽痈之溃决。巡按御史唐龙、朱节运谋监督，而按察使伍文定，布政使陈策等相与协议赞画，都指挥冯勋及通判林宽、知县熊价等，又各趋事效命，并力于下。论各劳绩，皆宜旌录。臣守仁卧病待罪之余，仅存喘息，幸赖诸臣，苟免咎愆。缘系剿平叛党事理，为此具本题知。

译文

我等议定，叛党杨正贤等，肆意张扬他们穷凶极恶的丑陋习性，仗着他的亲族人多势众，为恶一方，流动劫掠附近和远一点的地方。已经有了几代人积累的财富，又起兵叛乱，协助逆贼，却都有幸逃脱了被杀身灭族的厄运，可是却丝毫没有悔过自新的表现，还竟敢攻打县府，劫持大狱，又纠集众人，作乱一方。果真是恶贯满盈，天都为之愤怒，人们也都怨气十足，于是他们在短时间内已经被剿灭，扫除干净了。这在朝廷看来，原本就如同身上爬附的疥癣一样，无足轻重，但对江西地方上来说，其实已经是恶疮溃烂决口了一般，祸患无穷。巡按御史唐龙、朱节，运筹谋划，督令监视，并且按察使伍文定、布政使陈策等都协助参谋筹划，都指挥冯勋以及通判林宽、知县熊价等人，又都奔波效力，齐心合力，共同为国事效命。若论他们各自的功劳业绩，全部都应该进行表彰。我，守仁，在冒罪卧床养病中，只留下喘气的机会，所幸仰赖各位臣下，往返驱驰奔波，报以死力，才终获全胜，使我苟且免除了应该追究的罪责。本是为了剿灭平定叛贼逆党的事由，因此，我专门书写奏折向皇上上报告知！

乞便道归省疏

臣于正德十六年六月十六日钦奉敕旨："以尔昔能剿平乱贼，安靖地方，朝廷新政之初，特兹召用。敕至，尔可驰驿来京，毋或稽迟，钦此。"钦遵。已于本月二十日驰驿起程外。

译文

我在正德十六年六月十六日，接到皇上的圣旨，说："因为你过去剿灭、平定叛乱逆贼，使得地方上能够保有安定，朝廷现如今正处于新的政权刚开始运作的初期，特此把你招来重用。圣旨一到，你便可快马加鞭奔赴京城，不得延迟误期，钦此。"遵照圣旨，我已经在本月二十日快马加鞭，启程前往，正在途中。

窃念臣自两年以来，四上归省之奏，皆以亲老多病，恳乞暂归省视，实皆出于人子迫切之至情。而其时复以权奸当事，谗嫉交兴，非独臣之愚悃无由自明，且虑变起不测，身罹暧昧之祸，冀得因事退归。父子苟全首领于牖下，故其时虽以暂归为请，而实有终身丘壑之念矣。既而宗社有灵，天启神圣，入承大统。革故鼎新，亲贤任旧，向之为谗嫉者皆已诛斥略尽，阳德兴而公道显。臣于斯时，固已欣然改易其退遁之心矣。当明良之会，圣人作而万物睹，天下之士孰不颙然有观光之愿，而况臣之方在忧危，骤获申雪者，若出陷阱而登之春台，其为喜幸感激何啻百倍，岂不欲朝发夕至，以一快其拜舞踊跃之私、归戴向往之诚乎。顾臣父既老且病，顷遭谗构之厄，危疑震恐。凶凶朝夕，常有父子不及相见之痛。今幸脱洗殃咎，复睹天日。父子之情，固思一见颜面，以叙其悲惨离隔之怀，以尽菽水欢欣之乐。况臣取道钱塘，迂程乡土止有一日。此在亲交之厚，将不能已于情，而况父子天性之爱，重以连年苦切之思乎？故臣之此行，其冒罪归省，亦情理之所必不容已者。然不以之明请于朝而私窃行之，是欺君也；惧稽延之戮，而忍割情于所生，是忘父也。欺君者不忠，忘父者不孝，世固未有不孝于父而能忠于其君者也，故臣敢冒罪以请。伏望皇上以孝为治，范围曲成，特宽稽命之诛，使臣得以少伸乌鸟之私，臣死且图衔结。臣不胜惶惧恳切之至！

译文

私下里想，这两年以来，我曾四次呈上想要回家省亲的奏折，都是因为老父亲年老多病，希望能够暂时回家探视父病，这确实是从做儿子的最为迫切真挚的情义出发考虑的。但在那个时候却由于奸臣当道，谗言嫉妒轮番出现，兴风作浪，这并不是因为我忠诚耿直，不说明缘由，情况自然也很明了，并且想到国家出现了意想不到的逆贼叛乱，我唯恐那莫名其妙的灾祸罪责不知怎的就降临到我的头上，真的是希望因家事而辞官归隐。这样我和父亲便都可以在茅屋下苟且得以保全性命，所以那个时候虽然是用暂时回家省亲为理由请奏，但确实是有终生在家隐居的想法。不久，祖宗的宗庙社稷有灵，上天开启新运神圣英明，新皇登基即位，承继了统治大业。于是破除陈旧的，建立新的政治，亲近贤臣，继续任用可信的老臣，而过去那些进谗言的嫉患奸臣，也全都被诛灭排斥得所剩无几了，圣明的德政开始兴盛，公道显现出来。我在这个时候，原本已经很高兴地想要改变准备回家隐居逃避世事的想法了。正值圣明之君执政，良臣聚合辅佐朝政，圣人出现，大有作为，并且被世间万物所亲眼看到，天下的士人没有谁不想观看皇帝实行的新政的，更何况像我这样正处于忧愁危急的时候突然获得了申冤昭雪的人，就像是刚从陷阱里登上了风景优美的游览胜地一样，那种喜悦、幸运的心情，对朝廷的感激之情又何止百倍呢？我又怎么会没有那种从早上出发，晚上就能到达的迫切心情，来踊跃地向皇帝朝拜，而向朝廷表达忠诚的赤子之心呢？可是我顾念父亲衰老、多病，并且过去时常遭到奸臣谗言诬陷的厄运，终日生活在危疑恐惧之中朝夕忧患，常有父子不能相见的痛苦。现在我幸运地洗雪冤枉，得以重见天日。从父子的情义方面考虑，实在是想见一面，来重叙那悲惨别离的情怀，以享受重见亲人的欢乐欣喜的乐趣。况且，我赶往京城的时候，从钱塘路过，绕道回故乡，仅仅只有一天的路程。就算是相交甚厚的朋友之间，顾念彼此之间的深情厚意，也不能不去相见，更何况是父子之间的天性之爱，就不能重新叙叙那悲惨离别的相思之苦吗？所以，我这次冒罪省亲回家，也是情理之中所一定不能容忍这样做的。然而，若是不把这个做法明确地向朝廷申请，私下里偷偷地这样做，则是对皇上的欺瞒；但若是因为害怕延迟了圣旨中所定的期限而遭到杀戮之祸，就狠心地割舍父子情义，这就是忘父之罪。对皇帝有所欺瞒是没有忠心，忘却父子间的情义是没有孝心。世上的人对父亲缺乏孝心，而能对皇帝尽忠职守的人是没有的。所以，我甘愿顶着触犯龙颜的罪名来请求。希望皇帝能够以尽孝的思想来治国，在一定的范围内成全我，特别是宽恕我因为迟误了朝廷命令而应被杀的罪过，让我可以稍微地实现乌鸟尽孝的心愿，若是如此，我就是死也必定会结草衔环来报皇帝的恩德。我禁不住惶恐恳切达到了极点！

辞封爵普恩赏以彰国典疏

嘉靖元年正月初十日

南京兵部尚书王守仁谨奏，为辞免封爵，普恩赏以彰国典事：

译文

南京兵部尚书王守仁谨恭上奏，特为推辞所封爵位，请求对有功之人普遍进行恩赏，来使国家典章法律得到光大发扬事宜：

臣于正德十六年十二月十九等日，节准兵部、吏部咨，俱为捷音事，节该题奉圣旨："江西反贼剿平，地方安定，各该官员功绩显著，你部里既会官集议，分别等第明白，王守仁封伯爵，给与诰券，子孙世世承袭，照旧参赞机务，钦此。""王守仁封新建伯，奉天翊卫推诚宣力守正文臣，特进光禄大夫、柱国，还兼南京兵部尚书，照旧参赞机务，岁支禄米一千石，三代并妻一体追封，钦此。"前后备咨到臣，俱钦遵外，臣闻命惊惶，莫知攸措。

译文

我在正德十六年十二月十九等日，接到兵部、吏部的咨文，都是为捷报等事，在这里接到圣旨说："江西的反叛逆贼已经剿灭平定，地方上重新得到安定，你们各级官员，都功绩显著，你部既然已会集各官议定，把功绩分出等级，列举清楚了。王守仁封为伯爵，对其家眷给予诰命之职，爵位世袭，并依旧参与军机大事，钦此。""王守仁封为新建伯，奉天翊卫推诚宣力守正文臣，再晋升为光禄大夫、柱国，另外还兼任南京兵部尚书，仍旧参与军机事务，每年支取禄米一千石，他的子孙三代以及妻子，都一样追加封赐，钦此。"这些咨文都前后传达给我，除遵守圣旨外，我听到任命后，还吃惊惶恐，不知所措。

窃念臣以凡庸，误受国恩，在正德初年，以狂言被谴。先帝察无其他，随加收录，荐陟清显，缪膺军旅之寄，猥承巡抚之令。后值宁藩肇变，臣时适婴祸锋，义当死难，不量势力，与之掎角。赖朝廷威灵，幸无覆败。既而谗言朋兴，几陷不测。臣之心事，未及自明。先帝登遐，无阶控吁。乃幸天启神圣，陛下龙飞，开臣于覆盆之下，而照之以日月。悯恻慰劳，至勤诏旨，怜其乌鸟之情，使得归省，推之大孝之仁，优之以存问。超历常资，授以留都本兵之任。恳疏辞免，慰旨益勤。在昔名臣硕辅，鲜有获是于其君者，而况于臣之卑鄙浅劣，亦将何以堪此乎？今又加以封爵之崇，臣惧功微赏重，无其实而冒其名，忧祸败之将及也。夫人主于颦笑之微，不以假于匪人，而况爵赏之重乎？人臣之事君也，先其事而后其食，食且不可，而况于封爵乎？且臣之所以不敢受爵，其说有四，然亦不敢不为陛下一陈其实矣：

译文

私下里想，我凭平庸的才智，错误地享受国家的恩赐。我在正德初年，曾因出语狂妄而遭谴责，但先皇明察，看到没其他过错，于是对我加官晋爵，推荐到显赫的官位，错受给军旅的委托，苟且承受巡抚之职。后来正赶上宁藩宸濠肇事叛乱，我当时正赶上迎击逆贼鼎盛的威势，义当死效国难，也不估量自己的势力，与逆贼犄角抗击。仰赖朝廷的威势，幸亏没有覆没而导致溃败。不久谗言四起，诬告于我，几乎使我陷入不可估测的祸事里去。我当时的心境，没来得及自我澄清。先皇去世了，更没地方去申诉冤枉了。庆幸天启神明，出现了圣人，陛下真龙天子，飞龙在天，把我从犹如倒扣的盆下的黑暗逆境中解救了出来，日月相照，重见天日。陛下还对我哀怜并赏赐慰问，不断地下旨对我表示关怀，因怜悯我的乌鸟尽孝的情怀，使得我能够归家省亲，这不仅推行了以孝治国的仁政，还是用慰问来优恤于我啊。陛下超越常规，授给我南京兵部尚书的职位。我上疏恳求推辞免除掉这个官职，而陛下慰问的旨意更为勤勉。在过去那有名望的大臣、有巨大功劳的辅佐之臣，也很少有从皇帝那里获得这样的荣誉的人啊，更何况我这样卑劣、浅陋的臣下，怎么让我经受得起呢？现在又加授给我封爵的荣耀，我唯恐自己的功劳渺小而赏赐过于厚重了，自己没有这个实力却冒充这样的名声，使我担心祸患将会降临到我的头上。作为皇帝，就算是一颦一笑这样的小事也不会轻易给予不亲近的人，更何况是赏给爵位这样重大的事情呢？作臣子的侍奉皇上，要先把皇上侍奉好，然而才能接受俸禄，接受俸禄还尚且不妥，更何况是享受封赐爵位这样的荣耀呢？并且，我之所以不敢接受您赏赐的爵位，原因有四个，不敢不向皇上说明这些情况：

宁藩不轨之谋，积之十数年矣，持满应机而发，不旬月而败，此非人力所及也。上天之意，厌乱思治，将启陛下之神圣，以中兴太平之业，故蹶其谋而夺之魄。斯固上天之为之也，而臣欲冒之，是叨天之功矣。其不敢受者一也。

译文

宁藩意图不轨，这个图谋已积蓄了十几年了，当持续到一定程度，趁机暴发起来，但仅仅在旬月之间就遭到了挫败，这并不是依靠人的力量能够取得的。上天的意愿是厌恶叛乱动荡，渴望安定大治，将启发陛下的神明，以中兴太平盛世这一大业，因此破坏宸濠叛乱的阴谋，夺走宸濠贼伙的气势。这原本就是上天有意这样去做的，而我要是冒领剿灭叛贼的功劳，就是贪图上天的功劳了。这是我不敢领受爵位的第一个原因。

先宁藩之未变，朝廷固已阴觉其谋，故改臣以提督之任，假臣以便宜之权，使据上游以制其势。故臣虽仓卒遇难，而得以从宜调兵，与之从事。当时帷幄谋议之臣，则有若大学士杨廷和等，该部调度之臣，则有若尚书王琼等，是皆有先事御备之谋，所谓发纵指示之功也。今诸臣未蒙显褒，而臣独冒膺重赏，是掩人之善矣。其不敢受者二也。

译文

在宁藩宸濠没有发动叛乱之前，朝廷就已经暗中觉察到了宸濠集团想要造反的图谋，因此改授我提督的官职，并给我便宜行事的权力，使我屯兵上游，用来制约宸濠的势力。因此，我虽然在仓促之间遭遇宸濠叛乱的祸难，却能够非常从容地调兵布将，并与各个官员和谐共事。在当时运筹帷幄、参谋献计的臣子，有像大学士杨廷和这样的人，兵部负责调度事宜的，有尚书王琼等人，他们都事先筹备了御敌的谋略，立下指挥调度、精准指引的功劳。现在这些大臣还都没有承蒙褒奖、封赏，唯独我冒受优厚的赏赐，这就把别人的美德给掩藏起来了。这是我不敢领受爵位的第二个原因。

变之初起，势焰昌炽，人心疑惧退沮。当时首从义师，自伍文定、邢珣、徐琏、戴德孺诸人之外，又有知府陈槐、曾玙、胡尧元等，知县刘源清、马津、傅南乔、李美、李楫及杨材、王冕、顾佖、刘守绪、王轼等，乡官都御史王懋中，编修邹守益，御史张鳌山、伍希儒、谢源等，诸人臣今不能悉数，其间或催锋陷阵，或遮邀伏击，或赞画谋议，监录经纪。虽其平日人品或有清浊高下，然就兹一事而言，固亦咸有捐躯效死之忠，戮力勤王之绩，所谓同功一体者也。今赏当其功者固已有之，然施不酬劳之人尚多也。其帐下之士，若听选官雷济，已故义官萧禹，致仕县丞龙光，指挥高睿，千户王佐等，或乍为兵檄以挠其进止，坏其事机，或伪书反间以离其心腹，散其党与，阴谋秘计，盖有诸将士所不与知，而辛苦艰难，亦有诸部领所未尝历者。臣于捷奏本内，既不敢琐琐烦渎。今闻纪功文册，复为改造者多所删削。其余或力战而死于锋镝，或犯难而委于沟渠，陈力效能者尤不可以枚举。是皆一时号召之人，臣于颠沛抢攘之际，今已多不能记忆其姓名籍贯。复有举人冀元亨者，为臣劝说宁濠，反为奸党招陷，竟死狱中。以忠受祸，为贼报仇。抱冤赍恨，实由于臣。虽尽削臣职，移报元亨，亦无以赎此痛。此尤伤心惨目，负之于冥冥之中者。夫倡义调兵，虽起于臣，然犹有先事者为之指措。而戮力成功，必赖于众，则非臣一人之所能独济也。乃今诸将士之赏尚多未称，而臣独蒙冒重爵，是袭下之能矣。其不敢受者三也。

译文

宁藩宸濠刚开始造反的时候，势头正盛，气焰嚣张，不少人心中都疑虑胆怯，有退缩沮丧的念头。当时首先参加讨逆义军的，除了伍文定、邢珣、徐琏、戴德孺这些人外，还有知府陈槐、曾玙、胡尧元等人，知县刘源清、马津、傅南乔、李美、李楫以及杨材、王冕、顾佖、刘守绪、王轼等人，乡官都御史王懋中，编修邹守益，御史张鳌山、伍希儒、谢源等官员，还有众多官员，文字有限，我今天不能将他们尽数列举出来，在讨伐宸濠的战斗中，他们有的冲锋陷阵，有的掩藏引诱敌人进行伏击，有的出谋划策，监督记录，经纪管理。尽管他们平时的为人，有清高和污浊的区别，但就从讨逆征战这件事情来说，他们都有为国捐躯、以死效力的忠心，都有协力合作、发兵救援、为皇帝驱驰服务的功绩，也就是说。他们所取得的功劳是一样的啊。现在对他们的赏赐中，与功劳大小相匹配的有几例，但是立功了却没有得到相应的赏赐的还有很多。他们这些人中，如听选官雷济，已经去世的义官萧禹，已退休县丞龙光，指挥使高睿，千户官王佐等人，有的诈兵佯攻，来扰乱敌人的进攻和后退，破坏他们的计谋和战机，有的假写书信实施反间计，来离间藩贼身边的心腹，使他们的党羽离散，实行秘计谋略，或许很多将士大都不知道，并且他们的辛苦艰难，也是很多部领官员所没有经历过的。我在上奏的捷报中，也不敢写得过于烦琐。现在听说有纪录功绩的文册，而重新修订文册的人把不少人都删削了。其余的，或者奋力苦战以致死在藩贼刀剑之下，或者冒险卧底于藩贼阵营，卖力献能的人真的是不胜枚举，数不胜数。他们都是响应号召的赴义之人，我当时处在颠沛纷乱、危急复杂的局势之中，如今对他们的姓名、籍贯大多已经记不起来了。还有一个举人，名叫冀元亨的，他为我去规劝宸濠藩营放下屠刀，改邪归正，反而被朝中奸臣贼党诬告陷害，后来竟然被关在狱中迫害致死。他因为对朝廷竭尽忠心才遭受了这样的祸患，为贼人所报复。这位举人忍受冤屈、怀有遗恨，实在是因为我的缘故呀。即便是撤销我所有的官职，来作为对冀元亨的报答，也不能换赎我的苦痛。这真的是令人心情悲伤、惨不忍睹，使我对冥冥之中冤死的人有所愧疚呢！那倡导正义、调兵布将，这虽然是我发起的，但还是有很多有先见之明的人给我指点、献策，而最后同心协力，获得征剿叛贼的胜利，还是一定要依赖大家，而不是单凭我一个人就能够做到的。现如今众多将士的奖赏都还没有兑现，而唯独我冒受如此重要的爵位，这相当于是偷窃了部下的成果，盗用了众部将的才能啊。这是我不敢领受爵位的第三个原因。

夫周公之功大矣，亦臣子之分所当为，况区区犬马之微劳，又皆偶逢机会，幸而集事者，奚足以为功乎？臣世受国恩，齑身粉骨，亦无以报。缪当提督重任，承乏戎行，苟免鳏旷，况又超擢本兵，既已叨冒逾分。且臣近年以来，忧病相仍，神昏志散，目眩耳聋，无复可用于世。兼之亲族颠危，命在朝夕。又不度德量分，自知止足，乃冒昧贪进，据非其有，是忘己之耻矣。其不敢受者四也。

译文

当年周公立下的功绩很大，可也是因部众的功劳才建立起来的。而我现在，何况只是替朝廷立下了微不足道的犬马之劳，又都是碰上了不错的机会，才有幸召集大家做成了这件事，又怎么能以此作为功劳呢？我几代人都领受朝廷的恩赐，就算是粉身碎骨，也不能够报答的。承蒙皇上错爱，授予我提督的重任，指挥军旅，得以免除我忍受鳏夫式的孤独生活，况且又破格把我擢升为南京兵部尚书，这已经超过原有的程度了。并且我近些年来，忧虑与疾病交加，精神昏庸，心志散漫，耳聋眼花，不能够再被委以重任。加上我的父亲年老多病，命在旦夕之间。我如果不度德量力，有自知之明，懂得满足而止步，仍然冒昧地贪求功名，祈求仕途晋升，把本不应该属于自己的东西据为己有，这是忘掉自己的能力，而不知天高地厚地徒增耻辱了。这是我不敢领受爵位的第四个原因。

夫殃莫大于叨天之功，罪莫甚于掩人之善，恶莫深于袭下之能，辱莫重于忘己之耻。四者备而祸全，故臣之不敢受爵，非敢以辞荣也，避祸焉尔已。

译文

灾殃没有比向天邀功更大的了，罪过没有比遮掩别人的美德更严重的了，丑恶没有比盗用部将的才能更深重的了，耻辱没有比错误地评估自己、不知自己真正的才能更为深痛的了。灾殃、罪过、丑恶、耻辱，如果这四个都具备了，那么祸患也就占全了，所以我不敢领受爵位，这并不是我要辞掉荣誉，只不过是为了躲避祸殃而已。

伏愿陛下鉴臣之辞出于诚恳，收还成命，容臣以今职终养老亲，苟全余喘于林下，以所以滥施于臣者普于众，以明赏罚之典，以彰大小之功，以慰不均之望，以励将来效忠赴义之臣，臣死且不朽矣。不胜受恩感激，恳切愿望之至！缘系辞免封爵，普恩赏以彰国典事理，谨具本题。

译文

希愿皇上能够明察我说的这些言辞恳切的话，收回成命，容许我以现在的官职退休回家从而赡养老父，在故乡保全性命，以尽天年。可以把准备恩施给我的那些恩赐，普遍赐给大家，从而使赏罚的典章更英明、公平，使大大小小的功劳都能得到表彰显扬，以慰藉那些感到不均衡的期望，使以后的臣子得到激励鼓舞，从而更好地为朝廷尽忠效力、身赴大义，那么，我就是死了也足够了。我禁不住承受洪恩，感激称谢，我愿望的恳切达到了极点！

这本是推辞所封爵位，把奖赏普遍恩赐给大家，来使国家的典章得到显扬的事宜。为此，我恭谨地写下奏本，望皇上能够知晓。

再辞封爵普恩赏以彰国典疏

嘉靖元年

臣于正德十六年十二月节准兵部、吏部咨，节该题奉圣旨："江西反贼剿平，地方安静，各试官员功绩显著，你部里既会官集议，分别等第明白，王守仁封伯爵，给与诰券，子孙世世承袭，照旧参赞机务，钦此。""王守仁封新建伯，奉天翊运推诚宣力守正文臣，特进光禄大夫、柱国，还兼南京兵部尚书，照旧参赞机务，岁支禄米一千石，三代并妻一体追封，钦此。"臣闻命惊惶，窃惧功微赏重，祸败将及，已经具本辞免去后。随于嘉靖元年七月十九日准吏部咨，该臣奏前事，节奉圣旨："论功行赏，古今令典，诗书所载，具可考见。卿倡义督兵，剿除大患，尽忠报国，劳绩可嘉，特加封爵，以昭公义。宜勉承恩命，所辞不允。该部知道。钦此。"钦遵。

译文

我于正德十六年十二月，接到兵部、吏部的咨文，就这件事，接到皇上的圣旨，说道："江西的反叛逆贼已经剿灭平定，地方上重新得到安定，你们各级官员，都功绩显著，你部既然已会集各官议定，把功绩分出等级，列举清楚了。王守仁封为伯爵，对其家眷给予诰命之职，爵位世袭，并依旧参与军机大事，钦此。""王守仁封为新建伯，奉天翊卫推诚宣力守正文臣，再晋升为光禄大夫、柱国，另外还兼任南京兵部尚书，仍旧参与军机事务，每年支取禄米一千石，他的子孙三代以及妻子，都一样追加封赐，钦此。"我听到此任命后，吃惊惶恐，心中害怕自己的功绩微弱，而给予的赏赐却太重，祸患将会降临在我的头上，我已经写了奏折请求免除这些封赏恩赐。于是在嘉靖元年七月十九日，接到吏部咨文，说根据我之前所奏请的事情，皇帝下旨批复说："根据功劳进行赏赐，在古往今来的法令、典章、书籍中都有记载，都能够考据、查看到。你倡导义兵，督令士兵剿灭了逆贼宸濠这个大祸患，为国尽忠职守，其功劳成绩着实值得嘉奖，特此加封爵位，从而使公正、道义得到显扬。你应勉励自己承受朝廷的恩赏任命，你所推辞的奏章，朝廷不允。该部特应知晓这件事。钦此！”遵守皇帝的命令。

臣以积恶深重，祸延先人，臣方茕然瘠疚，仅未殒绝。闻命悸栗，魂魄散乱。已而伏块沉思，臣以微劳，冒膺重赏，所谓叨天之功，掩人之善，袭下之能，忘己之耻者，臣于前奏已具陈之矣。然而圣旨殷优，独加于臣，余皆未蒙采录者，岂以江西之功果臣一人之所能独办乎？朝廷爵赏，本以公于天下，而臣以一身掠众美而独承之，是臣拥阏朝廷之大泽，而使天下有不均之望也，罪不滋重已乎？夫庙堂之赏，朝廷之议也，臣不敢僭及。至于臣所相与协力同事之人，则有不得不为一申白者。古者赏不逾时，欲人速得为善之报也。今效忠赴义之士延颈而待，已三年矣。此而更不一言，事日已远，而意日已衰，谁复有为之论列者。故臣辄敢割痛忍哀，冒斧钺而控吁，气息奄奄之中，忽不自觉其言之躁妄，亦其事有所感于昔，而情有所激于其中也。

译文

我因为积累了深重的罪恶，灾祸殃及到先辈，使我容貌销毁内心孤独忧苦，愧疚悔恨，只是没有昏厥死掉。听到任命后，我战栗心悸，魂飞魄散。伏土沉思，我凭借着微不足道的功绩，贸然领受如此重赏，正是所谓贪图上天的功劳，遮掩其他人的美德，盗用部将的才能，忘记自己的羞耻，我在前边上呈的奏折中都已经具体陈述过了。然而圣旨的殷切慰问，只加在我的身上，其余的人都没有什么赏官授禄，难道平定江西反贼的功劳，果真是我一个人的力量就能办得到的吗？朝廷的爵位赏赐，原本应凭公正地颁给天下人的，而我却独自一人领受，这是我独自享受朝廷像大海一样深厚的恩泽，而使天下人怀有不公正、不平均的怨言，如此，很重的罪过不就滋蔓到我的身上吗？皇帝的恩赐，是朝廷上议论的事，我不敢僭越干预。但我不得不为与我齐心协力共事的人，进行一番申诉和表白。古时候的人赏赐不会超越时限、范围，要使人能够迅速得到行善倡德之后的报答。如今，那些尽忠效力、奔赴大义的人士，都已经伸长脖子等待三年了。如果再没有人替他们说一句话，事情过去的日子本就远了，事情的意义也会因为时间的流逝更淡薄，又有谁能为他们论辩列举呢？我因此敢忍痛割爱，冒着被斧钺击杀的危险表达我的哀叹，在自身忧病交加、奄奄一息中替他们请命，忽然不禁觉得自己的语言急躁狂妄，但也是因为这件事使我从过去所作所为里有所感染，所以我的情绪比较激动。

窃惟宸濠之变，实起仓卒，其气势张皇，积威凌劫，虽在数千里外，无不震骇失措，而况江西诸郡县近切剥床，触目皆贼兵，随处有贼党。当此之时，臣以逆旅孤身，举事其间，虽仰仗威灵以号召远近，然而未受巡抚之命，则各官非统属也；未奉讨贼之旨，其事乃义倡也；若使其时郡县各官果怀畏死偷生之心，但以未有成命，各保土地为辞，则臣亦可何如哉。然而闻臣之调即感激奋励，或提兵而至，或挺身而来，是非真有捐躯赴难之义，戮力报主之忠，孰肯甘粉齑之祸，从赤族之诛，蹈必死之地，以希万一难冀之功乎？然则凡在与臣共事者，皆有忠义之诚者也。夫均秉忠义之诚以同赴国难，而功成行赏，臣独当之，人将不食其余矣。此臣所为不敢受也。且宸濠之变，天实阴夺其魄，而摧败之速，是以功成之后，不复以此同事诸人者为庸。使其时不幸而一蹶涂地，则粉身灭族之惨，亦同事诸人者自当之乎？将犹可以借众议之解救而除免之乎？夫下之人犯必死之难以赴义，则上之人有必行之赏以报功。今臣独崇爵，而此同事诸人者乃或赏或否，或不行其赏而并削其绩，或赏未及播而罚已先行，或虚受升职之名而因使退闲，或冒蒙不忠之号而随以废斥。由此言之，亦何苦捐身赴义，以来此呶呶之口，而自求无实之殃乎？乃不若退缩引避，反可以全身远害，安处富贵，而逭于众口之诽也。夫披坚执锐，身亲行伍，以及期赴难，而犹不免于不忠之罚，则容有托故推奸，坐而观望者，又将何以加之？今不彼之议，而独此之察，则已过矣。

译文

我私下里以为，逆贼宸濠的叛乱，实际上爆发得很仓促，他的反动气势张扬远布、甚嚣尘上，积聚多年的淫威恐怖凌人，即使是远离劫难的几千里之外，也没有不惊慌失措、震动恐惧的，更何况江西的各个郡县濒临灭顶之灾、迫身之祸，满眼看到的全部都是叛乱造反的军兵，遍地都是逆贼的党羽。在这个时候，我因为独自客舍在此，逆贼叛乱期间，虽然仰赖着朝廷的威势，号召了远近各个地方的军兵义士，但因为没有巡抚一职的任命，各个官员并不由我统管、相属；没有接到讨伐逆贼的旨意，那起兵讨伐逆贼的事只能是激于大义而倡议呀！如果那个时候郡县的各级官员真怀有贪生怕死、委曲求全的想法，以没有接到朝廷的旨令，以保护自己的管辖地为借口的话，那我又能怎么样呢？然而，当他们听到我调用他们的命令的时候，当即都感动发奋，有的带领兵士来到我这里，有的挺身而出，赶来效命，若是他们没有捐躯报国、勇赴国难的大义，没有勠力同心报答朝廷的忠诚，谁肯甘心冒着粉身碎骨的祸患，顶着全族被杀的危险，来到这必定会有牺牲的地方，来希望取得这很难有希望成功的功绩呢？所以，但凡是赶到我这里，同我一起抗敌的人，全都具备尽忠尽义的赤诚。那些人都秉持尽忠尽义的诚心，和我一起共赴国难，可是压制叛贼成功后，在论功行赏的时候，唯独只有我受到了如此大的赏赐，其他的人竟不能分享到一点剩余的赏赐。这是我所不敢领受的。并且在宸濠的叛乱中，其实是上天暗地里夺走了宸濠团伙的气势，才迅速地把逆贼的叛乱摧毁击败了，经过此事，再也不认为这些与我一同共事的人是庸人了。如果那时候，我们在进剿叛贼的时候不幸一败涂地的话，那么不仅自己粉身碎骨，家族也会遭到灭顶之灾，难道这是与我一起共事的人所自愿承受的后果吗？还能凭借大家的集中计议，使当地得到解救，从而免除这场灾祸吗？那处以下级的人，冒着必死的危险而勇敢地奔赴大义，位居上面的人就必须实行赏赐来回报他们的功劳。如今只有我一个人享受爵位，而与我一起共事的官员、兵将，有的获得了奖励，有的没有获奖，有的非但不对他们进行奖赏，还削除了他们的功绩，有的赏赐还没来得及领受，就对他们实行了惩罚，有的只是徒有升职的名声，实际上却辞退闲置不用，有的蒙受了对朝廷不尽忠心的罪名，而遭到了斥责和废弃。从这些方面来说，他们又何苦捐躯报国，奔赴大义，以致引来诽谤和毫无实惠的祸殃呢？还不如退缩不前，想方设法避开征战的地方，这样反而能够保全自己的生命，远离战祸的危害，安享富贵，而且还可以逃避众人的诽谤呀！他们这些人披坚执锐，行军作战，奔赴国难，却还不能逃脱朝廷的惩罚，那么，朝廷中那些寻找借口，暗里藏奸，坐在远处观望的人，又应该给予怎样的惩戒呢？如今，对于这些人没有议罪，反而偏偏对那些参加征战的人进行详察细访，就有点过头了。

昔人有蹊田而夺牛者，君子以为蹊田固有责，而夺牛则已甚。今人驱牛以耕我之田，既种且获矣，而追究其耕之未尽善也，复从而夺之牛，无乃太远于人情乎？方今议者或以某也素贪而鄙，某也素躁而狂，故虽有功而当抑其赏，虽有劳而不赎其罪。噫！是亦过矣。

译文

从前有人因为别人牵牛践踏了自己的田地而抢夺别人耕牛的人，君子以为，别人牵牛践踏了自己的耕田，固然是有责任，但是抢夺别人的耕牛，那就已经过分了。现在，有人赶着耕牛来耕种自己的田地，不但耕种，而且还替自己收割，而追究他耕种时没有做到最好的责任，重又抢夺了他的耕牛，这不也离人间情义有点太远了吗？如今进谗言的人就说，某某人平时贪婪而且鄙陋，某某人平常焦躁性急且狂妄自大，因此，即使他有功劳也要压低对他的赏赐，虽然他有功劳，也不能免除他的罪名。哎！这也太过分了。

当宸濠之变，抚按三司等官咸被驱缚，或死或从；其余大小之职，近者就縻，远者逃溃矣。当此之时，苟知有从我者，皆可以为忠义之士，尚得追论其平时邪！况所谓若贪与鄙者，或出于谗嫉之口而未皆真邪？若居常处易，选择而使，犹不免于失人，况一时乌合之众，而顾以此概之，其责于人终无已乎？夫考素行，别贤否，以激扬士风者，考课之常典；较功力，信赏罚，以振作士气者，军旅之大权。故鄙猥之行，平时不耻于士列，而使贪使诈，军事有所不废也。急难呼吸之际，要在摧锋克敌而已，而暇逆计其他乎？当此之时，虽有御人国门之寇，苟能效其智力以协济吾事，亦将用之；用之而事果有成，亦必赏之。况乎均在士人之列，同有勤事之忠者乎？人于平居无事，扼腕抵掌而谈，孰不曰我能临大节，死大难。及当小小利害，未必至于死也，而或有仓皇失措者有矣。又况矢石之下，剑刃之间，前有必死之形，而后有夷灭之祸，人亦何不设以身处其地而少亮之乎？

译文

当宸濠发动叛乱的时候，承宣布政使司、提刑按察使司、都指挥使司三司的各级官员，全都被驱赶绑缚在一块了，他们最后，有的英勇就义，有的是屈从；其他的大大小小的官员，距离得近的就听从指挥，距离得远的就溃逃了。在这个时候，我却知道，但凡是跟我参加征伐逆贼的人，都能够称作是尽忠尽义的人，现在还有什么必要，要追论他平时有什么作为，或者有什么缺点？何况所谓的贪婪以及鄙陋，有的全部都是出于进谗的人或嫉妒的人的口中，而不都是真实的。如果在正常情况下预防事变的发生或处于顺利局面防备突然的袭击，好好考察再选择和使用他们，尚且不可避免地用人失当。又何况在征讨叛逆的紧要关头，还要顾念用这一原则权衡任命人员，那么能担起大任的所剩无几了吧？审查他平时的行为，分辨出他是贤良还是小人，来让士人风气得到激励劝勉，这是考察课辨士人的常用令典；比较他的功劳、力量，严明赏赐和惩罚，来让士气得到振奋，这是行军打仗时军帅的权力。所以卑鄙贪婪的行为，在平时的士人群体里是叫人看不起的，但在军事上却可以使用贪诈计为自己服务。在紧急危难的紧要关头，关键的是冲锋陷阵、克敌制胜，哪里有时间反过来计较其他方面呢？在这个时候，即使是能够将敌人阻挡在边界之外的盗贼，如果能用他的智慧和能力来效忠，协助于我的大事，也会使用他们；使用他们并且确实取得了成功，也一定要对他们进行奖赏。何况在征讨叛逆时一起共事的人，全部都是在士人的行列，同是为国家勤勉效忠的人呢？人们在平时没事的时候，用手握腕、击着手掌激动地谈论，有谁不说，我能够在遭遇困难的时候保持大的贞节，能够为国家、朋友的大的祸难而死。但当碰到极小的祸害时，还没有达到致死的境地时，他们中就有的人惊慌失措呢。又何况是在弓箭、炮石之下，刀剑之间，前面有必定要死的形势，后面又有被杀灭九族的祸患，人们也为什么不设想一下自己身处他那个境地的情况，能够替别人着想，而稍微对这件事给予明鉴呢？

夫考课之典，军旅之政，固并行而不相悖，然亦不可以混而施之。今人方有可录之功，吾且遂行其赏可矣。纵有既往之愆，亦得以今而赎。但据其显然可见者，毋深求其隐然不可见者。赏行矣，而其人之过犹未改也，则从而行其黜谪。人将曰：昔以功而赏，今以罪而黜，功罪显而劝惩彰矣。今也将明军旅之赏，而阴以考课之意行于其间，人但见其赏未施而罚已及，功不录而罪有加，不能创奸警恶，而徒以阻忠义之气，快谗嫉之心。譬之投杯醪于河水，而曰："是有醪焉，亦可饮而醉也。"非易牙之口将不能辨之矣，而求饮者之醉，可得乎？

译文

那考察课辨的令典，与军队中的政务制度，是兼顾而不相违背的，但却不能够混杂地实施它。如今，人们刚刚建立可以纪录的功绩，我们暂且给予他们奖赏是可以的。即使过去有罪过，也可以在现在免除掉。但求了解他们显然可以见到的功绩，不去深究他们隐隐约约不清不楚的过失。已经给予奖赏了，但是他的过错仍然没有改正，就对他施行罢免贬谪。人们将会说：过去因为有功劳而得到了赏赐，现在因为罪过而得到了罢免，功劳、罪过很明显，对他进行赏赐、惩罚的界限也很清晰明白。现在，明面上宣传要对军队进行赏赐，而背地里且要在他们中间进行考核优劣。人们只见奖赏还没被授予而惩罚的状令就已经下来了，功劳还没被记录而罪名就又加在身上，这样不能够惩办奸人，警告恶人，而只是阻挡人们尽忠尽义的气节，让进谗、嫉妒的小人的心愿得到实现而痛快。就像是投一杯浊酒在河水里，就说："这里面也有酒了，喝了也可以醉的。"若不是易牙的口才，对这将没法辩解了，而要找喝了这河水便醉的人，可以找到吗？"

人臣于国家之难，凡其心之可望，力之可为，涂肝脑而膏髓骨，皆其职分所当。然则此同事诸臣者，遂敢以此自为之功而邀赏于其上乎？顾臣与之同事同功，今赏积于臣，而彼有未逮，臣复抗颜直受而不以一言，是使朝廷之上果以其功独归于臣，而此诸人者之绩，因臣之为蔽而卒无以自显于世也。且自平难以来，此同事诸人者，非独为已斥诸权奸之所诬构挫辱而已也，群憎众嫉，惟事指摘搜罗以为快，曾未见有鸣其不平而伸其屈抑者。幸而陛下龙飞，赫然开日月之光，英贤辅翼，廓清风而鼓震电，于是阴气始散而魍魉潜消。然而覆盆之下，尚或有未能自露者也。故臣敢不避矜夸僭妄之戮，而辄为诸臣者一诉其艰难抑郁之情。

译文

作臣子的对于国家的灾难，只要是他的忠心能够指望，他的力量能够做到的，纵然是肝脑涂地、奉献骨髓脂膏，也是他的职责所在。然而这些与我一起共事的众位臣子，于是就敢把这个作为他的功劳，向上级请求给予赏赐吗？顾念到我与这些共事的人获得了同样的功劳，现如今，奖赏都积聚在我一个人的身上，而他们却还没有获得，我又违抗颜面而径直接受，一句话也不说，这会让朝廷中的人真的以为那些功劳全部都是我一个人的，而大家的功绩也因为我的遮蔽而最终不能够向世人显扬。并且自从平定祸难以来，这些与我一起共事的众人，并不是只为了自己才斥责那些奸党权臣的诬陷、侮辱、坑害，那些奸臣，都憎恶、嫉妒建立功勋的人，只是总把指摘别人的过失、搜罗别人的罪名当作快事，并不曾见到有为别人打抱不平、伸张他们的冤屈的人。幸亏皇帝现在登基，赫然间，让他们如同重见了天日一般，光明普照，精英、贤良的辅佐之臣如翼助飞，扩张清风而鼓雷震电，于是，那阴气开始消散，并且鬼怪也都潜逃消灭了，不过，在覆盆下的阴暗里，或许还有没有自动现形的奸贼。所以，我胆敢不躲避那自我夸耀、狂妄僭越的杀身灾祸，而为众位大臣申诉一下他们在艰难中对朝廷的仰望向往情怀。

昔汉臣赵充国破羌而归，人有讽之谦让功能者。充国曰："吾老矣，爵位已极，岂嫌伐一时事以欺明主哉？兵政国之大事，当为后法，老臣不以余命，一为主上明言其利害，卒使谁当复言之者？"卒以实对。夫人之忠于国也，杀身夷族有不避，而乃避其自矜功伐之嫌乎？臣始遇变于丰城也，盖举事于仓卒茫昧之中，其时岂能逆睹其功之必就，谓有今日爵赏之荣而为哉？徒以事关宗社，是以不计成败利钝，捐身家，弃九族，但以输忠愤而死节，是臣之初心也。至于号告三军，则虽激之以忠义，而实歆之以爵禄延世之荣；励之以名节，而复动之以恩赏绚耀之美。是非敢以虚言诱之也，以为功而克成，则此爵禄恩赏亦有国之常典，理所必有也。今臣受殊赏而众有未逮，是臣以虚言罔诱其下，竭众人之死而共成之。掩众人之美而独取之，见利忘信，始之以忠信，终之以贪鄙，外以欺其下，而内失其初心，亦何颜面以视其人乎？故臣之不敢独当殊赏者，非不知封爵之为荣也，所谓有重于封爵者，故不为苟得耳。

译文

从前，汉朝臣子赵充国大破羌军凯旋，有人调查他谦让功劳的事，充国说："我老了，爵位已经达到了极点，难道有借着征伐这一段时间的事情来欺瞒英明的皇上的嫌疑？军兵政务，都是国家的大事，应当作为今后大家报国的良法，老臣不在余下的时间里，为皇上明确地说出它的利与害，最终又应当让谁来说明它呢！"所以，我最终实话实说。人对于国家忠心耿耿，就算是遭到杀身灭族的灾祸也不躲避，还躲避那居功自傲的嫌疑吗？我开始时在丰城遇到了叛乱，于是在仓卒急迫、茫然莽昧的局势中起兵抵抗逆贼，在那个时候难道能够看到一定能获取那些功劳，认为会有如今赏赐爵位的荣耀才去做这事的吗？只是因为征讨逆贼的事情，关系到国家社稷的命运，因此便不顾虑成败利害，宁可捐弃身家性命，遗弃九族的安宁，只是为了表达忠诚、忧愤，而为国家危亡而死，这是我最初的想法。至于号召、鼓舞三军将士，虽然用为国家尽忠尽义的精神来激励鞭策他们，但其实是用爵位、官职以及延续到后世的荣耀来引诱他们；虽然是用名义、气节来激励他们，而其实是用朝廷的恩赏、光耀的美事来鼓动他们，这并不是胆敢用虚言假话来诱骗他们，而是认为讨伐逆贼胜利后，立下功劳，那么爵位、官职以及其他的奖赏，国家平常的典章里也有规定，在道理上是一定会有的。如今，我受到了特殊丰厚的赏赐而众人里面还有没获得赏赐的，这就真成了我用假话来诱骗部下，耗尽了大家的生命而共同达成了这件事的成功，遮掩了大家的美德而独自一人盗取它，见到了利益就忘掉了信义，最初开始这件事的时候是凭着忠心、信义，结束这件事的时候，却是被贪恋和鄙陋灌满了头脑，表面说是欺瞒部下，从内心本质来说，却是失掉了当初的用心，我还有什么颜面来见当初的那些人呢？所以，我不敢领受这特殊的奖赐的原因，并不是不知道封赏爵位是莫大的荣耀，而是认为还有比封赏爵位更重要的东西，因此不想苟且得到它罢了。

伏愿陛下鉴臣之言，不以为夸也，而因以察诸臣之隐；允臣之辞，不以为伪也，而因以普诸臣之施。果以其赏在所薄与，则臣亦不得而独厚；果以其赏或可厚与，则诸臣亦不得而遂薄也。江西同事诸臣，臣于前奏亦已略举，且该部具有成册可查，不敢复有所尘渎。臣在衰绖忧苦之中，非可有言之日，事不容已而有是举，不胜受恩感激，含哀冒死，战栗惶惧，恳切祈祷之至！

译文

希望皇上，能够明察我的话，不要认为是夸大其词，而应因此来明察众位大臣的难言之隐和心愿，尤其是我推辞皇帝的爵赏，不是因为虚伪做作。而是为了能普遍对众位大臣实施奖赏。如果果真给予他们很薄弱的奖赐的话，我也不能独自享受厚重的赏赐；若是真的给我的赏赐很厚重，那么众位大臣的赏赐也不能太薄弱了。在江西一同共事的众位大臣，我在前面的奏文中也已经大致列举了，并且该部还有现成的文册可供查看，不敢再有对他们功绩的污渎，我在衰弱忧愁苦闷当中，没有多少可以说这件事的日子了，事情不容自己再这样下去了，有了这个做法，我禁不住受恩感激，心含悲哀，身冒死罪。我胆战心惊，惶恐不安，诚恳急切地祈祷，诚挚之心已经达到了极点。

卷之十四　别录六

奏疏六

辞免重任乞恩养病疏

嘉靖六年六月

臣自正德十四年江西事平之后，身罹谗构，危疑汹汹，不保朝夕。幸遇圣上龙飞，天开日朗。鉴臣蝼蚁之忠，下诏褒扬洗涤，出臣于覆盆之下，进官封爵，召还京师。因乞便道归省，随蒙赐敕遣官奖劳慰谕，锡以银币，犒以羊酒。臣感激天恩，虽粉骨碎身，云何能报。不幸遭继父丧，未获赴阙陈谢。服满之后，又连年病卧，喘息奄奄，苟避形迹。皇上天高地厚之恩，迄今六年于此矣，尚未能一睹天颜，稽首阙廷之下。臣实瞻戴恋慕，昼夜热中，若身在芒刺。迩者曾蒙谢恩之召，臣之至愿，惟不能即时就道，顾乃病卧呻吟，徒北望感泣，神魂飞驰而已。

译文

我自从正德十四年在江西平定宁王叛乱后，整个人遭受着谄谀小人的构陷，内心忧惧不安，朝不保夕。幸运的是赶上王上登基，天空乌云散开，日光明亮。您明察了我如蝼蛄和蚂蚁般微小的忠心，通过颁发诏令来对我褒奖宣扬、洗脱冤屈，从而把我从黑暗得犹如倒扣的盆里拯救出来，加官晋爵，并命令我返还京城。我趁机请求朝廷准许我顺路回家省亲，随即承蒙王上下赐诏书，派遣官员前来夸奖功绩、宽慰晓谕，赏赐了大量银币，还用羊和酒来犒劳我。我十分感激王上的恩德。纵使自己粉身碎骨，也无法报答。紧接着，我不幸遭逢父亲去世，所以没有能够奔赴皇宫表示谢意。服丧期满后，我又连续几年卧病在床，气息微弱，暂且隐藏起自己的身影和踪迹。王上那比天还高、比地还厚的恩德，到今天已经长达六年之久了，但还没有能够目睹天子的容颜，到宫廷下面叩首称谢。我实在是敬仰、拥戴、想念皇上呀，内心日夜焦躁不安，如芒刺在背。近来，我曾承蒙朝廷给我去谢恩的召唤，这也是我的终极愿望，只是不能够立即上路，考虑到我还卧病在床，痛苦喘息，只能向北相望，感激哭泣，让自己的魂魄快速飞往那里罢了。

今年六月初六日，兵部差官赍文前到臣家，内开奏奉钦依，以两广未靖，命臣总制军务，督同都御史姚镆等勘处者。臣闻命惊惶，莫知攸措。伏自思惟，臣于君命之召，当不俟驾而行，矧兹军旅，何敢言辞？顾臣病患久积，潮热痰嗽，日甚月深。每一发咳，必至顿绝，久始渐苏。乃者谢恩之行，轻舟安卧，尚未敢强，又况兵甲驱劳，岂复堪任！夫委身以图报，臣之本心也。若冒病轻出，至于偾事，死无及矣。

译文

今年的六月初六日，兵部的官差携带官文来到我家，说奉皇上意思，两广还没有得到平定，特命我总理军事事务，同都御史姚镆等勘察处置大小事的官员人一同督令军务。我听到命令后，惶恐不安，不知所措。我自己思虑，臣子对于王上的召唤，应当不等马车立即先步行，况且是行军打仗，哪里敢说推辞的话？考虑到我重病拖延已久，身积潮热，吐痰咳嗽一天比一天厉害。每次咳嗽一发作，必然会昏厥过去，过很长时间才能够渐渐苏醒。就算是去京城叩谢王上，利用轻缓的小船，安静地躺着，尚且不敢勉强，又何况是在兵荒马乱的战场上奔波、劳碌，哪里又禁得起如此的重任呢！我舍弃生命以图谋报答朝廷，是我的初心。如果冒着重病轻易出兵，导致最终失败，就是死了恐怕也来不及了。

臣又伏思两广之役，起于土官仇杀，比之寇贼之攻劫郡县，荼毒生灵者，势尚差缓。若处置得宜，事亦可集，姚镆平日素称老成慎重，一时利钝前却，斯亦兵家之常，要在责成，难拘速效。御史石金据事论奏，是盖忠于陛下。将为国家弘仁覆久远之图，所以激励镆等，使之集谋决策，收之桑榆也。

译文

我又窃想，两广的叛乱，开始于土官之间的仇杀，相比逆贼寇匪攻打劫掠地方郡县，毒害百姓，其势头规模要稍微缓和一些。如果处置得当，叛乱也可以被平定。姚镆，平日里人们说他老成持重，一时的顺利、迟钝以及前进、退却，也是带兵打仗经常有的事，重要的是求取成功，而不要拘泥于短时的效果。御史石金根据事实上奏，这是他对皇帝尽忠的表现。如果要让国家弘扬仁政，来实现长远的蓝图和筹划，就应该对姚镆等人进行激励，让他们集中众人的谋略进行决策，这样能够快速平定叛乱。

臣本书生，不习军旅，往岁江西之役，皆偶会机宜，幸而成事。臣之才识，自视未及姚镆，且近年以来，又已多病。况兹用兵举事，镆等必尝深思熟虑，得其始末条贯，中事少沮，辄以臣之庸劣参与其间，行事之际，所见或有同异，镆等益难展布。

译文

我本是书生，对行军打仗不太熟悉，早年在江西平定宁王叛乱，都是偶然碰到了机会和时宜，才幸运地成就了一番事业。我的才能、胆识，自认为不如姚镆，并且近几年以来，我又虚弱多病。况且就排兵布阵打仗这样的事，姚镆等人必定曾经反复细致地思索考虑，了解其中的来龙去脉，在行动中，必定很少有沮丧的表现，而是胸有成竹。而凭借着我的平庸低劣的才能参与到他们中间，在具体军事操作的紧要关头，我们的见解万一有所不同，姚镆他们更加难以施展布置。

夫军旅之任，在号令严一，赏罚信果而已。慎择主帅，授钺分梱，当听其所为。臣以为两广今日之事，宜专责镆等，隆其委任，重其威权，略其小过，假以岁月，而要其成功。至于终无底绩，然后别选才能，兼于民情土俗素相谙悉，如南京工部尚书胡世宁、刑部尚书李承勋者，往代其任。

译文

行军打仗的任务职责，最重要的就在于号令、纪律严明统一，无论是赏和罚说话一定要讲究信义，执行的时候一定要有结果。谨慎地选择将帅，授予他军权，分配他职责，应该听任他去执行。我认为两广当下的叛乱，应该专门赋予姚镆等人以重任，隆重地对他们进行委派任命，加重他们的权力和威信，忽略他们小的过错，给他们足够的时间，责令他们取得成功。等到他们最终没有成绩，之后再另外选派有才能的人，并且这人平时要对两广的风土人情十分熟悉，比如说南京工部尚书胡世宁、刑部尚书李承勋等，都可以前去代理这个职位。

夫朝廷用人，不贵其有过人之才，而贵其有事君之忠，苟无事君之忠，而徒有过人之才，则其所谓才者，仅足以济其一己之功利，全躯保妻子而已耳。如臣之迂疏多病，徒持文墨议论，未必能济实用者，诚宜哀其不逮，容令养疾田野。俟病痊之后，不终弃废，或可量置闲散之地，使自得效其涓埃，则朝廷于任贤御将之体，因物曲成之仁，道并行而不相背矣。臣不敢苟冒任使以欺国事。不胜感恩激义，恳切祈望之至！

译文

朝廷在运用人才的时候，不看重他们有过人的才能，而应看重他们有侍奉君王的忠心，若是没有侍奉君王的忠心，而只有过人的才能，那么这些所谓的有才华的人，仅仅能够满足他对个人功名利禄的追求，以及保全自己妻子和孩子的性命罢了。像我这样迂腐、平庸而又体弱多病的人，只能拿着纸墨文章空发议论，未必是有实际济世能力的人，实在是应该为自己的无能而哀痛，还是允许我在乡野养病，等到疾病痊愈后，若是朝廷最终没有把我废职抛弃，或许还可以根据我的有限才能把我安排到一个闲散的地方，来让我可以奉献那滴水、尘埃般的微小力量。那么就和朝廷重用贤良、御用良将，根据事物具体的情况而委曲成全它的仁义，在道理和行动的实施上都没有什么违背的了。我不敢苟且冒昧地领受这个重任，使得国家大事遭到迟误。我禁不住感激朝廷的恩德大义，祈望恳切之情达到了极点。

赴任谢恩遂陈肤见疏

六年十二月初一日

臣于病废之余，特蒙恩旨起用，授以两广军旅重寄。臣自惟朽才病质，深惧不任驱使，以误国事，具本辞免。过蒙圣旨："卿识敏才高，忠诚体国，今两广多事，方借卿威望抚定地方，用纾朕南顾之怀。姚镆已致仕了，卿宜星夜前去，节制诸司，调度军马，抚剿贼寇，安戢兵民，勿再迟疑推诿，以负朕望。还差官铺马里赍文前去，敦趣赴任行事，该部知道，钦此。"钦遵。兵部移咨到臣，捧读感泣，莫知攸措。

译文

在我重病瘫痪在床的间隙，承蒙皇上恩典破例对我提拔任用，授予我管理两广的军事重任。我自认为已是衰朽久病的人，深怕自己不能担起为陛下效劳的重任，从而贻误了国家的大事，因此把我的想法陈述在奏折上，请求辞去这一任命。过分地蒙受陛下的旨意："你见识敏捷，才华高超，尽忠职守，体谅朝廷。如今两广战务繁忙，才借助你的威望去安抚平定这些地方，从而抒发我忧虑南方的情怀。姚镆已经辞官退休了，你应该连夜赶往南方，调度管束众土官，指挥调派兵马，安抚消灭逆贼敌寇，使军队、百姓安定，不要再犹豫不决、推卸责任了，从而辜负了朕对你的期望。现在还差派官员铺马里将圣旨送到你家中，敦促你前往南方赴任，执行军务。此事要该部知道，钦此！”臣恭敬遵奉。兵部把咨文传达给我，捧读此文真的是感激流泪，不知所措。

伏念世受国恩，粉骨齑骸，亦无能报。又况遭逢明圣，温旨勤拳若是，何能复顾其他。已于九月初八日扶病起程，沿途就医，服药调理，昼夜前进。奈秋暑旱涩，舟行甚难，至十一月二十日，始抵梧州。思恩、田州之事，尚未及会同各官查审区处。然臣沿途涉历，访诸士夫之论，询诸行旅之口，颇有所闻，不敢不为陛下一言其略。

译文

我常常想祖上世代蒙受朝廷的恩赐，就算是粉身碎骨，也无法报答。又何况遇上圣明的君主，如此不断地送来温暖的圣旨，勤勉恳切，我怎么还能够顾念其他的事情呢。我已经在九月初八日带病启程，一路上寻找医生诊治，并吃药加以调护管理，昼夜不停地向南方进发。怎奈初秋暑气未消，气候干旱，空气苦涩，小船行走艰难，到十一月二十日，才到达梧州。思恩、田州发生的叛乱，还没来得及和各级官员一起审查处理，进行区别审处。然而我沿路经历地方，探访众士人的观点，询问众商旅行人的看法，也听到了不少事情，不敢不先给陛下说一下大致经过。

臣惟岑猛父子固有可诛之罪，然所以致彼若是者，则前此当事诸人亦宜分受其责。盖两广军门专为诸瑶、僮及诸流贼而设，朝廷付之军马钱粮事权。亦已不为不专且重，若使振其军威，自足以制服诸蛮。然而因循怠弛，军政日坏。上无可任之将，下无可用之兵，一有惊急，必须倚调土官狼兵若猛之属者，而后行事。故此辈得以凭恃兵力，日增其桀骜。今夫父兄之于子弟，苟役使频劳，亦且不能无倦。况于此辈夷狄之性，岁岁调发，奔走道途，不得顾其家室，其能以无倦且怨乎？及事之平，则又功归于上，而彼无所与。兼有不才有司，因而需索引诱，与之为奸，其能以无怒且慢乎？既倦且怨，又怒以慢；始而征发愆期，既而调遣不至。上嫉下愤，日深月积，劫之以势而威益亵，笼之以诈而术愈穷；由是谕之而益梗，抚之而益疑，遂至于有今日，加以叛逆之罪而欲征之。

译文

我认为岑猛父子诚然有可杀的罪责，可是之所以导致两广地区目前这样的情况，那么先前在这里执掌政务的很多人都应该分别承担一些责任。大概两广的总督府，是专门为众瑶、僮部族以及众多流贼草寇所设立的，朝廷为此付出的兵马、钱粮以及管理权力，也已经不能不说是专门化且沉重的，若使他们振奋那里的军威，那么这也足以能够把众蛮夷制服了。然而那里却因循守旧，怠慢放纵，无论军事还是政务都渐渐废止了，在上没有能够任用的将官，在下没有能够动用的士兵，一有紧急情况，就必须要倚赖调用土官管理得像岑猛部下那样勇猛的士兵，才能够执行军务。因此，这类土官能够依仗自己的兵力，与日俱增他们的凶暴不驯。如今做父亲、兄长的对他们的儿子、兄弟，如果频繁过分地差遣，尚且不能不没有疲倦。况且凭着这类人野蛮强悍的脾性，年年都征调发遣他们，让他们在路途上奔波，不能使他们照顾家庭，他们难道不会疲倦和有怨言吗？等到叛乱平定后，胜利的功劳又都归属于上级，他们却什么也没有得到。再加上某些部门缺乏才德的官吏，也因为需要而索求、引诱他们，和盗寇狼狈为奸，他们怎么能够不愤怒并且懈怠呢？既疲倦又怨恨，又由于愤怒而懈怠；开始征调他们的时候，他们便延长期限，接着，调动派遣他们，他们也不会来。上级的憎恨和下级的愤怒，日积月累，上级越是用势力来胁迫下级，上级的威严越是被轻慢；上级越是用奸诈的方式来笼络他们，上级的谋略就会越加短穷；由此，慰谕他们，他们就更加强硬；安抚他们，他们就更加疑虑，所以导致有了今天给他们定下反叛的罪名而又想要对他们进行征伐的局面。

夫即其已暴之恶征之，诚亦非过，然所以致彼若是，已非一朝一夕之故。且当反思其咎，姑务自责自励，修我军政，布我威德，抚我人民，使内治外攘而我有余力，则近悦远怀，而彼将自服，顾不复自反而一意愤怒之！

译文

既然他们已经暴露了罪恶，对他们进行征伐诚然不能算是过错。可是之所以导致他们像今天这样，已经不是一朝一夕的缘故了。应当反思此事的过失，暂且致力于自我责备与勉励，修整我们的军事政务，广布我们的威势和德政，安抚我们的百姓，使得内部得到治理，外部得以攘除奸恶，同时我们还有剩余的力量，便能够使近处的人欣赏你，远处的人怀念你，而他们将会自动地服从我们的统治，而不是再次起来造反并满心愤怒！

夫所可愤怒者，不过岑猛父子及其党恶数人而已，其下万余之众，固皆无罪之人也。今岑猛父子及其党恶数人既云诛戮，已足暴扬，所遗二酋，原非有名恶目，自可宽宥者也。又不胜二酋之愤，遂不顾万余之命，竭两省之财，动三省之兵，使民男不得耕，女不得织，数千里内骚然涂炭者两年于兹。然而二酋之愤，至今尚未能雪也。徒尔兵连祸结，征发益多，财馈益殚，民困益深，无罪之民死者十已六七。山瑶海贼乘衅摇动，穷迫必死之寇既从而煽诱之，贫苦流亡之民又从而逃归之，其可忧危何啻十百于二酋者之为患。其事已兆而变已形，顾犹不此之虑，而汲汲于二酋，则当事者之过计矣。

译文

那些能够引起他们愤恨恼怒的人，无非是岑猛父子俩以及他们的党羽、恶徒几个人而已，他们手下上万的兵众，原本就都是没有罪的人。如今岑猛父子俩以及他们的党羽、恶徒几人，既然已经被诛灭、杀戮了，就已经足够来暴露宣扬他们的罪行了，那遗留下的两位酋长，原来并不是什么有名的作恶头目，自然可以对他们进行饶恕。结果又禁不住对两个酋长的愤怒，继而用兵，于是不顾忌上万人的性命，竭尽两省的财富，动用三省的兵力，使老百姓中男的不能耕种，女的不能纺织，数千里内，一片骚乱，生灵涂炭，就这样持续两年。然而对两个酋长的愤怒，到如今也还没能够清除。徒然只是战争接连，灾祸无穷，对他们的征伐越多，财物缺得越是厉害，老百姓的困穷就更加沉重，无罪的老百姓，死掉的已经达十分之六七了。山上的瑶贼，海中的盗寇，趁着这个间隙对他们进行鼓动，那些走投无路必定要死的贼寇又紧接着煽动、诱惑他们，使那些贫苦流亡的老百姓，就又逃亡到他们那里，归顺他们，这忧虑、危急的情况，比起两位酋长带来的祸患，又何止高出十倍百倍呢。忧虑的事情已经有了征兆，而且变数已经形成，还不考虑这些忧患之事，还只是抓住两位酋长不放，这是当政的人做出的错误计策。

今当事者之于是役，其悴心憔思亦可谓勤且至矣。特发于愤激而狃为其难，是以劳而未效。夫二酋者之沮兵拒险，亦不过畏罪逃死，苟为自全之计。非如四方流劫之贼，攻城堡，掠乡村，虏财物，杀良民，日为百姓之患，人人欲得而诛之者。今驱困惫之民，使裹粮荷戈，以征不为民患、素无仇怨之虏，此人心之所以不奋，而事之所以难济也。

译文

如今当政的人对于这场战役，他们的用心和思维已经憔悴不堪，可以说他们的勤勉已经达到了极点。特别是当政者从激愤出发，墨守成规地处理困难事件，所以，劳碌了但没有成效。两个酋长恃兵拒险抵抗，也不过是害怕遭受罪责，逃离死亡，暂且做自我保全的打算。他们并非像那四处流窜、劫掠的盗贼那样，攻击城门和堡垒，劫掠乡村，掳掠钱财物件，杀害安分守己的百姓，天天被老百姓们视为祸患，每个人都想抓住并杀死他们。如今驱赶困乏疲惫的民众，让他们背着粮食，扛着兵器，来征伐那些向来不做祸害百姓的事、向来没有仇怨的匪虏，这就是人心之所以不振奋，而事情之所以难以达成的原因。

又今狼达土汉官兵亦不下数万，与万余畏罪逋诛之虏相持已三月有余，而未能一决者，盖以我兵发机太早而四面防守太密，是乃投之无所往，而示之以必不活，益使彼先虑预备，并心协力，坚其必死之志以抗我师。就使我师将勇卒奋，决能取胜，亦必多杀士众，非全军之道，又况人无战志，而徒欲合围待毙，坐收成功。此我兵之所以虽众而势日以懈，贼虽寡而志日以合，备日密而气日以锐者也。夫当事者之意，固无非欲计出万全，然以用兵而言，亦已失之巧迟，所谓强弩之末，不能穿鲁缟矣。

译文

还有，如今狼达的土兵和汉兵也不少于几万人，与这一万多害怕遭受罪责、逃离死亡的匪虏相持已有三个多月了，且没能与他们决战一次，大概是因为我们的军队开始行动的时机太早的缘故，而他们四面防守得又太严密，于是派遣军队进入没有突破口，而与他们正面对抗必死无疑。这更加使他们提前思虑准备，齐心协力，让必死的决心更加坚决，来对抗我们的军队。假若我军将帅勇猛、士兵奋勇，一定能够取得胜利的话，也一定会使更多的士兵被杀害，这并不是保全军队的道理，又何况士兵没有战斗的决心，而只想包围他们并等着他们灭亡，这样轻易地获得功劳。这就是我们的军队之所以虽然人数众多，但士气却渐渐趋向懈怠，贼兵虽然人数少，但志气却渐渐团结，筹备日渐周密而士气日渐勇往直前的原因。统军者的意图，原本就是想做出万无一失的筹划，可是从用兵的角度来说，也已经失去了巧妙，过于迟疑了，这正是人们所说的，强弩射出的箭，到了射程的尽头，其力量就连鲁人的缟素也不能穿破了。

臣愚以为且宜释此二酋者之罪，开其自新之路。而彼犹顽梗自如，然后从而杀之，我亦可以无憾。苟可曲全，则且姑务息兵罢饷，以休养疮痍之民，以绝觊觎之奸，以弭不测之变。迨于区处既定，德威既洽，蛮夷悦服之后，此二酋者遂能改恶自新，则我亦岂必固求其罪？若其尚不知悛，执而杀之，不过一狱吏之事，何至兵甲之烦哉！

译文

臣下认为应该暂且开释两位酋长的罪名，给他们改过自新的道路，如若他们还愚妄而不顺从，不变常态，然后可以再把他们杀掉，我们也就没有什么可遗憾的了。如果可以勉强成全他们的话，那么就姑且致力于暂停用兵，免除粮饷，来让深受战争伤害的百姓得以休养生息，来杜绝对他们有非分企图的奸贼，来消除那难以估测的事变，等到这个地方已经安定了，威势和德政已经在当地推行周遍，蛮夷乐于臣服之后，这两个首领于是能够弃恶从善，自我更新，我难道也一定要固执地去追究他们的罪责？假如他们尚且还不知道悔改，抓住并把他杀掉，不过是一个狱吏的事了，何必到劳烦军队这一地步呢！

或者以为征之不克，而遽释之，则纪纲疑于不振。臣窃以为不然。夫天子于天下之民物，如天覆地载，无不欲爱养而生全之，宁有撮尔小丑，乃与之争忿求胜，而谓之振纪纲者？惟后世贪暴诸侯，强凌弱，众吞寡，则必务于求胜而后已，斯固五霸之罪人也。昔苗顽不即工，舜使禹、益徂征，三旬，苗民逆命，禹乃班师振旅。夫以三圣人者为之君帅，以征一顽苗，谓宜终朝而克捷。顾历三旬之久，而复至于班师以归，自今言之，其不振甚矣。然终致有苗之格，而万世称圣。古之所谓振纪纲者，固若是耳。

译文

有人认为征伐他们不能取胜，却急切地想要赦免他们，那国家纲纪可能会不振奋。我私下里认为并不是这样的。天子对于天下的人民、万物，如同天覆盖、地运载一样，没有不想爱惜养护而使他们生存保全的。难道见到一撮聚合在一起的渺小低贱的人，就要与他们愤怒地争斗求得胜利，并说这是为了振奋纲纪？只有后来贪婪残暴的诸侯，凭借强大欺凌弱小，仗着人多吞并人少的，务必求取胜利，而后才算罢了，这原本是如春秋五霸一样的罪人呀。过去苗族顽劣，不履行职责，舜派遣禹、益去伺机征伐，三十天过后，苗民违逆命令，大禹竟调回打仗的士兵，进行整顿。禹以三圣人的身份，作为统帅，来征伐一个顽劣的苗族部落，一般认为应该在获得征伐的胜利之后再班师回朝，回顾过往，已历经三十天，却又调回在外打仗的士兵回朝，现今说起这件事，也是令人很不振奋的。然而最终使有苗人心生敬意，自觉臣服，因而对禹万世都称为圣人。古时候所谓的振奋纲纪，原本就是像这样的。

臣以匪才，缪膺重命，得总制四省军务，以从事于偏隅之小丑，非不知乘此机会，可以侥幸成功，苟免于怯懦退避。然此必多调军兵，多伤士卒，多杀无罪，多费粮饷，又不足以振扬威武，信服诸夷，仅能取快于二酋之愤，而忘其遗患于两省之民，但知徼功于目前，而不知投艰于日后。此人臣喜事者之利，非国家之福，生民之庇，臣所不忍也。

译文

我凭借着匪浅的才能，错误地领受这重要的任命，得以总理监管四省的军政大事，就如同一个在偏僻的地方做事的小丑，并不是不知道趁这个机会，可以侥幸成功，苟且免除掉怯懦、逃避的名声。然而这样，就必须要调动更多的士兵，造成更多的士卒伤残，误杀更多无罪的人，花费更多的口粮和钱财，又不能够充分地振奋显扬自己的威势，使各个蛮夷部族信服，仅仅能在打败两个酋长的愤怒中得到快乐，而忘记了遗留给两省人民的祸患，只知道追求目前的功利，却不知道给日后增添了更多的艰难。这是喜欢多事的大臣的厚利，并不是国家的福分，也不是对活着的老百姓的庇护，这是我所不忍心去做的。

臣又闻两广主计之吏，谓自用兵以来，所费银两已不下数十万。梧州库藏所遗，不满五万之数矣；所食粮米已不下数十万，梧州仓廪所存，不满一万之数矣。由是言之，尚可用兵不息，而不思所以善后之图乎？

译文

我又从两广主政的官员口中听说，自从派兵征伐逆贼以来，所花费的银两已经不下几十万两，梧州国库里所贮藏剩下的银两，已经不满五万两了；已经食用的粮食已经不下几十万石，梧州仓库里所剩下的粮食，已经不满一万石了。由此来说，还能够不断地调兵遣将却不考虑筹划如何处理遗留问题吗？

臣又闻诸两省士民之言，皆谓“流官之设，亦徒有虚名而反受实祸”。诘其所以，皆云：“思恩未设流官之前，土人岁出土兵三千以听官府之调遣，既设流官之后，官府岁发民兵数千以防土人之反覆。”即此一事，利害可知。且思恩自设流官以来，十八九年之间，反者五六起，前后征剿，曾无休息，不知调集军兵若干，费用粮饷若干，杀伤良民若干。朝廷曾不能得其分寸之益，而反为之忧劳征发。浚良民之膏血而涂诸无用之地，此流官之无益，亦断然可睹矣。但论者皆以为既设流官而复去之，则有更改之嫌，恐启人言而招物议，是以宁使一方之民久罹涂炭，而不敢明为朝廷一言，宁负朝廷而不敢犯众议。甚哉！人臣之不忠也。苟利于国而庇于民，死且为之矣，而何人言物议之足计乎！

译文

我又从两省的兵士、百姓的话中听说，他们都认为“设置流官，也只是空有其名而无实效，反而遭受了实际的祸害。”讯问他们原因，都说“思恩在没有设置流官以前，当地人每年征用三千名士兵，用来听从官府的调动派遣，设立了流官这一职位后，官府又每年征发几千名民兵，用来防止当地人造反。”就这一件事，利益、危害全能够知道了。并且思恩自从设置了流官后，十八九年之间，造反的事件就发生了五六起，官府前前后后对他们进行征讨围剿，从来没有停止过，不知道调动征集了多少军队兵士，花费了多少粮食、钱财，杀死杀伤多少良善百姓。朝廷从没有从中得到一分一寸的好处，反而因为这件事忧虑忙碌，征调发遣。吸取良善百姓的血汗、脂膏，却把它们使用在毫无用处的地方，这是设置流官没有丝毫好处的地方，只一眼就能够判断得出了。但是，议论这件事的人都以为既然已经设置了流官却又把它撤销，那就会有更换、改正的嫌疑，恐怕会开启人们的言论，而招致非议。因此，宁可让一个地方的百姓长久地遭受困苦的境地，也不敢明确地向朝廷说明一下这件事，宁可辜负朝廷也不敢冒犯民众的议论，厉害呀！这是做臣子的不忠心。如果对国家有利而又使百姓得到庇护，就是死也要去做这件事，那样谁还会去在乎别人的看法呢！

臣始至地方，虽未能周知备历，然形势大略亦可概见。田州切邻交趾，其间深山绝谷，皆瑶、僮之所盘据，动以千百。必须仍存土官，则可借其兵力，以为中土屏蔽。若尽杀其人，改土为流，则边鄙之患，我自当之。自撤藩篱，非久安之计，后必有悔。思恩、田州处置事宜，俟事平之日，遵照敕旨，公同各官另行议奏。但臣既有所闻见，不敢不先为陛下一言，使朝廷之上早有定处。臣等得一意奉行，不致往复查议，失误事机，可以速安反侧，实地方之幸，臣等之幸。臣不胜受恩感激，竭忠愿效之至。

译文

我刚来到这个地方，虽然还没能够知道得更周详，经历得更完备，但是，那里的大致形势，也能够大概看到了。田州与交趾紧挨着，它们中间是浓密的山林，幽暗的山谷，全部都被瑶、僮两族霸占着，他们的窝点成百上千。因此，还必须仍然保留土官之职，那么，就可以凭借他们的兵力，来作为护佑中原的屏障、遮蔽。若是把那里的人全部杀掉，改土官为流官，那么边疆空虚的忧患，只好由我们自己去阻挡了，自己撤掉自家的篱笆，并不是长久安定的计策，以后必然会后悔的。思恩、田州的善后处理的大小事，等到叛乱平定之后，我们将遵照圣旨，与各个同僚官员共另作商议、奏报。但是我既然有一些听到的和看到的情况，不敢不先给陛下通报一下，从而让朝廷之上的各个官员，也能够早作商议、处置。那么我也就能够按照朝廷的旨意去办理，就不会导致往来不断地审查、讨论和下令了，以免耽误处理事情的最佳时机。如果可以迅速地平定叛乱，这实在是地方上老百姓的幸运事，也是我等臣子的幸运事了。我禁不住对皇帝的恩德表示感激，我愿意竭尽忠诚为您效劳。

辞巡抚兼任举能自代疏

七年正月初二日

嘉靖六年十二月初二日，准本院咨，节该吏部题奉圣旨：“王守仁暂令兼理巡抚两广等处地方，写敕与他，钦此。”钦遵外，臣闻命之余，愈增惶惧。

译文

嘉靖六年十二月初二日，照本院咨文接到吏部题写通知，据圣旨说：“王守仁，暂使他代理巡视安抚两广等地区的工作，写任命状给他，钦此！”恭敬遵奉，我听到此任命之外，更是增加了我的惊惶和恐惧。

窃念臣以迂疏多病之躯，缪承总制四省军务之命，既已有不胜其任之忧矣。方尔昼夜驱驰，图其所以仰副朝廷之重委者，而尚未知所措。今又加巡抚之责，岂其所能堪乎？况两广地方，比于他处，尤繁且难，蛮夷瑶、僮之巢穴，处处而是；攻劫抢掳之警报，日日而有。近年以来，加之以师旅，因之以饥馑，郡县之凋敝日甚，小民之困苦益深。巡抚之任，非得才力精强者，重其事权，渐其官阶，而久其职任，殆未可求效于岁月之间也。盖非重其事权则不可以渐其官阶，非渐其官阶则不以久其职任，非久其职任，则凡所举动，多苟且目前之计，而不为日后久长之谋，邀一时之虚名，而或遗百年之实祸。膏泽未洽于下，而小民无爱戴感恋之诚；德威未敷于远，而蛮夷无信服归向之志。此巡抚两广之任，虽才能相继，而治效之所以未究也。

译文

我私下里考虑到自己凭着迂腐、疏迟、体弱多病的躯体，错误地承担下总理管制四省军务的任命，已经萌生不能承担起责任的担忧了。先前日夜不停奔走劳碌，目的是不辜负朝廷委我重任的恩德，而且还不知道如何报答呢。现在又加授巡抚官的职责，这哪里是我所能禁受得起的呢？况且两广这些地方与其他地方相比，更加的繁乱而且艰难：那里到处都是蛮夷瑶族、僮族等部族的老窝；攻击、强夺、抢劫、掳掠的紧急情报天天都有；近几年来，这里征战频发，因为战争又导致此地灾荒饥饿，郡县的萧条、凋零一天比一天厉害，老百姓的贫困苦难越发地沉重。因此，出任巡抚这一官职，一定要是才干精明、精力旺盛的人，委任他办事的重要权力，逐渐地提高他的官职等级，而且让他在任久一点，这还未必能够在长久的时间里取得成效呢。若是不加重他们处理事务的权力，那么就不能逐渐地提高他的官职等级，不使他们渐渐提高官职等级，就不能使他们长久地担任那里的官职，不使他们长久担任那里的官职，那么凡是他的举措作为，大多都是暂时为他当前的事进行筹划的，却不能够为将来长久地谋算。这样或许能够邀求到一时的虚假的名誉，却可能会遗留下上百年的实际祸患。陛下的恩泽还未浸润到下面的百姓，而且百姓还没有敬重、拥戴、感激、留恋陛下的真心；陛下的德行与威慑还没有传播到边远地区，并且强悍粗野的部族还没有信任、服从、归顺朝廷的志向。这也是两广巡抚的任职官员，虽然他们的才识能力能够接继运用，可是治理却不能达到效果的原因。

切见致仕副都御史伍文定，质性勇果，识见明达。往岁宁藩之变，尝从臣起兵讨逆，臣备知其能。今年力未衰，置之闲散，诚有可惜。若起而用之，以为巡抚，其于经略之方，抚绥之术，必能不负所委。及照刑部左侍郎梁材，新升南赣副都御史汪鋐，亦皆才能素著，抑且旧在两广，备谙土俗民情，皆足以堪斯任。乞敕吏部于三人之中选择而使之。臣之驽劣多病，俾得专意思、田之役，幸而了事，容令照旧回还原籍调理。非独巡抚得人，地方有所倚赖，而臣之不肖，亦苟免于覆餗之谋矣。

译文

我切实见到已经辞官退休的副都御史伍文定，本质勇敢、性格果断，见识英明练达，过去宁王叛乱的时候，曾经跟从我发兵征讨逆贼，我对他的才干知道得很详细。现在他还没有年龄衰老、精力衰退，把他放在家里赋闲，使他散漫，实在是很可惜呀。如果对他重新起用，任命为巡抚的话，他满腹经营管理地方的方法，慰问安抚地方的策略，一定不会辜负朝廷对他的委任。另外，我察看刑部左侍郎梁材、新升南赣副都御史汪鋐，他们的才华能力在平时也都是很有名的，况且他们过去都在两广任职，对那里的风土人情都极为熟悉，都完全有能力来担当这个职务。请求皇帝敕令吏部从他们这三个人中进行选择并任命。我才能低劣、体弱多病，还是一心一意地忙于思恩、田州的征讨战役吧，若是幸运地解决了这一事件的话，容许我请求陛下下令，让我依旧返回老家调养身体。不但巡抚一职能够找到合适的人选，地方上的百姓也能够有可依靠的父母官，而且，没有才干的我也能够暂时幸免掉那因能力不足而导致失败的后果了。

奏报田州思恩平复疏

七年二月十三日

嘉靖七年正月二十七日，据广西田州府目民卢苏、陆豹、黄笋、胡喜、邢相、卢保、罗黄、王陈、罗宽、戴庆等连名具状，为悔罪投降，陈情乞恩事，投称：先因本府土官岑猛与泗城州屡年互相仇杀，获罪上司，于嘉靖五年六月内，致蒙奏请官兵征剿临境。岑猛自思原无反叛情由，意得招抚，先自同道士钱一真及亲信家人逃躲归顺州界，苏等俱各畏避，四散逃入山林。止有各处寄住客户千余，躲避不及，冒犯官军，俱蒙杀剿。目民人等俱不敢抵抗官军，惟有陆绶不曾远遁，当被擒斩，其余韦好、罗河等俱蒙官军陆续搜山杀死。焉于当年九月内，归顺土官岑璋书报岑猛见在该州，前月已将道士钱一真功次假作岑猛解报军门，尔可作急平定地方，来迎尔主。苏等听信，遣人节送衣服槟榔等件，岑璋一一收受，言说岑猛不可轻易见人，官府得知累我。续于十月内，岑猛又差人促令邀同王受招复乡村，因见府治空虚，乘便入城休息。又遣迎岑猛、岑璋回说："尔今地方未定，姑候来春，我当发兵三十余营送尔主来，且替尔防守。苏等因此逃命屯聚，以候岑猛，并无叛心。"嘉靖六年正月，有人传说岑猛于天泉岩内急病身死，尸骨被岑璋烧毁，金银尽被收获。随遣人去归顺探问，又被岑璋杀死。苏等痛悔无由，窃思官男岑邦彦先已齐村病故，今闻岑猛又死，无主可靠，欲出投诉。切见四方军马充斥，声言务要尽剿，又恐飞虫附火，必损其身。又蒙上司阴使王受图杀卢苏，又使卢苏图杀王受，反覆难信，投降无路，日切苦痛。今幸朝廷宽赦，钦命总制天星体天行道，按临在此，神鬼信服，苏等方敢舍命求生，率领盍府目民男子大小人等共计四万余名口，尽数投降。伏乞悯念生灵草命，赦死立功，以赎前罪。哀乞怜悯岑猛原无反叛情罪，存其一脉，俯顺夷情，办纳粮差，实为万幸等情。

译文

嘉靖七年正月二十七日，根据田州府的目民卢苏、陆豹、黄笋、胡喜、邢相、卢保、罗黄、王陈、罗宽、戴庆等人连名拟写的状书，他们为了能够为所犯的罪行悔过，无条件投降，并陈述情由，乞求恩准事宜。报说：“起先因为田州府的土官岑猛和泗城州多年间相互仇恨相杀，被上级主管官判处有罪，到了嘉靖五年六月份期间，导致上级主管官上奏朝廷请求发派兵将征讨岑猛，大军逼近田州境地的局面。岑猛心想，自己原本并没有造反叛乱的想法和情节，心中想要得到招安，所以他自己率先和道士钱一真以及自己的心腹、家人逃跑躲到归顺州的地界内，我卢苏等也都因为害怕而躲避，各自分散逃进了山林里。只有一千多户寄居在各个地方的外来住户，来不及躲避，冲撞了官兵，全部遭到剿杀。这里的目民人等，都不敢反抗抵制官兵，全都逃走了，只有陆绶没有远逃，随即就被抓获并斩杀了，其他如韦好、罗河等，都在官兵陆陆续续的搜索山林过程中被杀死了。突然在当年九月份期间，接到归顺州的土官岑璋发来的书信，说：‘岑猛如今就在归顺州，上个月已经将道士钱一真按功绩假扮作岑猛，解押报告到总督府，你们可迅速地使地方上得到平定，来迎接你们的上司。’我们卢苏等人听信了书报中所说的，便派使节送去了衣服、槟榔等东西。岑璋都一一收取接受，并对他们说：‘岑猛不能够轻易地会见外人，如果被官府知道了会连累我。’一直到十月份期间，岑猛又派人催促，邀请王受一同去收复乡村的失地，由于看到官府治理闲散，便乘机到城中休息。我们又派人去迎接岑猛，岑璋回复说：‘你们如今地方上还没有得到平定，姑且等到来年春天，我将遣派军队三十多营，把你们的头儿送回，并且替你们防守城池。我们就是因为这个才逃跑聚集起来，来等候岑猛回来，其实我们并没有造反、反叛的心思。’嘉靖六年正月，有传闻说，岑猛在天泉岩内突发急病而死，他的尸骨也已经被岑璋烧毁，金银财物也全部都被岑璋收为己有。于是就派人到归顺去打探查问，又都被岑璋杀死了。我们都感到痛苦悔恨又没有办法，私下里考虑，官男岑邦彦先前已经在齐村病亡，如今又听说岑猛死了，没有上司能够投靠了，想出去投案自首。又亲身见到，四面八方全部布满了官兵，扬言务必要把这里的百姓民众全部剿杀，所以又怕像飞蛾扑火一样，必定会损毁身体。又承蒙听说上级官员暗中派王受谋杀卢苏，又派卢苏谋杀王受，命令真是反反复复，令人难以信服，所以，投降归顺无门，一天天处在痛苦之中。如今幸运地赶上朝廷的宽赦饶恕，陛下亲自命令像吉星下凡的总督您，替天行道，光临这里，就算是鬼神也都信服了。卢苏等人才敢舍弃性命，寻求新生，率领全府目民，男人孩子大大小小共计四万多人，全部投降归顺朝廷。乞求皇上怜悯感念百姓们像草一样微贱的生命，赦免死刑，建立功业，来救赎先前的罪过。并哀求皇上怜惜岑猛原本并没有造反、叛乱的心思、罪行，所以存留他家一脉香火，根据夷族的风情，来进行处理。我们也将按照规定缴纳粮税，服差役。这实在是万幸了。”等等情况。

并据思恩府头目王受、卢苏、黄容、卢平、韦文明、侣马、黄留、黄石、陆宗、覃鉴、潘成等，亦连名具状，告同前事，投称：“本府原系土官，自改立流官，开图立里，土俗不便，奈缘小人冥顽，不谙汉法，屡次扰乱不定。受等屡辞恳乞上司仍立目甲，不意反致官府嗔怪。近又蒙官兵征剿田州，要将受等一概诛灭，必要穷追逐捕，只得逃遁山林。兼以八寨蛮子原以剽掠为生，乘机假受姓名，每每攻图城邑，劫虏乡村，虚名受祸。受等即欲挺身投诉，见得四方军马把截，兼闻阴使卢苏图杀王受，又使王受图杀卢苏，反覆难信，以此连年抱苦，控诉无由。且受等颇知利害，岂敢自速灭亡。今幸朝廷宽恩，命总制天星按临在此，神鬼信服，受等方敢率领所部目民男女大小人等共计三万余名口，舍命投降，伏乞详情赦死，以全草命。更望俯顺夷情，仍复目甲，使得办纳粮差，实为万幸等因。各投诉到臣。

译文

另外，根据思恩府头目王受、卢苏、黄容、卢平、韦文明、侣马、黄留、黄石、陆宗、覃鉴、潘成等人，也联名拟写状书，诉告的事情与先前的一样，报说：“思恩府原本设立的是土官，自从改为流官的建制后，设立图镇、乡里，土人的风俗不太适应了，奈何因为某些罪恶小人冥顽不灵，不熟悉汉人治理地方的方法，多次作乱闹事，使得地方上不能保持安定，我王受等人意见一致，恳切地乞求上级部门仍然设立目甲制度，不料反而遭到官府的责怪。近来官兵又对田州实行围剿，还要将王受等人统统诛杀，并一定要追杀不止，逐个逮捕，我王受等人只能逃跑到山林里面。再加上八寨的夷族、贼寇，原本就是将剽掳劫掠作为谋生的手段，便趁着这个混乱的时机，借用我王受的名字，不断地攻击谋取城池、邑镇，对村镇进行打劫、掳掠，致使我冤枉地背负着做坏事的虚名而遭受着祸患。我王受等人随机就想挺身而出，去投案自诉，但亲眼看到四面八方都有官兵把守、拦截，又听说官府已经暗地里派卢苏谋杀王受，又派王受谋杀卢苏，这些传闻真是反反复复，难以令人信服，因此多年来心中抱有痛苦，没有地方能够去控告、诉说。并且我王受等人很知晓其中的利害关系，又怎么敢迅速地自寻灭亡呢？如今荣幸地受到朝廷给予宽赦饶恕的恩情，命令总督您如同天星一般降临到这里，就算是神鬼也会信服呀！我王受等人这才敢率领所管辖的目民男女老少共三万多人，冒死投降归顺朝廷，乞求朝廷能够明察详细情况，赦免我们的死罪，从而让草民的性命得到保全，更希望朝廷能够顺应夷族的风土人情，仍然恢复目甲制度，让我们能够替朝廷缴纳粮税，服差役，这实在是万幸了！”等等情况。这些都分别投诉到我这里，让我知晓了。

据此，照得先于嘉靖六年七月初七日，为地方事，节奉敕谕：“先该广西田州地方逆贼岑猛为乱，已令提督两广等官都御史姚镆等督兵进剿。随该各官奏称岑猛父子悉已擒斩，巢穴荡平，捷音上闻，已经降敕奖励，论功行赏。续该各官复奏恶目卢苏倡乱复叛，王受攻陷思恩。及节据石金所奏，前项地方卢苏、王受结为死党，互相依倚，祸孽日深，将来不可收拾。又参称先后抚臣举措失当，姚镆等攘夷无策，轻信寡谋，图田州已不可得，并思恩胥复失之，要得通行查究追夺。兵部议奏，以各官先后所论事宜，意见不同，且兵连两广，调遣事干邻境地方，必得重臣前去总制，督同议处，方得停当。今特命尔提督两广及江西、湖广等处地方军务，星驰前去彼处，即查前项夷情，田州因何复叛，思恩因何失守。督同姚镆等斟酌事势，将各夷叛乱未形者可抚则抚，反形已露者当剿即剿，一应主客官军，从宜调遣，主副将官及三司等官，悉听节制。公同计议应设土官、流官，何者经久利便。

并先令抚镇等官，有功有过，分别大小轻重，明白奏闻区处。事体十分重大者，具奏定夺。朕以尔勋绩久著，才望素隆，特兹简任。尔务以体国为心，闻命就道，竭忠尽力，大展谋猷，俾夷患殄除，地方安靖，以纾朕西南之忧。仍须深虑却顾，事出万全，一劳永逸，以为广人久远之休。毋得循例辞避，以孤众望。钦此！”钦遵。

译文

依照这些情况，我起先还在嘉靖六年七月初七日，为了地方上的事务，接到皇上的有关这件事情的敕谕，说：“起先广西田州地方上，叛贼岑猛犯上作乱，朝廷已经命令指挥监督两广等地的官员都御史姚镆等人督领官兵前往进剿，于是这些官员都分别上奏说，岑猛父子，都已经被抓获斩杀，他们的老窝据点，也已经被扫平荡尽。这些捷报传达到朝廷，朝廷已经降下敕书加以奖励众位有功的官员，并论功行赏。接着，这些官员又上奏说，恶贼头目卢苏，造反作乱，又背叛了朝廷，王受也已经攻陷了思恩。另外，又根据石金所上奏的折子说，前面提到的那些地方，卢苏、王受如今已经结为死党，相互依靠，祸患罪孽日益加深，将来会达到不可收拾的地步。另外还参奏说，前前后后前往安抚的大臣，采取的举措不适宜，姚镆等人在攘除夷族逆贼的时候没有策略，轻易相信他人的话，毫无计谋策略，谋取田州已经不可能了，并且连思恩也又重新丢失了，你要对这些官员追究责任，想办法夺回失地。兵部又上奏了建议，由于各个官员先后上奏所讲述的事务，意见不一致，并且军务又连通两广，调兵遣将也涉及邻近的府城，所以，必须得有举足轻重的大臣前去总理、协调，督令各个官员达成一致决议，才会比较妥当。如今特地命令你指挥监督两广以及江西、湖广等地区的军事政务，你要不分昼夜迅速地前去那个地方，到后立刻查究前面提到的夷族的情况，寻找田州再次发动叛乱的原因，思恩又为什么沦陷？你要同姚镆等人一起督促军务，斟酌事情的形势，把各个夷族，想要搞叛乱却还没有出现什么迹象的，能安抚的就进行安抚，造反迹象已经暴露出来的，应当剿灭的就进行围剿。全部的当地军兵以及外地调遣来的军兵，你都可以依照情况对他们进行调遣，主副将官以及都司、布政司、按察司三司的各级官员，都会听从你控制、指挥。你要与大家一起商量议定应该设立土官还是流官，看看哪一个能更加持久、更为便利。并且，先前与现在任职的抚镇使等官员有功劳还是有过错，要分出功、过的大小及轻重，并明明白白地奏报上来，加以区分处理。相关事态十分严重的，可以写本上奏，交给朝廷来决断。朕因为你功绩显著，久有成就，才能和威望向来隆盛，特意直接将这件事托付给你。你务必要把体念国家当做心中的大事，听到命令后立刻上路赴任，竭尽忠诚，为国效力，大胆地施展你的谋略和计划，从而让夷族叛乱的祸患得到铲除、消解，让地方上重新获得安定和平，让消除朕对西南地区的忧虑。你仍然需要深思熟虑，且消却顾虑，把事情处置得万无一失，从而辛苦一次就把事情办好而得到安逸，让两广百姓得到永久的休养生息。你不能像过去那样推辞、回避，从而辜负了众人对你的期望。钦此！”这些都遵照圣旨去做了。

随于九月内节该兵部咨，为辞免重任乞恩养病事，臣奏奉圣旨：“卿识敏才高，忠诚体国，今两广多事，方借卿威望抚定地方，用纾朕南顾之怀。姚镆已致仕了，卿宜星夜前去，节制诸司，调度军马，抚剿贼寇，安戢兵民，勿再迟疑推诿，以负朕望。还差官铺马里赍文前去，敦趣赴任行事，该部知道，钦此。”钦遵，当即启行，至十一月二十一日抵梧州莅任。

译文

随后在九月期间，接到兵部的咨文，为了辞免朝廷交付的重任，乞求恩准回家养病事宜，我奏报皇上，接到圣旨说：“你见识敏捷，才华高强，对朝廷忠心耿耿，体念国情，现在两广事务繁杂，正好借助你的威望，来平定安抚两广等地，从而也解除我对南方地区的忧虑。姚镆已经辞官了，你应该昼夜不停赶往那里上任，指挥、协调管理各个司部，调遣军兵，去招抚征剿叛贼匪寇，安抚那里的军兵民众，使其稳定。不要再迟疑和推辞，从而辜负了朕对你的期望。还差派了铺马里带着圣旨前去敦促你迅速赴任，该部门已经知道这件事。钦此！”这些命令也都执行照办了。当时我立即启程上路，前去赴任。到十一月二十一日抵达梧州，担当重任。

十二月内，续准兵部咨，为地方大计紧急用人事，该礼部右侍郎方献夫奏，节奉圣旨："方献夫所奏关系地方大计，郑润、朱麟与姚镆事同一体，姚镆已着致仕，郑润等因贼情未宁，暂且留用。今既这等说，郑润取回，代替的朕自简用。朱麟应否去留，着兵部会议，并堪任更代的，推举相应官两员来看。田州应否设都御史在彼驻扎，还着王守仁议处，具奏定夺，钦此。"备咨前来知会，俱经钦遵外，本月初五日进至平南县地方，与都御史姚镆交代。二十二等日，太监郑润，总兵官朱麟陆续各回梧州、广州等处，听候新任。

译文

十二月期间，又接着按照兵部的咨文，说为了地方上的方针大计，紧急地起用人才事宜，该礼部右侍郎方献夫上奏，根据接到的圣旨说："方献夫奏报的事情关系到地方上的方针大计，郑润、朱麟和姚镆他们所做的事关系密切，可视为同一件事情，姚镆现在已经辞官了，郑润等人由于贼寇还没有平定，暂且继续留用。如今既然已经有这样的说法，那么，就把郑润也召回，至于代替的人，我自有安排。至于朱麟是留任还是去任呢，可以让兵部去商议决定，并且勘察能堪当此任的人才，推荐两名与职位相匹配的来留看。另外，田州是否应该设立都御史在那里驻扎呢？这些还让王守仁议定处置，写本上奏，由朝廷最后拍板决定。钦此！"这些咨文都报来让我知晓，除遵旨照办外。本月初五日，进发到平南县地区，把朝廷旨意同都御史姚镆进行了一番交代，二十二等日，太监郑润、总兵官朱麟，都陆续地分别回到了梧州、广州等地，等候新的任命。

总兵、太监交代去讫，当臣公同巡按纪功御史石金，右布政林富，参政汪必东、邹輗，副使祝品、林大辂，佥事汪溱、张邦信、申惠、吴天挺，参将李璋、沈希仪、张经及旧任副总兵今闲住都指挥同知张祐，并各见在军前用事等官，会议得思恩、田州之役，兵连祸结，两省荼毒已逾二年，兵力尽于哨守，民脂竭于转输，官吏罢于奔走。即今地方已如破坏之舟，漂泊于颠风巨浪中，覆溺之患，汹汹在目，不待智者而知之矣。今若必欲穷兵雪愤，以收前功，未论其不克，纵复克之，亦有十患。何者？

译文

总督、太监交接公务，然后离去。当时，我会同巡按纪功御史石金，右布政林富，参政汪必东、邹輗，副使祝品、林大辂，佥事汪溱、张邦信、申惠、吴天挺，参将李璋、沈希仪、张经，以及上一任副总兵、如今赋闲的都指挥同知张祐，和各位能碰面的在大军中担任职务的官员，一起开会议定思恩、田州的讨逆之战，战争接连不断，带来了无穷的灾祸，两个省的百姓遭受残害的时间已经超过两年了，士兵的精力因为放哨守卫而用尽，老百姓的财物因为不停地转运而被耗尽，各级官员因为不断地奔波而已经疲劳困顿，当今两广的地方上已经犹如遭受了破坏的船只，漂泊摇曳在狂风巨浪之中，翻船淹没的危险，这些都已经近在眼前，来势汹汹，有智慧的人都已经看到这些情况了。如今若是一定想要派大兵前去剿杀，穷极军兵，雪除愤怒，来取得前面的灭逆的大功，先不要论说若是不能取得胜利的后果，纵使能够取得胜利，也会有十个方面的忧患。是什么呢？

今皇上方推至孝以治天下，恻怛之仁，履被海宇，惟恐一物不得其所，虽一夫之狱，犹虑有所亏枉，亲临断决，况兹数万无辜之赤子，而必欲穷搜极捕，使之噍类不遗，伤伐天地之和，亏损好生之德，其患一也。

译文

如今皇上刚刚推行以大孝思想来治理天下，恻隐忧伤的仁慈，就算是大海和宇宙也都能够感受到，就怕哪一个东西没有到它该到的地方发挥作用，即使是一个人的案子，还忧虑会有冤枉，全部都亲自审理裁断，何况这里有数万个无辜的老百姓，却一定要对他们大加搜捕，使他们一个不留性命，斩草除根，亡家灭种，这恐怕会伤害危及到天地间的和气，有损皇帝怜惜生灵的好生的美德，这是第一个忧患。

屯兵十万，日费千金。自始事以来，所费银米各已数十余万。前岁之冬，二酋复乱，至今且余二年，未尝与贼交一矢，接一战，而其费已若此；今若复欲进兵，以近计之，亦须数月，省约其费，亦须银米各十余万。计今梧州仓库所余，银不满五万，米不满一万矣，兵连不息，而财匮粮绝，其患二也。

译文

在那里驻兵十万人，一天的花费就多达千金，自从开始征讨逆贼以来，所花费的白银已达到几十万两，粮米已达到几十万石。前年冬天，两个酋领又发动叛乱，到如今为止已经有两年多了，还未曾向贼寇射一支箭，打一次仗，而所花费的白银、粮米就已经这样浩繁了。如今如果又要进兵剿贼，就拿最快的时间来算，结束战事也必须要耗费好几个月，节省地计算它的花费，也分别需要白银十几万两、粮米十几万石。统计梧州仓库里所剩的白银、粮米，白银已不足五万两，粮米已不足一万石了，如果接连不断地用兵，那么财物就会变得匮乏，粮食就会断绝。这是第二个忧患。

调集之兵，远近数万，屯戍日久，人怀归思。兼之水土不服，而前岁之疫死者一二万人，众情忧惑。自顷以来，疾病死者不可以数，无日无之。溃散逃亡，追捕斩杀而不能禁。其未见敌而已若此，今复驱之锋镝之下，必有土崩瓦解之势，其患三也。

译文

调遣集聚的官兵，不论远近有几万人，驻防的时间长了，人们就会怀有想家回归的念头。再加上士兵们水土不服，且前年因得疫病而死的人就有一两万，大家的情绪普遍忧虑迷乱。自从那次疫病之后，由于疾病导致死亡的人数都数不清，没有一天不死人的时候。所以即使是对他们进行追赶逮捕、斩立决，也不能禁止崩溃逃散的行为。他们还没有遇见敌人就已经是这副样子了，现在如果把他们驱赶到战场之上，必定会出现土崩瓦解、全军覆没的架势，这是第三个忧患。

用兵以来，两省之民，男不得耕，女不得织，已余二年，衣食之道日穷，老稚转乎沟壑。今春若复进兵，又将废一年之耕，百姓饥寒切身，群起而为盗，不逞之徒，因而号召之，其祸殆有甚于思、田之乱者，其患四也。

译文

自从用兵打仗以来，两省的百姓，男人不能耕种，女人不能织布，已经有两年多的时间了。老百姓穿衣吃饭的生活秩序一天比一天困顿，民不聊生，男女老少都奔走在山沟、田野之间，致使土地荒芜。今年春天若是再次出兵讨伐逆贼，那么又要废弃一年的耕作土地，老百姓们会更加饥寒交迫，如若群集起来，便会成为盗贼。若是那些心怀不满的人，趁着这个机会号召饥民起来造反，那么这场祸乱大概比思恩、田州的叛乱更要厉害得多。这是第四个忧患。

论者皆以不诛二酋则无以威服土官，其殆不然。今所赖以诛二酋者，乃皆土官之兵，而在我曾无一旅可恃之卒。又不能宣布主上威德，明示赏罚，而徒以市井狙狯之谋相欺相诱，计穷诈见，益为彼所轻侮。每一调发，旗牌之官，十余往反，而彼犹骜然不出，反挟此以肆其贪求，纵其吞噬。我方有赖于彼，纵之而不敢问。彼亦知我之不能彼禁也，益狂诞而无所忌。岑猛之僭妄，亦由此等积渐成之。是欲诛一二逃死之遗孽，而养成十数岑猛，其患五也。

译文

议论的人都觉得，若是不诛杀这两位酋领，那就没有可以用来威慑、驯服土官的办法，大概并不是这样。如今我们所依赖的去诛杀两位酋长的士兵，全是土官下辖的士兵，而我们自己却没有一旅的兵力可以依靠。同时又不能宣扬流布皇上的威武和德政，明白地表示奖赏与惩罚政策，却只能利用市井流氓狡猾奸诈的办法相互欺瞒诱骗，等到办法用尽，欺诈暴露，会被他们更加轻视和侮辱。每一次调遣派发命令，执掌棋牌的官员，都必须往返十余次，他们尚且还傲慢无礼，拒不出兵，反而利用这一命令放肆地提出贪婪的索求，纵容他们吞噬财物。因为我们用兵还要依赖他们，所以纵容他们的行为而不敢过问。他们也知道我们对他们的行为不能制止，于是他们就更加狂妄荒诞而没有忌惮。像岑猛这样越过本分、肆意妄为的行为，也是因为这种情况慢慢地积累导致的。本想要诛杀一两个逃跑求生的残余坏分子，却造成十几个新的岑猛，这是第五个忧患。

两广盗贼，瑶、僮之巢穴动以数千百计，军卫有司营堡关隘之兵，时尝召募增补，然且不敷。今复尽取而聚之思、田之一隅，山瑶海寇，乘间窃发，遂至无可捍御。近益窥我空虚，出掠愈频，为患愈肆。今若复闻进兵，彼知事未易息，远近相煽蜂起，我兵势难中辍，救之不能，弃之不可，其为惨毒可忧，尤有甚于饥寒之民，其患六也。

译文

两广地区的盗贼及瑶族、僮族盘踞的窝点成百上千，我们的军事卫所、有关部门的营房、堡垒、关隘等地布置的军兵，常常不断地征召募集新兵增加补充进去，但仍旧是不够用。现在若是又把各地哨守的军兵都调派过来，聚集在思恩、田州的某个地方，那么山上瑶族等部落、海中的盗寇都会趁着这个间隙偷偷增长势力，从而造成不能够防御、捍卫的局面。近来他们更是窥探到我们内部防守空虚，外出劫掠更加地频繁了，祸害地方更加地肆虐了。现在若是他们又听说我们要派兵剿贼，他们清楚事情不会那么容易地停止下来，所以，远方和近处的贼寇便会相互煽动联络，像蜂一样成群地起兵造反。而我们军队的进军势头也很难在中途停顿下来，想要回去解救，已经是不可能的，而要弃地方上的安危于不顾，也是不可能的。那地方上值得忧虑的祸患、惨遭毒害的状况，与饥寒交迫的老百姓们的痛苦比起来，更是严重得多了。这是第六个忧患。

军旅一动，馈运之夫，骑征之马，各以千计。每夫一名，顾直一两；马一匹，四两；马之死者，则又追偿其主之直。是皆取办于南宁诸属县。百姓连年兵疲，困苦已极，而复重之以此，其不亡而为盗者，则亦沟中之瘠矣，其患七也。

译文

军兵一出发，输送粮食的民夫，供骑士应征的战马，分别需要上千人和上千匹。雇佣一位民夫的价钱为一两银子；雇用一匹战马的价格为四两，马匹在作战中死去了，还要偿还马匹主人钱财。这些又都是在南宁所辖的各个县中筹办的。这里的百姓因为常年征战，疲于用兵，困顿痛苦已经达到了极点。如今因为征战又一次增加他们的负担，那些即便是不逃亡而成为盗贼的人，也如沟谷中贫瘠的土地一般，穷困潦倒。这是第七个忧虑。

两省土官于岑猛之灭，已各怀唇齿之疑，其各州土目于苏、受之讨，又皆有狐兔之憾，是以迟疑观望，莫肯效力。所凭恃者，独湖兵耳。然前岁之疫，湖兵死者过半，其间固多借倩而来，兵回之日，死者之家例有偿命银两，总其所费，亦以万数。今兹复调，踣顿道途。不得顾其家室，亦已三年，劳苦怨郁，潜逃而归者，相望于道，诛之不能，止因一隅之小愤，而重失三省土人之心，其间伏忧隐祸，殆难尽言，其患八也。

译文

两省的士官们，对于剿灭岑猛的事情，也都怀有唇亡齿寒的疑虑，各个州的土目对于征讨卢苏、王受的事情，又都怀有兔死狐悲的悲伤遗憾，因此他们都犹疑不决，远远观察，不愿意为朝廷尽忠效力。而我们现在所凭借依赖的只有湖兵而已。但是在前年流行的那场疫病之中，湖兵死亡的人数已经超过了一半，在他们中间原本就有很多是暂时借调过来的，在军队回师的时候，依照惯例，对于死者的家属，都要送去补偿性命的银两，总计这笔花费，也需要上万两。如今又要征调他们，使他们颠仆在路途上。他们无法顾念自己的家室，也已经有三年了，那因为辛劳、痛苦、怨恨、郁闷而偷偷逃跑回家的人，可以在道路上不断地看到，诛杀他们也不能禁止。只因为对一个地方的微小的愤怒，而大大地失去了三省百姓的民心，这中间所隐藏的忧虑和灾祸，恐怕一下子很难说得完。这是第八个忧患。

田州外捍交趾，内屏各郡，其间深山绝谷，又皆瑶、僮之所盘据。若必尽诛其人，异时虽欲改土设流，亦已无民可守。非独自撤藩篱，势有不可，抑亦借膏腴之田以资瑶、僮，而为边夷拓土开疆，其患九也。

译文

田州对外防御着交趾，对内又作为各个内陆郡县的防护屏障，在这个地域内满是浓密的山林、幽深的山谷，又都是瑶族、僮族把持占据的窝点。若是定要把他们斩尽杀绝，他日就算是要想改变土官，设立流官，也没有居民可以守护了。先不说自己亲手撤掉保卫自己家园的篱笆，其形势是不可为的，然而利用肥沃的土地来资养瑶族和僮族，使得他们开拓土地，开发边疆。这是第九个忧患。

既以兵克，必以兵守，岁岁调发，劳费无已。秦时胜、广之乱，实兴于闾左之戍。且一夫制驭，变乱随生，反复相寻，祸将焉极，其患十也。

译文

即使是在进兵之后，赢得了胜利，也必得用军兵来守卫，每年征调派发，其劳碌和费用是无穷无尽的。秦朝时候陈胜、吴广的叛乱，实际上就根源于贫穷人家戍边的苦痛。并且若有一个人乘着情势起来闹事，那么造反、变乱的事件随时都可能会发生，如果他们反复无常，相互寻找机会，其祸患将会达到不堪设想的极致地步。这是对这里大举进兵可能会产生的第十个忧患。

故为今日之举，莫善于罢兵而行抚。抚之有十善：活数万无辜之死命，以明昭皇上好生之仁，同符虞舜有苗之征，使远夷荒服无不感恩怀德，培国家元气，以贻燕翼之谋，其善一也。息财省费，得节缩赢余以备他虞，百姓无椎脂刻髓之苦，其善二也。久戍之兵得遂其思归之愿，而免于疾病死亡，脱锋镝之惨，无土崩瓦解之患，其善三也。又得及时耕种，不废农作，虽在困穷之际，然皆获顾其家室，亦各渐有回生之望，不致转徙自弃而为盗，其善四也。罢散土官之兵，各归守其境土，使知朝廷自有神武不杀之威，而无所恃赖于彼，阴消其桀骜之气，而沮慑其僭妄之心，反侧之奸自息，其善五也。远近之兵，各归旧守，穷边沿海，咸得修复其备御，盗贼有所惮而不敢肆，城郭乡村免于惊扰劫掠，无虞内事外，顾此失彼之患，其善六也。息馈运之劳，省夫马之役，贫民解于倒悬，得以稍稍苏复，起呻吟于沟壑之中，其善七也。土民释兔死狐悲之憾，土官无唇亡齿寒之危，湖兵遂全师早归之愿，莫不安心定志，涵育深仁，而感慕德化，其善八也。思、田遗民得还旧土，招集散亡，复其家室，因其土俗，仍置酋长，彼将各保其境土而人自为守，内制瑶、僮，外防边夷，中土得以安枕无事，其善九也。土民既皆诚心悦服，不须复以兵守，省调发之费，岁以数千。官军免踣顿道途之苦，居民无往来骚屑之患，商旅通行，农安其业，近悦远来，德威覃被，其善十也。

译文

所以，我们今日的举措，没有比停止用兵对地方进行安抚更好的了。对地方上进行安抚，将会有十大好处：能够使数万名无辜的将死的百姓活下来，来明确地昭示皇上怜惜生灵、爱惜生命的仁慈之心，也与虞舜征伐三苗时彰显的德行相合，这能够让远方的夷族慌忙归顺、臣服，他们将没有不感激朝廷的盛恩，怀念朝廷的美德的，从而培养恢复国家的精神气运，并谋求为后世子孙留下安乐稳定的根基。这是第一个好处。能够停止节约钱财花费，从而将节省下来的多余的财物、粮食储备起来作为别的用处，老百姓也就没有了被搜刮脂膏、刻吸骨髓的痛苦，这是第二个好处。长时间在外戍边的士兵能够实现回家的心愿，避免了因为身患疫病而客死他乡，脱离了刀锋箭镝无情的惨痛境地，从而免受溃散失败的祸患，这是第三个好处。老百姓们能够及时地进行耕作播种，不荒废农业生产，虽然还处于困顿、穷苦的境地，但是他们都能够获得顾念他们家室的机会，也都各自有了谋取生存的希望，而不至于颠沛流离，抛弃家园，成为盗贼，这是第四个好处。解散土官们下辖的官兵，让他们各自回去守卫自己境域的土地，能够使他们知道朝廷本来就有神圣、勇猛、好生的威势，而并非对他们有什么依赖，从而潜移默化地打消他们桀骜不驯的脾性，并消减、威慑他们僭越、狂妄的心志，造反、背叛的奸计就会自己停止、消亡了，这是第五个好处。让来自远方和近处的军兵都各自回到他们原本的戍守之地，从而穷困的边疆、沿海都能够得到修整恢复防御的机会，如此，各个地方的盗贼就会有所畏惧而不敢肆意妄为，城市、乡村也都能够避免掉骚扰与掳掠，所以，就不会导致内部空虚、外部危急，产生顾此失彼的祸患，这是第六个好处。能够停止运送粮食的劳累，减少对民夫、马匹的徭役，把贫困的百姓从倒悬般的困顿潦倒的境地中解救出来，使他们渐渐恢复生机，也能够在沟壑山川之间稍微喘一口气，这是第七个好处。能够让当地百姓释怀因同族被杀而感到悲伤的遗憾，土官也没有了唇齿相连般遭受杀戮的危险，两湖官兵于是能够早日实现回师的心愿，没有不安下心来坚定意志的，这些人被涵养、培育出深厚的仁慈，并感激赞赏朝廷的德政与感化。这是第八个好处。能够让思恩、田州遗留下的老百姓得以返还故土，把逃散、流亡的人招集回来，使他们家人团聚，修缮好屋子。另外还能够根据他们当地的风俗，仍然设置酋长的制度来管理他们。他们将各自保卫他们境域里的土地，且每个人自己都能够成为守卫者，对内可以牵制瑶族和僮族，对外他们又能够防御边界的夷族入侵，如此，中原土地就高枕无忧、平安无事了，这是第九个好处。能够让当地百姓都由衷地赞赏臣服，那么就没有必要再派兵前去守卫，从而每年节省调遣发派军队的费用多达几千两，官军也免除了路途上颠沛奔波的苦楚，居民也没有了因为军兵往来而被骚扰的忧患，商人、旅行者又都能够交流行走，百姓们也都能够安心地进行农业生产，使近处的百姓喜悦拥护您，使远方的客人前来朝拜您，您的威势和德行得以延展传播，这是第十个好处。

夫进兵行剿之患既如彼，罢兵行抚之善复如此，然而当事之人，乃犹往往利于进兵者，其间又有二幸四毁焉。下之人幸有数级之获，以要将来之赏；上之人幸成一时之捷，以盖日前之愆。是谓二幸。始谋请兵而终鲜成效，则有轻举妄动之毁；顿兵竭饷而得不偿失，则有浪费财力之毁；聚数万之众，而竟无一战之克，则有退缩畏避之毁；循土夷之情，而拂士夫之议，则有形迹嫌疑之毁。是谓四毁。二幸蔽于其中，而四毁惕于其外，是以宁犯十患而不顾，弃十善而不为。夫人臣之事君也，杀其身而苟利于国，灭其族而有裨于上，皆甘心焉，岂以侥之私，毁誉之末，而足以挠乱其志者！今日之抚，利害较然，事在必行，断无可疑者矣。于是众皆以为然。

译文

大举派兵围剿贼寇会产生的忧患，就像前面提到的十种，而停止用兵、进行安抚的好处，也像刚提到的那十种，可是这里的主管军政事务的人，却还常常从派兵剿贼中获得利益，在这里边，又有两个侥幸和四个危害。对于下级军兵来说，如果他们能够幸运地多斩杀、俘虏一些贼寇，从而以后凭借战功获得赏赐；对于上级官员来说，如果他们能够幸运地促成了一次战斗的胜利，从而可以遮掩以前所犯下的罪责，这就是所谓的两个侥幸。他们开始谋划着怎样派兵作战可以取得胜利，结果产生稍有成绩，就轻举妄动的危害；劳累官兵，应尽粮饷，而付出与收获不成正比，如此就会有浪费国家财产、人力的危害；聚集几万军兵开赴边防，却没能够取得一次战役的胜利，那就会有畏敌退缩、躲避脱逃的危害；因遵循当地夷族的风情，却对士大夫们的议论置若罔闻，那么他的行为和表现就会有被人误解的嫌疑的危害，这就是所谓的四个危害。两个幸运是隐藏在整个事件的内部，而四个危害则是暴露在外面，所以，他们宁肯冒着造成十大忧患的风险也不会顾及国家和百姓，宁肯抛弃十大好处也不愿去有所作。作为臣子，在侍奉皇上这件事上，就算是自身遭到杀害，也要给国家谋福利；就算是灭绝他的家族，也要对朝廷有所裨益，这样做都是心甘情愿的。哪里能够心存侥幸的私念，因为自身受到一点危害和诽谤，就能够使他的志向受到扰乱呢！如今，把对边防地区进行安抚的利益和危害比较起来，利益是巨大的，所以，进行安抚是一定要做的，断然没有什么可以迟疑的。于是，与会的各个官员都认为是这样。

二十六日，臣至南宁府，乃下令尽撤调集防守之兵，数日之内，解散而归者数万有余。湖兵数千，道阻且远，不易即归，仍使分留南宁、宾州，解甲休养，待间而发。

译文

二十六日，我到达南宁府，于是下令把调集到这里进行防守的军兵全数撤除，在几天之内，解散回家的军兵就达到几万人。两湖官兵共有几千人，因为道路阻隔并且路途遥远，不适合立刻回去，就派他们分别留在南宁、宾州，让他们解下盔甲、休养生息，等待时机再行出发。

初，卢苏、王受等闻臣奉命前来查勘，始知朝廷亦无必杀之意，皆有投生之念，日夜悬望，惟恐臣至之不速。已而闻太监、总兵等官复皆相继召还，至是又见防守之兵尽撤，其投生之念益坚，乃遣其头目黄富等十余人，于正月初七日先付军门诉苦，愿得扫境投生，惟乞宥免一死。臣等谕以朝廷之意，正恐尔等亏枉，故特遣大臣前来查勘，开尔等更生之路，尔等果能诚心投顺，决当贷尔之死。因复开陈朝廷威德，备写纸牌，使各持归，省谕卢苏、王受等。

译文

一开始，卢苏、王受等人，听说我奉皇帝的命令前来这里勘察，这才知道朝廷并没有对他们一定要剿杀的意思，全都有了投降求生的念头，他们都日日夜夜地悬着一颗心盼望着我们，就怕我们到来得不够快。不久，听说太监、总兵等官员，又相继被召还了回去，到这时又见防守在这里的军兵全部都撤离了，他们投降求生的念头就更加坚定了。于是，他们派遣头目黄富等十来人，在正月初七日，先到总督府来诉说苦衷，愿意倾尽境内的所有势力来投降，以获得生路，只是乞求赦免一死。我把朝廷的意图告诉给了他们，说朝廷正担心你们有所冤枉，专门派遣大臣前来这里进行勘察、询访，给予你们重生的出路，若是你们果真能够诚心实意地投降、归顺，朝廷一定会饶恕你们的死罪。接着，我又陈述了朝廷的威势德行，写好作为信用证明的纸牌，让他们分别拿着回去告诉卢苏、王受等人。

大意以为：岑猛父子纵无叛逆之谋，即其凶残酷暴，慢上虐下，自有可诛之罪。今其父子党与俱已伏其辜，尔等原非有名恶目，本无大罪，至于部下数万之众，尤为无辜。今因尔等阻兵负险，致今数万无辜之民破家失业，父母死亡，妻子离散，奔逃困苦，已将两年。又上烦朝廷兴师命将，劳扰三省之民，尔等之罪固已日深。但念尔等所以阻兵负险者，亦无他意，不过畏罪逃死，苟为自全之计，其情亦有可悯。方今圣上推至孝之仁，以子爱黎元，惟恐一物不得其所，虽一夫之狱，尚恐或有亏枉，亲临断决，何况尔等数万之命，岂肯轻意剿杀。故今特遣大臣前来查勘，开尔更生之路，非独救此数万无辜之民，亦使尔等得以改恶从善，舍死投生。牌至，尔等部下兵夫即可解散，各归复业安生。尔等即时出来投到，决当宥尔之死，全尔身家。若迟疑观望，则天讨遂行，后悔无及。限尔二十日内，尔若不至，是朝廷必欲开尔生路，而尔必欲自求死路，进兵杀尔，亦可以无憾矣。

译文

大意：岑猛父子纵然没有进行叛乱的意图，但他们凶暴、残酷，对上慢待朝廷，对下虐待的百姓，自然犯下了可杀的罪行。如今他们父子以及党羽，都已经认罪伏法，而你们原来并不是有名的恶劣的头目，原本也没有什么大罪过，至于你们所统领的几万名众，更加都是无辜的。如今因为你们阻拦军兵，占据险要位置，导致几万个无辜的民众家业破败，丧失生计，双亲死亡，妻离子散，四处奔逃，流离失所，其穷困痛苦，已经快要两年了；又惹得朝廷派遣将官大举进兵，让三个省的百姓都受到劳烦、骚扰，你们的罪过，原本就已经一天天在加深，只是考虑到你们所以占据险要的位置、集结军兵顽命抵抗的原因，并没有什么别的图谋，不过是担心遭受罪责，逃跑求生，苟且作为保全性命的办法，这情形也是有值得怜悯的地方。当今皇上推行以孝治国的仁政，以对待儿子的方式爱护着黎民百姓，唯恐有任何一件东西不能用在它该发挥作用的地方。即使是一个人的案子，也还怕在处理的过程中有什么冤情，都亲自到堂过问，更何况关乎你们几万人的性命呢，怎么肯轻易地进行剿杀呢。所以现在特派遣大臣前来进行勘查，为你们开辟走向新生的道路，并非只是为了营救这几万名无辜的百姓，也为了让你们能够弃恶从善，舍弃死路，走向新生。纸牌到达后，你们的部下军兵，可以立刻解散，各自回到自己家中，重新从事自己原本的职业。你们若是能够按时出来到这里投降，一定会饶你们不死，使你们的性命得以保全；否则，那么上天对你们的征讨随后便到，你们后悔也来不及。限定你们在二十日内采取行动，若是你们不来投降，不是朝廷不给你们生路，而是你们想要自寻死路，到时朝廷进军对你们进行剿杀，也就没有什么可遗憾的了。

苏、受等得牌，皆罗拜踊跃，欢声雷动。当即撤守备，具衣粮，尽率其众扫境来归。本月二十六日，俱至南宁府城下，分屯为四营。明日，苏、受等皆囚首自缚，各与其头目数百人赴军门投见，号哀控诉，各具投状，告称前情，乞免一死，愿得竭力报效。

译文

卢苏、王受等人在得到纸牌后，都积极地叩拜，欢呼的声音很大。当时就撤掉了把守的军兵，把衣服、粮草准备好，率领他们势力内的全体军民前来投降。本月二十六日，他们都来到南宁府城下，分为四个营地屯扎起来。

第二天，卢苏、王受等人都将自己捆绑起来，装扮成囚犯的样子，带领他们各自的土人头目共几百人，一块来到总督府求见投降，他们都哀哭着诉告，把各自写好了的投降的纸状呈递上来，把前面的情节供告出来，乞求赦免死罪，都愿意尽力报效朝廷。

臣等看得苏、受等所诉情节，亦与臣等前后所闻所访大略相同，其间虽有饰说，亦多真情，良可哀悯。因复照前牌谕所称，谕以朝廷恩德，以为朝廷既已赦尔等之死，许尔投降，宁肯诱尔至此，又复杀尔，亏失信义？尔之一死，决当宥尔矣，尔可勿复忧疑。但尔苏、受二人拥众负险，虽由畏死，然此一方为尔之故，骚扰二年有余，至上烦九重之虑，下疲三省之民，若不略示责罚，亦何以舒泄军民之愤。于是下卢苏、王受于军门，各杖之一百。众皆合辞扣首，为之请命，乃解其缚，谕以："今日宥尔一死者，是朝廷天地好生之仁，杖尔一百者，乃我等人臣执法之义。"于是众皆扣首悦服，臣亦随至其营，抚定余众，皆莫不感泣欢呼，皆谓朝廷如此再生之恩，我等誓以死报。

译文

我们看到卢苏、王受等人所讲述的情节，也与我们前前后后所听到的以及所察访的，大致相同，在他们的诉状中，虽然还有一些掩饰的说辞，但大都体现出了真诚的情怀，也算是立意良好，悲哀可怜的了！于是又照前面给他们的纸牌中所谕示的原则，把朝廷的恩情德行告知他们："朝廷既然已经赦免了你们的死罪，允许你们投降，又怎么能把你们诱骗到这里，杀掉你们，失去应有的信义呢？所以，你们的死罪，一定会给予免除，不必再有什么忧虑、怀疑。但是你们当中卢苏、王受二人，凭借着险要地形，聚集军兵，虽然是出于怕死才这样做的，但也正是由于你们二人的原因，才导致了长达两年多的骚乱，惹得朝廷产生重重忧虑，又使三个省的百姓饱受疲困，如果不对你们略微显示一下惩罚，又用什么来宣泄广大军民的愤怒呢。"于是，把卢苏、王受押下总督府，各自被打了一百棒，其他众头目人等都叩头在地，为他俩请罪，乞求饶免，这才解开他们身上的绳子，告诉他们说："今天饶你们不死，是由于朝廷有爱惜生命的仁慈；杖罚你们一百棒，也是我们做臣子的从执行法令的大义出发而不得不这样去做的。”于是众人都跪倒在地，心悦诚服。我也随后来到他们的营寨，对其他人进行安抚、慰问，他们没有不感激落泪、欢呼雀跃的，都说朝廷给予了他们如此浩大的使他们走向新生的恩德，他们发誓将以死来竭力报效朝廷。

及据状末告“乞怜悯岑猛原无反叛情罪，存其一脉，俯顺夷情，办纳粮差”一节，自臣奉命而来，沿途询诸商贾行旅，访诸士夫军民，莫不以为宜从夷俗，仍立土官，庶可永久无变；不然，反复之患终恐不免。及臣至此，又公同大小各官审度事势，屡经酌量议处，亦皆以为治夷之道，宜顺其情。臣于先次谢恩本内，已经略具奏闻，至是因其控告哀切，当即遵照敕谕便宜事理，许以其情奏请。且谕以朝廷之意无非欲生全尔等，尔等但要诚心向化，改恶从善，竭忠报国，勿虑朝廷不能顺尔之情。于是又皆感泣欢呼，皆谓朝廷如此再生之恩，我等誓以死报，且乞即愿杀贼立功，以赎前罪。臣因谕以朝廷之意惟愿生全尔等，今尔方来投生，岂忍又驱之兵刃之下，尔等逃窜日久，家业破荡，且宜速归，完尔家室，及时耕种，修复生理。至于各处盗贼，军门自有区处，不须尔等剿除，待尔家事稍定，徐当调发尔等。于是又皆感泣欢呼，皆谓朝廷如此再生之恩，我等誓以死报。臣于是遂委右布政林富，旧任总兵官张祐分投省谕，安插其众，俱于二月初八日督令各归复业去讫。

译文

另外根据卢苏、王受请求申诉的状书最后说：“乞求怜惜同情岑猛原本没有进行叛乱的情节及罪状，还请朝廷能够留下他家的一支后代。并请求顺应夷族人民的风俗习惯，安排缴纳粮税、报到服役。”一段话。自我奉皇上命令巡抚两广以来，沿路询问众多的商人、旅客，又察访众多的士人、军民，他们都认为应该顺应夷族人的风俗，仍然设立土官，或许能够永远没有变乱了。若是不这样，那土人、夷民造反叛乱的祸患，恐怕永远都无法免除。等我来到这里，又同大小各级官员一起审时度势，多次根据实际情况进行讨论分析，也都认为治理夷族的方法，是应该顺应他们的风土人情才行。我在上次对朝廷谢恩的奏折中，已经把这个想法粗略上奏了。到这时，由于他们真切地哀告，当时就依照皇上的敕谕，根据具体情况的情由，答应把他们的情况上奏给皇上，并且把朝廷的旨意告诉给他们说："朝廷必定会像这次给予你们新生的恩德那样，只要你们真心实意地投降，弃恶从善、改邪归正，竭尽全力地报效朝廷，就没有必要忧虑朝廷不能顺应你们的风土人情，从而网开一面的。"他们听到这样的说法，于是全部都感激涕零，欢呼雷动，都说朝廷既然这样给予了他们重获新生的恩德，发誓将以死来报效朝廷，并乞求给他们杀贼立功机会，来救赎以前所犯的罪行。我于是又把朝廷的旨意告诉给他们，说朝廷只希望能够保全你们的性命，如今你们刚来归降，乞求活命，又怎么能人心把你们驱赶到刀剑烽火之下呢！你们向外逃跑，流窜的时间已经很长了，家庭破离、职业荒废，现在应该立刻回到故乡，重新使家庭团圆，重建家园，及时地进行农业耕作，使过去的生产秩序得以恢复。至于各地的盗贼，总督府自然会有处置的办法，不需要用你们前去剿杀了。等到你们的家园稍微得到修复、安定，我会酌情慢慢地调拨你们去杀贼立功的。于是，他们又都感激得落下了眼泪，都欢呼不已，都说朝廷给予了他们这样浩荡的得以重生的恩德，他们发誓将来一定会誓死报效。我于是委派右布政林富，曾任过总兵官的张祐，分别前去省视、晓谕各地，把他们安排定居下来，他们都在二月初八日，督令这些人重新回归家园，恢复过去的职业，把事情办妥。

地方之事幸遂平定，皆皇上至孝达顺之德，感格上下，神武不杀之威，震慑鬼神，风行于朝堂之上，而草偃于百蛮之表，是以班师不待七旬，而顽夷即尔来格，不折一矢，不戮一卒，而全活数万生灵，是所谓"绥之斯来，动之斯和"者也。臣以蹇劣，缪承任使，仰赖鸿休，得免罪责，快睹盛明，岂胜庆幸！

译文

地方上叛乱的这件事，于是就幸运地平定了。这些都是因为皇上推行大孝治国的方针以及顺应夷族的风土人情的恩德，使得天上地下的神鬼都感动了，皇帝的神圣、雄武、好生的威势，震慑住了鬼神，使得和顺的清风在庙堂之上吹拂，并且在少数民族土地上的野草也像人一样自然地低头拜服，所以，这次撤军前后不到七十天的时间，所有顽固的夷民都来归降，如此，朝廷没有射一支箭，没有杀戮一个士兵，便让几万生灵百姓的性命得到了保全，这就是所谓的“安抚他们，使他们来归附，动员他们，他们就会齐心协力。”我凭借着平庸、卑劣的才能，错误地领受朝廷重要的任务与使命，仰赖皇上鸿大的威德，才能够免除溃败的罪责，让我愉快地看到了皇上的英明，怎么能够不庆幸呢！

除将设立土官及地方一应经久事宜，遵照敕旨，公同各官再行议处，另行具奏外，缘系奏报平复地方事理，为此具本，专差冠带舍人王洪亲赍，谨具题知。

译文

除了将设立土官制度以及治理地方的长久打算，都已经遵照皇上的敕令旨意，再同各级官员一起进行议定处理，另外写本上奏外，这本是为了奏报地方上得到平定的捷报，所以写了奏折专门派冠带舍人王洪亲自捧送朝廷，恭敬地题奏朝廷得知。

地方紧急用人疏

七年二月十五日

先该礼部右侍郎方献夫奏前事，节奉圣旨：“田州应否设都御史在彼驻扎，还着王守仁议处，具奏定夺，钦此。”兵部备咨前来知会，除钦遵外，随于今年正月二十七日该思恩、田州二府土目卢苏、王受等各率众数万自缚归降，该臣遵照敕谕事理，悉已抚定。当遣广西右布政林富、旧任副总兵张祐，分投督领各夷各归原土复业安生。已经具本奏报外。

译文

先前礼部右侍郎方献夫上奏前面题奏的事情，根据圣旨批复说：“田州是否应该设立都御史在那里驻守？这件事还是让王守仁议定处置，并写本奏明由朝廷裁决。钦此！”兵部备写咨文把朝廷旨意告知我，除了这个遵照圣旨去办理外，随后在今年正月二十七日，思恩、田州两府的土目卢苏、王受等人，分别带领着几万兵民，自己把自己绑缚起来前来归降，这件事我也根据敕书所要求的事项，都已经对他们进行了安抚平定。当时派遣广西右布政林富，曾任过副总兵职务的张祐，分别投入到监督、统领各个夷族的兵民各自回归故土的工作中，让他们重操旧业、安定生活的工作中，这件事已写本上奏了。

照得思恩、田州连年兵火杀戮之余，官府民居悉已烧毁破荡，虽蓓屋寻丈之庐，亦遭翻空发掘，曾无完土，荒村僻坞，不遗片瓦尺椽，伤心惨目，诚不忍见。各夷近已诚心投服，毁弃兵戈，卖刀买牛，见已各事田作；自后反侧之患，以臣料之，或已可免。但其风景凄戚，生意萧条，忧惶困苦之余，无以自存，必得老成宽厚之人抚恤绥柔之。臣等见其悲惨无聊之状，诚亦未忍一旦弃去而不顾。况思、田去梧州军门水路一月之程，一时照料，有所不及。近又与各官议，欲于田州建立流官府治，以制御土官。修复城池廨宇等项，必须劳民动众，自非素得夷情者为之经理区画，各夷凋弊之余，岂复堪此骚屑！况议设知府等官皆未曾到，一应事务，莫有任其责者。

译文

据我所知，思恩、田州在遭受了连年的战火、杀戮之后，官府衙门以及民房都已被烧坏毁灭，破家荡产，即使是茅屋、一丈见方的庐舍，也都遭受到翻腾挖掘，没有一点完整的地方了，一片片荒僻的村落、坞堡，连一片瓦、一根椽子都没有留下，这悲惨凄凉的景象，实在是使人不忍心再看下去。各个夷族近来已经诚心实意地投降臣服了，他们损毁、丢弃兵器，卖掉刀剑，购买耕牛，现在已经各自从事田间劳作了。臣下料想，这里造反叛乱的忧患，从今以后或许已经可以免除了。但是现在这里的景象凄凉悲戚，境况凋零衰微，老百姓在忧愁、惶恐、困苦的间隙，没有办法让自己活下来，所以必须要有行事稳重、宽大厚道的官吏对他们进行安抚、救济。我等一干人见到老百姓的悲惨困苦、没有生存依赖的状况，实在是不忍心某一天抛弃他们离去，不再过问。况且从思恩、田州到梧州的总督府，走水路也有一个月的时间，一时间来不及来照料这里的事情。近来又与各个官吏一起商议，打算在田州建立流官治所，来对土官进行统管、辖制。对于城池、官舍等建筑的修理恢复，必定要动用众多民力，这自然不是向来了解夷情的人做出的规划的，在各个夷族凋零衰败的间隙，又怎能再承受此种扰乱！况且议定设立的知府等官员都还没有到来，这里全部的事务，没有专门负责的人。

看得右布政林富慈祥恺悌，识达行坚，素立信义，见在思、田地方安插各夷。合无准如方献夫所奏，将林富量改宪职，仍听臣等节制，暂于思、田地方往来驻扎，抚循缉理，其于事理，亦甚相应。

译文

我观察到右布政林富和蔼，平易近人，见识练达，行事坚决，向来在民众心目当中树有信任和道义，现在正在思恩、田州地方安排各归顺夷族定居事宜。合计着还没有像已经批准方献夫所奏请的那样，我已经把林富改升为宪职，仍然听从我等指挥管理，暂时让他在思恩、田州的地方之间来回驻扎逗留，安抚整治，根据现实情况，是很合适的。

臣又看得思、田地方原系蛮夷瑶、僮之区，不可治以中土礼法，虽流官之设，尚且不可，又况常设重臣，驻扎其地，岂其所堪？则其供馈之费，送迎之劳，必且重贻地方异日之扰，斯亦不可不预言之者。合无将本官廪给口粮一应合用之费，及往来夫马一应合用之人，俱于南宁府卫取办，银两于库贮军饷内支给，一不以干思、田之人。俟一年之后，各夷生理渐复，府治城郭廨宇渐以完备，则将林富量移别处任用，而思、田止存知府理治，或设兵备官一员于宾州驻扎，或就以南宁兵备兼理，不时往来抚循。如此，则目前既可以得抚定绥柔之益，而日后又可以免困顿烦劳之扰。臣之愚见，所议如此，惟复别有定夺，均乞圣明裁处。

译文

我又察看得知思恩、田州这些地方，原本是少数民族瑶族、僮族占据的地方，不能用治理中原的礼制方法来进行统治，即使设有流官制度，尚且还没有效果，又何况在这里经常安排重要的大臣在这些地区驻扎呢？这哪里是他所能忍受的呢？并且，供应他们钱财食物的费用，迎来送往他们的辛劳，必然会造成地方上将来更为繁重的烦扰，这也是不可以不预先告知的。还是将这里官吏的口粮官俸，合该使用的花费以及来来往往使用的车马、人夫，等等全部应该使用的人员，都到南宁府的卫所取用、办纳，银两钱物在贮存的军饷费里面支取，这样就不会干扰思恩、田州的民众。等一年后，各个夷族人民的生活、生计渐渐恢复了，府衙、城墙、官舍等渐渐完全建立起来，那么就将林富酌情调迁到别的地方任用，思恩、田州只保留知府来治理，或者设立一名兵备官在宾州驻守，或者就让南宁兵备来兼管这里，不间断地来往这里进行安抚慰问。这样的话，此地既可以当前享受安抚、平定政策的好处，又可以在以后避免使百姓忍受困苦繁累的骚扰。我的见解平庸，所议定的事也就如此。心想朝廷可能有别的裁决，所以以上建议均乞求皇上英明地进行裁定、处置。

地方急缺官员疏

七年二月十八日

先据广西副总兵李璋呈前事，看得柳、庆地方，新任参将王继善近因病故，地方盗贼生发，不可一日缺官，乞暂委相应官一员前去代理等因到臣。该臣看得柳、庆地方，近因思、田用兵不息，瑶贼乘间出掠；参将王继善既已病故，而该道守巡兵备等官，又以思、田之役皆在军门督饷督哨，地方重寄，委无一官之托。为照参将沈希仪虽系专设田州驻扎官员，然田州之事，臣与各官见驻南宁，自可分理。本官旧在柳、庆，夷情土俗，备能谙悉，而谋勇才能，足当一面，求可委用，无逾本官者。该臣遵照钦奉敕谕便宜事理，就行暂委本官前去管理参将行事，听候奏请外。

译文

首先根据广西副总兵李璋呈报先前的事，得知“柳州、庆州地区，新近上任的参将王继善最近因病去世了，这里又时常有盗贼出没活动，所以不能有一天可以缺少官员，乞求暂时委派一名对应官职的官员前去代替管理”等汇报到我这里的情况。臣下观察柳州、庆州这个地方，最近由于思恩、田州不断地发兵征战，瑶贼又趁着这个间隙出来掳掠、抢劫；参将王继善已经病逝，但是该地区守巡道和兵备道的官员又由于思恩、田州的剿贼战役，全部都被调派到总督府督促军饷，监督哨守等，所以，地方上的重任，没有一个官员能够予以托付。参将沈希仪，虽然是专门设立在田州驻扎的官员，但田州的所有事务，我与各个官员现在驻扎在南宁，自然可以分工去照料、监管。沈希仪过去曾在柳州、庆州任职，对于夷族人、土人的风俗人情，都十分熟悉，并且智勇双全，精明能干，足以独当一面，要寻找可以委派去柳州、庆州的官员，再没有比这名官员更合适的了。臣下于是尊奉陛下的敕书口谕，根据当地情况便宜行事的方针，暂时委派他前往柳州、庆州行使参将职责，管理当地事务，奏明朝廷给予批准。

近该思恩、田州土目卢苏、王受等率众归降，该臣行委右布政林富，闲住副总兵张祐，分投督领各夷各归原土复业安生，今各夷见已卖刀买牛，争事农作，度其事势，将来或可以无反侧之患，则前项驻扎参将，似亦可以无设。但今议于田州修复流官府治以控制土官，则城郭廨宇之役，未免劳民动众。疮痍大病之后，各夷岂复堪此。臣等议调腹里安靖地方官军、打手之属约二千名，隐然有屯戍之形，而实以备修建之役，庶几工可速就，而又得免于起夫之扰。然非统驭得人，则于各夷或亦未免有所惊疑。除布政林富已另行议奏外，看得闲住总兵张祐才识通敏，计虑周悉，将略堪折冲之任，文事兼抚绥之长，今又见在思、田地方安插各夷，皆能得其欢心。乞敕兵部俯从臣议，将张祐复其旧职，暂委督令前项各兵，经理修建之役。仍令与布政林富更互往来于思、田之间，省谕安抚诸夷。其合用廪给夫马之类悉照议处林富事例于南宁府卫取办。俟一二年后，各夷生理尽复，府治城郭廨宇悉已完备，则将张祐量改他处任用，而田州止存知府理治，仍乞将沈希仪或就改驻柳、庆地方守备。惟复别有定夺，均乞圣明裁处。

译文

最近，思恩、田州的土目卢苏、王受等率领众人前来归顺投降，我已经委派右布政官林富、赋闲的副总兵张祐，分别监督、率领各个夷族的兵民重新回到他们过去的家园，恢复往日的营生，安定地生活。现在各个夷族的百姓都已经卖掉兵器，购买了耕牛，争先恐后地开展起了农业劳作。我估计事情的发展态势，将来这里或许就没有造反作乱的祸患了，那么前次拟定在这里驻扎的参将，似乎也能够不用再设立了。但是，现在商议想要在田州修整恢复流官府治的建制，以此来控制土官们，那么，建造城池、官舍等工程，难免就会动用众多民力。在经历了战火的洗礼之后，满目疮痍，各夷族民众哪里又能忍受得了这些呢。我等讨论决定调遣内地较为安宁地区的官兵、打手这类人约两千名，表面上是戍守地方的兵卒，而其实则是准备修建以上各个工程的差役。这些工程也许能够迅速竣工，而且又能够免除征调差役对民众的骚扰。但若是统管这一事务的人任用不当，那么对于各夷族民众，不可避免地就会有所惊扰，造成他们的怀疑。对于选择的官员，除了布政林富另外议定上奏外，我观察到赋闲在家的总兵张祐，才能见识通达敏捷，考虑事情周密详细，在用兵谋略上可以担当克敌制胜的重任，在文德教化事务上又有安抚、平定民众的长处，如今正在思恩、田州这些地方上开展安排夷族兵民定居的工作，所做的事情都能获得这些兵民的喜爱赏识。乞求朝廷敕令兵部能够采纳我的建议，让张裕恢复他过去的官职，暂时委派他督令前面提到的调集的内地官兵、打手，管理各项工程的修建。仍旧命他和布政林富在思恩、田州之间相互更替来往，宣传解释朝廷的谕旨，安慰、抚绥众夷族的民众。他该享受的官俸、车马、人夫等等，都要依照官员林富待遇的处理先例，也在南宁府取用、办纳。等一两年之后，各夷族的生活、生计都全部恢复，府衙、城墙、官舍等工程也全部都竣工了，就把张祐酌情调遣到其他地方任职，而田州就只保留知府这一建制，来治理地方。仍乞求朝廷把沈希仪或者就此改作柳州、庆州这个地方的守备官。考虑到朝廷还有别的裁定，所以，以上建议都乞求皇帝英明地进行裁决！

处置平复地方以图久安疏

七年四月初六日

臣闻傅说之告高宗曰："明王奉若天道，建邦设都，树后王君公，承以大夫师长，不惟逸豫，惟以乱民。"今天下郡县之设，乃有大小繁简之别，中土边方之殊，流官土袭之不同者，岂故为是多端哉？盖亦因其广谷大川，风土之异气，人生其间，刚柔缓急之异禀，服食器用，好恶习尚之异类，是以顺其情不违其俗，循其故不易其宜，要在使人各得其所，固亦惟以乱民而已矣。

译文

我听闻傅说告诉高宗说："圣明的君王奉行像上天一样宏伟的道义，建立国家，设立都城，树立起继承统治的新君王以及王公大臣，让大夫、师长来继承治国的方略，不去考虑如何安逸地生活、娱乐，而是考虑如何去治理人民。"如今天下推行郡县制，仍然有大与小、复杂与简单的区别，中原地区与边疆地区不同，流官与土官的编制也不一样，难道是故意要建立这么多体系吗？这大概也是因为我朝土地广大，遍布深谷大川，各地的风土人情大为不同，人们在那样的环境中生存，便有了刚强与柔弱、缓慢与焦躁的不同的禀性习惯，在服饰、食物、器皿、工具方面便会产生或喜好或厌恶的不同习惯追求。所以，要顺应他们的风土人情，不违背他们的习俗；要遵循他们过去的旧例，不轻易改变当地已经适应的措施；要让每个人都得到恰当的位置或安排，其根本目的也只是治理人民，使地方安定。

臣以迂庸，缪膺重命，勘处兵事于兹土，节该钦奉敕谕，谓"可抚则抚，当剿即剿"，是陛下之心。惟在于除患安民，未尝有所意必也。又节该钦奉敕谕，谓"贼平之后，公同议处，应设土官流官，何者经久利便"，是陛下之心，惟在于安民息乱，未尝有所意必也。始者思、田梗化，既举兵而加诛矣，因其悔罪来投，遂复宥而释之，固亦莫非仰体陛下不嗜杀人之心，惓惓忧悯赤子之无辜也。然而今之议者，或以为流官之设，中土之制也，已设流官而复去之，则嫌于失中土之制；土官之设，蛮夷之俗也，已去土官而复设之，则嫌于从蛮夷之俗。二者将不能逃于物议，其何以能建事而底绩乎！

译文

我凭借着自己的迂讷平庸，错误地领受朝廷给予的重要任命，在这块土地上勘查处理军政事务，接到兵部转达的皇帝敕谕，说“对于贼寇能够安抚的就进行安抚，应当剿杀的就进行剿杀”，这是陛下的心意，目的是在于消除祸患、安定人民，从来没有一定要进行征剿的想法。又接到皇上的敕谕：说“贼寇平定后，你要同各个官员们一起讨论议定，应该设立土官还是流官，哪一个会经历的时间更久长，实行起来更加便利。”这也是陛下的心思，目的在于使人民安定，平息叛乱，从来没说过一定如何去做的话。一开始，思恩、田州兵民作乱，朝廷发兵进行剿杀，因为这些兵民悔恨自己的罪过，前来投降，您又宽赦饶恕并释放了他们，所以我们没有不仰慕、体察陛下以好生的仁心忧虑、怜悯这些忠诚、无罪的百姓们。可是如今的议论中，有的认为设立流官，这原本就是中原的治理体制。已经设立了流官的建制，现在又要取消它，那么就会有丢弃中原治理制度的嫌疑；而士官的设置，原本就是各蛮夷的习俗，已经取消了土官而如今又要重新设立，则有依顺蛮夷习俗的嫌疑。大家对这两种观点都产生了非议，这还能怎能来建立事业并取得成就呢？

是皆不然。夫流官设而夷民服，何苦而不设流官乎？夫惟流官一设，而夷民因以骚乱，仁人君子亦安忍宁使斯民之骚乱，而必于流官之设者？土官去而夷民服，何苦而必土官乎？夫惟土官一去而夷民因以背叛，仁人君子亦安忍宁使斯民之背叛，而必于土官之去者？是皆虞目前之毁誉，避日后之形迹，苟为周身之虑，而不为国家思久长之图者也。其亦安能仰窥陛下如天之仁，固平平荡荡，无偏无党，惟以乱民为心乎！

译文

其实并不是这么一回事。如果设立了流官而当地百姓都心悦诚服，那么我们又有什么理由不设立流官呢？只有当设立流官以后，当地民众会因为这个而引起骚乱，怀有仁爱品德的君子怎么忍心宁肯让这里的老百姓们引起骚乱，也一定要设置流官制度呢？若是取消了土官，那么夷族的民众们都心悦诚服的话，我们又有什么理由一定要设立土官呢？只有当土官制度一旦取消后，夷族民众则会因为这件事发动叛乱，怀有仁爱之心的君子又怎么忍心宁可让这里的百姓们发动叛乱，也一定要取消土官制度呢？他们这是担忧毁坏了自己当前的名誉，躲避以后可能导致的祸患，暂且为了保全自己来考虑，而不是为了国家的长治久安来考虑的。有这种想法的人怎么能仰慕探视到皇帝如同上天一样宏大的仁心，平荡浩繁，没有偏倚，没有私心，只把安定人民当作中心的心思呢！

臣于思恩、田州平复之后，即已仰遵圣谕，公同总镇、镇巡、副参、三司等官太监张赐、御史石金等议应设流官、土官，何者经久利便，不得苟有嫌疑避忌，而心有不尽，谋有不忠。乃皆以为宜仍土官以顺其情，分土目以散其党，设流官以制其势。盖蛮夷之性，譬犹禽兽麋鹿，必欲制以中土之郡县，而绳之以流官之法，是群麋鹿于堂室之中，而欲其驯扰帖服，终必触樽俎，翻几席，狂跳而骇掷矣。故必放之闲旷之区，以顺适其狂野之性，今所以仍土官之旧者，是顺适其狂野之性也。然一惟土官之为，而不思有以散其党与，制其猖獗，是纵麋鹿于田野之中，而无有乎墙墉之限，豮牙童梏之道，终必长奔直窜而无以维絷之矣。今所以分立土目者，是墙墉之限，豮牙童梏之道也。然分立土目而终无连属纲维于其间，是畜麋鹿于苑囿，而无守视之人以时守其墙墉，禁其群触，终将逾垣远逝而不知，践禾稼，决藩篱，而莫之省者。今所以特设流官者，是守视苑囿之人也。

译文

我在思恩、田州平定之后，就已经依照皇帝的旨谕，和总镇、镇巡、副参以及布、都、按三司的各个官员如太监张赐、御史石金等一起讨论，应该设立流官还是土官，哪一个更能历经长久、实行方便。不敢随便因为猜疑、忌讳和避嫌等行为，就不竭尽心思，不忠诚谋划。我们都认为仍然应该沿袭土官，来顺应这里的风土人情，通过分设土目，使他们的党羽分散开来，通过设立流官，来抑制他们的势力。大概那蛮夷族人的性情，犹如禽兽、麋鹿一般，如果一定要与中原一样实行郡县体制，用流官的法令制度来约束他们，这就像是把一群麋鹿关在堂屋里一样，而如果想让他们驯顺、贴服，最终必会触翻器皿，撞翻桌椅几案，狂乱地跑跳并害怕地掷逃。所以，必须把他们放到空旷宽广的田野之中，来顺应他们奔放粗野的性情；如今之所以沿袭土官制度原因，就是为了顺应百姓们的洒脱自由的性情。可是，只想到设立土官这个办法，却没有考虑分散土夷人的党羽以及限制他们的猖獗行为，相当于是纵容麋鹿奔跑在田野里，却又没有设置围墙、篱笆作为限制，连像阉割过的猪的牙齿一般简单的桎梏，一点阻绊都没有，这样最终必然会让他们长距离地奔跑流窜，却没有能够用来约束他们的东西。现在之所以要分别设立土目，正是要让它起到围墙的限制作用，起到像被阉割过的猪的牙齿一样简单的桎梏的约束作用。可是，若只分别设立了土目，但没有上下级别的关系维系在里面，这就是把群鹿蓄养在圈地里面，却没有看视和守卫的人及时对围墙进行守护，防止群鹿乱撞，这样最终它们就会在主人不知情的情况下跳过墙垣，跑得远远的，践踏庄稼，冲决篱笆，但是都不知道去哪里找去。如今设立流官的目的，就是来增设防卫、看守围圈里的人。

议既佥同，臣犹以为土夷之心未必尽得，而穷山僻壤或有隐情也，则亦安能保其必行乎！则又备历田州、思恩之境，按行其村落，而经理其城堡，因而以其所以处之之道询诸其目长，率皆以为善。又以询诸其父老子弟，又皆以为善。又以询诸其顽钝无耻、厮役下贱之徒，则又亦皆以为善。然后信其可以久行，而庶或幸免于他日之戮也矣，夫然后敢具本以请。亦恃圣明在上，洞见万里，而无微不烛，故臣得以信其愚忠，不复有所顾忌。然犹反覆其辞，而更互其说者，非敢有虞于陛下不能亮臣之愚，良以今之士人，率多执己见而倡臆说，亦足以摇众心而偾成事，故臣不避烦舌之謄者，亦欲因是以晓之也。烦渎圣听，臣不胜战栗惶惧之至！缘系处置平复地方以图久安长治事理，未敢擅便，为此开坐具本请旨。

译文

大家议论的意见基本一致，我还认为土人、夷族人的忠心未必能够全部获取，何况在这穷乡僻壤之中，或许还有其他的隐瞒的情况，这个设想怎么能够保证一定会顺利实行呢？于是，我又走遍田州、思恩的土地，巡视这里的村落，治理这里的城池，并据此按照他们用以处置事务的道理，询问这样的管理方法如何，他们都认为很好。又向这里的父老乡亲们询问这样治理的方式如何，他们也都认为很好。又向这里的顽固、迟钝以及卑贱的小厮杂役询问这样的治理方式效果怎样，他们也都认为很好。然后，我才相信这个措施能够长久地实行下去，并也许能够避免将来会遭受到的杀身之祸。这样以后，我才敢写本章来请示，也是依仗着圣上，能够洞察万里，而没有一块地方是不知道的，所以我能够表达我的忠诚之心，没有什么可以顾忌的了。然而还是翻来覆去地说明这件事的道理，并相互佐证地来说明这种想法，其目的是不敢欺瞒皇帝，从而使皇帝能够洞察我的愚蠢；因如今的士大夫们，大都是各持己见并倡导臆想的不现实的说法，他们这些议论也足够动摇大家的思想并且使事情败坏，所以，我不回避别人如波涛般汹涌的非议，就是想凭此来使朝廷知晓。这已经烦扰、亵渎了皇上的政务，我真的是战栗惶恐到了极点！这原本是为了处理刚刚收复平定的地方上的事情以及为谋图地方上的长治久安事宜，不敢擅自做主，因此开列计划，写本上奏给陛下，并请求陛下的旨意！

计开：

一、特设流官知府以制土官之势。臣等议得：思、田初服，朝廷威德方新，今虽仍设土官，数年之间，决知可无反侧之虑。但十余年后，其众日聚，其力日强，则其志日广，亦将渐有纵肆并兼之患。故必特设流官知府，以节制之。其御之之道，则虽不治以中土之经界，而纳其岁办租税之入，使之知有所归效；虽不莅以中土之等威，而操其袭授调发之权，使之知有所统摄；虽不绳以中土之礼教，而制其朝会贡献之期，使之知有所尊奉；虽不严以中土之法禁，而申其冤抑不平之鸣，使之知有所赴诉。因其岁时伏腊之请，庆贺参谒之来，而宣其间隔之情，通其上下之义。矜其不能，教其不逮，寓警戒于温恤之中，消倔强于涵濡之内，使之日驯月习，忽不自知其为善良之归。盖含洪坦易以顺其俗，而委曲调停以制其乱，此今日知府之设，所以异于昔日之流官，而为久安长治之策也。

译文

计划开列如下：

一、特别设立流官知府，用来抑制土官们的势力。我等一干人商议决定，思恩、田州才刚归顺朝廷，陛下的威势和德政也刚刚建立起来，如今虽然沿袭旧制设立了土官，在这近几年，可以断言不用担心他们发动叛乱。但是十几年后，他们的人口渐渐聚集增多，势力也渐渐地增强，那么他们的志向也会渐渐地高远，便将会渐渐地有了放纵、狂妄甚至是兼并侵略的忧患。所以，必须特别设立流官知府，来管辖统治他们。对他们进行管辖、统治的方针政策，虽然不能采取像划分土地、疆域界限的方式来治理中原的制度，但必须每年要征纳他们的租税，从而提醒他们自己还有要臣服效忠的朝廷；虽然不必再设立中原实行的等级森严的威权，但必须要操纵他们袭官、授官、调拨士兵的权力，从而让他们知道自身还有威慑和辖制他们的上级；虽然不必用中原实行的礼教来约束他们，但必须要限制他们上朝进献贡品的期限，从而让他们知道还有需要尊敬、奉承的君主；虽然不必采用中原实行的法令来严禁他们的行为，但必定要给他们伸张冤情、表达愤懑不满的机会，从而让他们知道有地方去诉告他们的冤屈和愤怒。利用他们每年夏冬两次的请命，在进行庆贺、参拜上司的时候，要宣传山高水远，久久挂念的感情，通晓上尊下卑的大义；同情他们不能的事情，指教他们的不足之处，将警戒融化在温情的抚恤之中，从而让他们的倔强之气消化在涵养、温濡里，让他们经过长时间的驯服、熏染，逐渐地蜕变为心地善良的人。所以，饱含洪大平坦的度量来顺应他们的风俗，并通过委屈调停来制止他们作乱，这就是如今的知府和过去的流官设置不同的地方，也是为了达到长治久安的策略。

臣等看得田州故地宽衍平旷，堪以建设流官衙门。但其冲射凶恶，居民弗宁。今拟因其城垣，略加改创修理，备立应设衙门。地僻事简，官不必备。环府之田二甲，皆以属之府官。府官既无民事案牍之扰，终岁可以专力于农，为之辟其荒芜，备其旱潦，通其沟洫。丁力不足，则听其募人耕种，官给牛具种子。岁收其入三分之一以廪官吏，而其余以食佃人。城之内外，渐置佃人庐舍，而岁益增募招徕以充实之。田州旧有商课，仍许设于河下薄取其税，以资祭祀宾旅柴薪马夫之给。凡流官之所须者，一不以及于土夷。如此，则虽草创之地，而三四年后，亦可以渐为富庶之乡。若其经营之始，则且须仰给于南宁府库。逮其城郭府治完备，事体大定，然后总会其土夷之所输，公田之所入，商税之所积，每岁若干，而官吏之所需者每岁若干，斟酌通融，立为经久之计。又必上司之制用者务从宽假，无太苛削，官吏其土者得以优裕展布，无局促牵制之繁，此又体悉远臣绥柔荒服之道也。至于思恩旧已设有流官，但因开图立里，绳以郡县之法，是以其民遂乱。今宜照旧仍设流官知府，听其土目各以土俗自治，而其连属制御之道，悉如臣等前之所议，庶可经久无患。均乞圣明裁处！

译文

我等官员们都看到，田州的旧地，宽阔平坦空旷，可以在这里建设流官的衙门，但这里的风水凶恶，山峦冲射，百姓们不能安宁。如今打算沿着他的城墙，稍微进行改建修复，准备在这里设立流官府衙门，这里地势偏僻，事情较少，官员不必足额，那围绕在官府周边的二甲田地，都是属于府里的官员的。这里的官员既然没有民事纠纷、公事文书的烦扰，终年就能够专心在农业生产上，为田州开辟荒芜的土地，给百姓准备好大旱、大涝之年所需要的粮食，把这里的沟渠修筑贯通。若是人力不够，就听任他们招募人丁来耕种，官府每年都会发给他们耕牛、农具、种子。每年把他们收获的三分之一来充实官员们的粮仓，其余的就分食给佃户，在城池的内外，渐渐地建筑佃农居住的茅屋、房舍，并每年都增加招募佃农的人数，以用来充实这里的人口。田州过去有对商人征收的课税，如今仍然允许他们在河的下游稍稍征收他们的税金，用来资助在举行祭祀、接待游客时所需的柴米、薪金、车马、人夫的费用供给。但凡是流官所需要的，都不得向当地的少数民族伸手征要。如果这样，虽然这里是才刚创建的地方，但过了三四年后，也可以渐渐地成为富庶的地方。但在管理经营的初期，就需要仰赖南宁府仓库的供给，等到这里的城池、官舍全部都建设完毕了，事务体制也都完全确定下来了，然后再把那当地的少数民族所缴纳的赋税、公有田地所获得的收入、商人交纳的税金汇总到一块，这样每年就会有不少的钱粮了。而每年官员们所需要的钱粮是一定的若干数，通过仔细思考，加以通融核算，所剩余的钱粮，便可以作为将来长久地治理这里的筹划物资。又要求掌管钱财花销的上级官员千万要从宽借贷，不能够太苛刻、酷削；这样待在这里的官员才能够生活富裕，并施展他们的才能，没有拘禁、牵制他们的生计烦恼，这也是体恤那些在荒凉归服的地方辛苦地进行抚绥的臣子的为政之道了。至于说思恩过去已经有流官建制，但是由于设立图镇乡里，用郡县的法制体系来约束他们，所以那里的民众才最终发生了叛乱。如今应该根据过去体制仍然设立流官知府，听任这里的土目人各自依据土人的风俗来进行自我治理，而那相互联系，上下归属的治理防御的方针策略，就像是我等一干人在前面所建议的那样，或许能够做到长治久安，再也不会有发生叛乱的忧患了。这些都乞求皇帝英明地进行裁决处置！

一、仍立二官知州以顺土夷之情。臣等议得：岑氏世有田州，其系恋之私恩，久结于人心。今岑猛虽诛，各夷无贤愚老少，莫不悲怆怀思，愿得复立其后。故苏、受之变，翕然蜂起，不约而同。自官府论之，则皆以为苗顽逆命之徒；在各夷言之，则皆自以为婴、臼存孤之义。故自兵兴以来，远近军民往往亦有哀怜其志，而反不直官府之为者。况各夷告称其先世岑伯颜者，尝钦奉太祖高皇帝敕旨："岑黄二姓五百年忠孝之家，礼部好生看他，着江夏侯护送岑伯颜为田州府土官知府职事，传授子孙，代代相继承袭，钦此。"钦遵，其后如岑永通、岑祥、岑绍、岑鉴、岑镛、岑溥，皆尝著征讨之绩，有保障之功。猛之暴虐骚纵，罪虽可戮，而往岁姚源之役，近年刘召之剿，亦皆间关奔走，勤劳在人。各夷告称官兵未进之先，猛尚遣人奉表朝贺贡献，又遣人赍本赴京控诉；官兵将进之时，猛遂率众远遁，未尝敢有抗拒。以此言之，其无反叛之谋，踪迹颇明。今欲仍设土官以顺各夷之情，而若非岑氏之后，彼亦终有未服。故今日土官之立，必须岑氏子孙而后可。

译文

一、仍然设立土官知州，来顺应当地少数民族的风土人情。我等一干人商议决定，岑氏几代都占据田州，他们那维系、令人思慕的私人恩情，长时间以来都能够得到民众的拥护，赢得民心。如今岑猛虽然已经被诛杀了，但是各个夷族不管是贤良还是愚蠢的男女老少，没有不悲戚怀念的，希望能够重新承立他的后代。过去卢苏、王受叛变，突然间蜂拥而起，没有约定而同时做出。从官府方面议论这件事情，就都认为他们是苗人里顽固不化的亡命之徒；从各个夷族的角度来论说这件事情，就都认为这是像程婴、公孙杵臼那样存留赵氏孤儿般的大义；所以自从发兵以来，远处和近处而来军民，时常也有哀怜他们的志气的，反而不赞赏官府的作为的人。况且各个夷族口口声声叫嚷他们的先代人岑伯彦曾经奉照太祖高皇帝的谕旨，说："岑、黄两姓，全部都是具有五百年历史的大忠大孝的大家族，礼部要仔细地看护他，让江夏侯护送岑伯彦去任田州府土官知府的职务，并把这个官职向下传递给他的子孙们，让他们世代相互继承沿袭下去，钦此！"多年来都已经遵守这些旨意办了。他的后代，如岑永通、岑详、岑绍、岑鉴、岑镛、岑溥，都曾经建立过征讨逆贼的战功，有着保障边疆的功劳。岑猛残暴猖狂，所犯的过错可以判死罪了，但是在往年的姚源战斗中，近几年刘召的进剿中，他也都能够赴关奔波，为国事竭力效劳。各个夷族还说，在官兵还未对他们进行剿伐之前，岑猛还派人奉年表到朝廷纳贡祝贺，又派人带着奏本前往京城控诉；在官兵将要发兵之时，岑猛才率领众人逃到了很远的地方，从没有敢对官兵有所抗拒。从这些事情上来看，他原本并没有叛乱的图谋，前前后后的各个迹象也都已经表明了这一点，如今想要再设立土官来顺应各少数民族的风土人情，但若不是岑氏的后代，他们最终也不会心悦诚服，所以，现在要设立土官，必定要是岑氏的后代子孙担任才可以。

臣等看得田州府城之外，西北一隅，地形平坦，堪以居民。议以其地降为田州，而于旧属四十八甲之内，割其八甲以属之，听以其土俗自治。立岑猛之子一人，始授以署州事吏目；三年之后，地方宁靖，效有勤劳，则授以判官；六年之后，地方宁靖，效有勤劳，则授以为同知；九年之后，地方宁靖，效有勤劳，则授以为知州，使承岑氏之祀，而隶之流官知府。其制御之道，则悉如臣等前之所议。如此，则朝廷于讨猛之罪，记猛之劳，追录其先世之忠，俯顺其下民之望者，兼得之矣。昔文武之政，罪人不孥，兴灭继绝，而天下之民归心。远近蛮夷见朝廷之所以处岑氏者若此，莫不曰猛肆其恶而举兵加诛，法之正也；明其非叛而不及其孥，仁之至也；录其先忠而不绝其祀，德之厚也；不利其土而复与其民，义之尽也；矜其冥顽而曲加生全，恩之极也。即此一举，而四方之土官莫不畏威怀德，心悦诚服，信义昭布，而蛮夷自此大定矣。此今日知州之设，所以异于昔日之土官，而为久安长治之策也。

译文

我们察看到田州府的城门外，在西北的一块地方，地势平坦，能够用来让民众居住。建议把那块地方建立为田州，而把过去所管辖的四十八甲的土地，割出其中的八甲，来让田州管辖，顺应他们的风土人情来自我治理，拥立岑猛的一个儿子，开始时授予他暂时代理州务的小吏职位；等到三年过后，地方上就已经安定了，若是他勤劳地效力，那就授予他判官的官职；等到六年过后，地方上若是安宁平定，他勤劳地奔波，如果有了成效，那就授予他同知的官职；等到九年过后，若是地方上宁定、平安，他贡献了自己的力量，就授予他知州的官职，让他承担岑氏一族的祭祀，并且让他隶属于流官知府。对他进行治理管理的方针政策，就全都像我前面所建议的那样实行。这样的话，朝廷对于惩讨岑猛的罪责，记录岑猛的功劳，追念记录的他们先祖的忠诚，俯身顺应下面民众的愿望，这几项就都能够办到了。过去文王和武王当政时，个人犯法并不会加罪于他的妻子和儿女，使快要灭绝的家族重新振兴起来并延续下去，这样天下的老百姓们也都能够心悦诚服，归顺朝廷。无论远近的蛮夷各族，看到陛下在这样处理岑氏一族的事情，没有不说岑猛因为放纵自己的凶恶，为害一方，因此朝廷才发兵围剿，这是彰显了法律的公正呀；等知道了岑猛并没有背叛朝廷的意图，就不加罪于他的儿子们了，这是朝廷的仁慈达到了极点；记录着岑氏先祖对朝廷的忠诚，并不断绝他家的祭祀香火，这是彰显美德的厚重呀；不利用占据这里的土地，而是重新还给老百姓们，这是播尽了道义呀；怜悯他们的顽固不化，而勉强加赐给他们保全自己性命的恩义，这是彰显恩情达到了极点。就这样一个举动，就让四面八方的土官们没有不畏惧朝廷的威势，感怀朝廷的美德的，从而衷心赞赏，诚心归降，这让朝廷的信义得到广泛的播布，而蛮夷各族的生活从此可以大为安定了。这就是如今知州的设立与过去的土官制度有所不同并成为这个地方长治久安策略的原因。

臣等又看得岑猛之子，存者二人，其长者为岑邦佐，其幼者为岑邦相。邦佐自幼出继武靖州为知州；前者徒以诛猛之故，有司奏请安置于漳州，然彼实无可革之罪。今日田州之立，无有宜于邦佐者。但武靖当瑶贼之冲，而邦佐素得其民心，其才足能制御；迩者武靖之民，以盗贼焻炽，州民无主之故，往往来告，愿得复还邦佐为知州，以保障地方。臣等方欲为之上请，如欲更一人，诸夷未必肯服，莫若仍以邦佐归之武靖，而立邦相于田州用，其强立有能者于折冲捍御之所，而存其幼弱未立者于安守宗祀之区，庶为两得其宜。至于思恩，则岑浚之后已绝，自不必复有土官之设矣。均乞圣明裁处。

译文

我等一干臣子又看到，岑猛如今有两个儿子活在世上，长子为岑邦佐，次子叫岑邦相。岑邦佐自幼就承继了武靖州的官职，出任知州，先前的时候只是出于朝廷诛讨岑猛的缘故，有关部门才上奏朝廷请求将他调到漳州做官，但是他其实并没有什么可被革除的罪名，如今设立田州，没有比岑邦佐更合适做知州的了。但是武靖州是抵挡瑶贼的冲要，并且邦佐向来深受当地民众的拥护，他的才能也足够用来治理、防御那里；近来武靖州的老百姓，由于盗贼猖獗，州上的老百姓又没有能够依靠的主人，时常来到这里请求，希望能够重新把邦佐调回武靖来做知州，从而来保护这个地方。我等官员们正想要为这件事上奏报告给朝廷，如果要更换一人做知州的话，各夷族的人未必会心悦诚服，不如仍然把岑邦佐调回武靖做知州，而把岑邦相委立为田州的知州。安排强大的已建立功业的有才能的人捍卫、防御战略要地，而存续那弱小、还未有成就的人安心地守护着宗族祭祀的祖地，这样简直是两全其美。至于思恩，因为岑浚的后代已经断绝了，自然就没有必要再设立土官了。这些都乞求皇帝英明地进行裁断、处置！

一、分设土官巡检以散各夷之党。臣等议得：土官知州既立，若仍以各土目之兵尽属于知州，则其势并力众，骄恣易生，数年之后，必有报仇复怨，吞弱暴寡之事，则土官之患，犹如故也。且土目既属于土官，而操其生杀予夺之权，则彼但惟土官之是从，宁复知有流官知府者！则流官知府，虽欲行其控御节制之道，施其绥怀抚恤之仁，亦无因而与各土目者相接矣。故臣等议以旧属八甲割以立州之外，其余四十甲者，每三甲或二甲立以为一巡检司，而属之流官知府；每司立土巡检一员，以土目之素为众所信服者为之，而听其各以土俗自治。其始授以署巡检司事土目，三年之后，而地方宁靖，效有勤劳，则授以冠带；六年之后，而地方宁靖，效有勤劳，则授以为土巡检。其粮税之入，则径纳于流官知府，而不必转输于州之土官，以省其费；其军马之出，亦径调于流官知府，而不必转发于州之土官，以重其劳。其官职土地，各得以传诸子孙，则人人知自爱惜，而不敢轻犯法；其袭授予夺，皆必经由于知府，则人人知所依附，而不敢辄携二。势分难合，息朋奸济虐之谋；地小易制，绝恃众跋扈之患。如此，则土官既无羽翼爪牙之助，而不敢纵肆于为恶；土目各有土地人民之保，而不敢党比以为乱。此今日巡检之设，所以异于昔日之土目，而为久安长治之策也。

译文

一、分别设立土官巡检，来分散各夷族人党羽的势力。我等一干臣子商议决定，土官知州既然已经成立起来了，若是仍旧让各个土目的军兵归知州统领的话，那么土官的势力合并，力量众多，骄傲、恣肆的情绪很容易产生，几年之后，必然会发生怨愤复仇，以及吞并弱小、暴虐孤寡的事情，那么，土官的祸患就又和过去一样了。并且，土目既然听命于土官，土官就把持着对他们的生杀予夺的大权，那么他们就都只能服从于土官，哪里还知道土官流官的存在啊！这时候流官知府尽管想行使他们管控驾驭管理地方的方法权利，施展他们对地方关怀、抚绥、怜悯的仁心，也没有与各土目相联系的时机了。所以，我等一干臣子商议决定，把过去属于田州的八甲分割出去独立于田州，另外的四十甲，就在每三甲或二甲之内，设立一个巡检司，并归属于流官知府；每一个巡检司则设立一名土巡检，让那些平常为众人所信赖、佩服的人任此官，并且听任他们按照当地的风俗来自我治理。起初的时候，可先授予他暂时代理巡检司事务的土目官职，三年以后，地方上若是安宁、平定，他勤劳地效力了，就授予他冠带；六年过后，地方上安定，他勤劳地自我贡献力量了，就授予他土巡检的职务。田州的粮税收入，就直接交纳给流官知府，而不必要让州上的土官来转运，以便节省下这笔费用；同时政务所需的军兵以及车马的来源，也直接从流官知府那里来调拨，不需要再从州上土官那里转发，从而会加重土官的劳碌。土官的官职、土地，都能够传继给他的子孙们，如此每个人就都知道爱惜荣誉、土地，并且不敢轻易地违犯法令。他们所承袭加授官职的给予和剥夺权，都一定要经过知府的审查，这样每个人都知道有所依附，而不敢心生二心。如此，他们的势力就被分散开来了，难以聚合，也就停息了聚众、奸诈、助虐的图谋；土地范围缩小，比较容易治理，这也就阻绝了那些人自恃势众、专横跋扈的祸患。如此一来，土官们既没有了党羽、爪牙的协助，就不敢再放纵、恣肆地作恶了；土目们也都有各自的土地、民众来作为保障，却不敢相互有党派的争斗，来作乱地方了。这就是如今巡检司的设立，和过去的土目不同，并能够成为今后地方上长治久安的策略的原因了。

至于思恩事体，悉与田州无异，亦宜割其目甲，分立以为土巡检司，听其以土俗自治，而属之流官知府；其办纳兵粮与连属制御之道，一如田州。则流官之设，既不失朝廷之旧，巡司之立，又足以散土夷之党，而土俗之治，复可以顺远人之情，一举而两得矣。均乞圣明裁处。

译文

至于思恩的事务体制，也都和田州没有什么区别，也适合分割出目甲，分别设立土人巡检司，听任他们用土人的风俗来自我治理，并归属于流官知府；他们应办纳的兵役、粮税以及用联络属管的方式来治理、防御地方的为政之道，也都如田州一样。那么，流官的设立既不会改变朝廷过去的惯例，而巡检司的设立，又足够能来分散土夷人中的奸党，并且用土人的风俗治理地方，又能够顺应他们的风土人情，真的是一举两得了。这些都乞求皇上英明地加以裁断、处置。

一、田州既改流官亦，宜更其府名。初，岑猛之将变，忽有石自田州江心浮出，倾卧岸侧。其时民间有“田石倾，田州兵。田石平，田州宁”之谣。猛甚恶之，禁人勿言，密起百余人夜平其石。旦即复倾。如是者屡屡，已而果有兵变。今年二月，卢苏等既有投顺，归视其石，则已平矣。皆共喜异，传以为祥。臣至田州，亲视其石，闻土人之言如此。民间多取“田宁”二字私拟其名。臣等欲乞朝廷遂以此意命之。虽非大义所关，亦足以新耳目而定人心之一端也。

译文

一、田州既然已经改设流官建制，也应该更改它的府名。当初，岑猛想要发动叛乱的时候，突然有大石块从田州的江中心飘浮起来，斜卧在江岸的一侧，当时民间就流传着“田州的江石倾立在岸边，田州就会爆发兵变征战；若是江石平躺了，那么田州就会安定”的谣言。岑猛很厌恶这个说法，严禁人们传播，并秘密地派一百多人，在夜里把这块巨石放平了，第二天就又重新倾立了起来。这样屡次放倒，屡次又倾立起来，没过不久果然爆发了叛乱！今年二月，卢苏等人已经投降、顺服了，回头再来看那块巨石，已经平躺着了，大家都纷纷惊异、欢喜，传言都说是吉祥之兆。我到田州，亲自去看了那块巨石，听土人这样的说法。民间的百姓们私下里多取用“田宁”二字来给这块巨石命名。我想乞求朝廷就按照这个意思去命名它，虽然并没有关涉到什么大的道义，但也能够让人耳目一新，并且达到安定人心的目的。

其该府所设官员，臣等拟于知府之外，佐二则同知或通判一员，首领则经历、知事各一员，吏胥略具而已。今见在者，已有通判张华、知事林光甫、照磨李世亨，其知府亦已选有一员陈能，然至今尚未到任。臣尝访询其故，咸谓陈能原奉朝旨，升广西布政司右参政，管田州府事，又赐之敕旨，以重其权。吏部奏有钦依令其先赴该司到任，然后往莅田州。该司左布政严紘谓其既掌府事即系属官，不得于该司到任。陈能遂竟还原籍，至今亦不复来。参照严紘妄自尊大，但知立上司之体势，而辄敢慢视敕旨，蔑废部移，固已深为可罪。陈能则褊狭使气，徒欲申一己之小愤，而遂尔委朝命于草莱，弃职任如敝屣。使为人臣者而皆若是，则地方之责焉所寄托，而朝廷威令何以复行乎！臣等所访如此，但未委虚的。乞将二人通行提究，重加惩戒，以警将来。臣观陈能气性悻悻若此，亦非可使以绥柔新附之民者。看得广东化州知州林宽，旧任南康通判，剪缉安义诸贼，甚得调理。且其才识通敏，干办勤励，臣时巡抚江西，深知其有可用；近因田州改建府治，修复城垣，地方无官可任，已经行文委令经理其事。即若升以该府同知，而使之久于其职，其所建立，必有可观。迨其累有成绩，遂擢以为知府，使终身其地，彼亦欣然过望，必且乐为不倦，为益地方，决知不少矣。

译文

田州府所设置的官员，我们除了拟定了知府的人选外，可以选两名同知或者一名通判加以辅佐，头目设经历、知事各一名，吏胥大体上具备就足够了。如今还在任的官吏，已经有通判张华、知事林光甫、照磨李世亨，这里的知府也已经选派了一名叫陈能的官员来担任，但是到现在还没到任。我曾经询访过他不来任职的原因，大家都说陈能原本遵奉朝廷的圣旨，升任为广西布政司右参政，管理田州府的事务，又赐给他圣旨，来加重他的权势，吏部根据朝廷旨意，命令他先到布政司上任，然后再去田州任知府。布政司的左参政严纮则认为，他既然已经掌管了知府事务，就是布政司管辖的官员，所以他不能到布政司来上任。陈能听说这件事后一气之下便返回了故乡，到现在也没有回来。左参政严纮狂妄自大，只知道树立上级官府的体统、权势，竟敢傲慢、轻视皇帝的圣旨，蔑视、荒废法规，擅自更改任命，原本已经该深深地问罪了。而陈能却心胸狭隘，恣逞意气，只想为了表达自己的一点小小的愤怒，就胆敢把朝廷的委任命令当作草芥一般，抛弃官职就像是扔掉破鞋一样，若是做臣子的都像他这样的话，那么地方上的责任还能够向谁托付呢，并且朝廷威严的命令，又怎么能够实行呢！我们所察访的情况就是这样，只要是没有什么虚假的情况，就乞求朝廷将这两个人都进行提讯查究，重重地惩罚、警戒他们，从而警戒未来再发生这样的事情。我看陈能这个人性情如此易恼怒，并不是能够让他抚绥、慰问那些新近归附百姓的人。我观察到广东化州知州的林宽，过去担任过南康的通判，曾经追捕、缉拿过安义这地方的很多贼寇，他把这些地方整治管理得很是不错；并且他的才能、学识通达，敏捷，办事干练、勤勉，我当时任江西巡抚时，深切地觉得他是足能够堪大用的人才；最近由于田州改建官府治所，修缮城墙，但却没有官员能够任用，就已经下文令他来经营管理这些事务。若是把他升任该府的同知，并让他长久地担任这个官职，那么他必定能够建立起可观的功绩。等到他的积累了一定的成就，就可以把他擢升为知府，让他终身在这个地方任职，他必定会大喜过望，欣然接受，并且一定会愉快地不知疲倦地去做事，对地方上所带来的福祉，我断定绝对不会少。

大抵田州之乱起于搜剔太甚，今其归附，皆出诚心，原非以兵力强取而得者。故不必过为振厉驾抑，急其机防，反足生变；但与之休养生息，略施控御其间可矣。夫走狗逐兔，而捕鼠以狸，人之才器，各有所宜也。伏乞圣明采择。

译文

大概田州的叛乱起因于官府对他们搜刮得太厉害。如今他们来降服归顺，都是出于真心实意，这原本并不是用发兵来强制夺取所能获得的。所以我们没有必要过于对他们震慑、压制，急迫地对这里进行防守设施的建设，这样反而会生发出叛乱来。只要给予他们休养生息、安居乐业的权利，对他们略微施加控制、防御就足够了。这就是像用猎狗捕抓兔子，用猫来捕捉老鼠一样，人的才能、器用，都有他们各自适合发挥的岗位。乞求皇上英明地进行抉择采纳！

一、思恩府设立流官，亦宜如田州之数。其知府一员吴期英见在，但已屡有奔逃之辱，难以复临其下。然未有可去之罪，且宜改用于他所，姑使之自效可矣。看得柳州府同知桂鏊，督饷宾州，思恩之人闻其行事，颇知信向。近以修复思恩府治。委之经理，其所谋猷，虽未见有大过于人，然皆平实详审，不为浮饰，似于思恩之人为宜。苟未能灼知超然卓异之才，举而用之，以一新政化，则得如鏊者器而使之，姑且修弊补罅，休劳息困，以与久疲之民相安于无事，当亦能有所济也。乞敕吏部再加裁酌而改用之。

译文

一、思恩府设立流官，人数也应该和田州相同。思恩府的知府吴期英还在任，可是他已经有多次逃跑的耻辱，很难再重新让他在府下任职，不过他又没有什么足以革职的罪名，暂且适合把他改派到其他的地方任职，让他贡献力量就可以了。我观察到柳州府的同知桂鏊，他在宾州督办军饷时，思恩的百姓们听闻他的办事分格，很知道他值得信任归向。近来将修理恢复思恩府衙的事宜，委任他来管理。他所做的谋略，尽管暂且还没有见识到过于常人，但是都质朴周详审慎，不奢侈浮夸，似乎适合思恩的老百姓。苟且没有能够察知超凡突出的人才，推举并任用他，使得政治和教化气象更新。那么得到桂鏊这样的人才，就如同得到鏊子一样，器重并使用他，姑且让他改革弊政，补填漏洞，休息疲劳困顿，让他同那些长久以来疲乏的百姓们和睦相处，应当也会对政务有所帮助。乞求皇上敕令吏部，对这件事进行斟酌裁决，并改换官员，擢用他。

一、田州各甲，今拟分设为九土巡检司；其思恩各城头，今拟分设为九土巡检司；各立土目之素为众所信服者管之。其连属之制，升授之差，俱已备有前议。但各甲、城头既已分析，若无人管理，复恐或生弊端。臣等遵照敕谕便宜事理，已先行牌仰各头目暂且各照分掌管，办纳兵粮，候奏请命下，然后钦遵施行。

译文

一、对田州的各个甲户，如今打算分别设立为九个土巡检司；另外思恩的各甲的城头，如今也打算分别设立九个土巡检司。各司分别任命那些平时都为大家所信赖、悦服的土目们来进行管理。那连环属管的制度、升授官职的等级制度都已经在前面议定好了。但是各甲、城头，既然已经分散、离析开来了，若是没有人来进行管理，又担心会有弊病生发，我们依照皇帝的敕谕，按照实情方便行事的原则，已经先发下了令牌，任命各个头目暂时各自按照过去的原则分别主持管理，督办兵役、缴纳粮税，等事务，等把这些情况都奏明朝廷，接到皇帝的旨意，然后再按照朝廷的旨意去施行。

一、田州凌时甲、完冠碧陶甲、腮水源坤官位甲、旧朔勒甲，兼州子半甲共四甲半，拟立为凌时土巡检司，拟以土目龙寄管之。缘龙寄先来投顺，故分甲比众独多。

译文

一、田州的凌时甲、完寇碧陶甲、腮水源坤官位甲、旧朔勒甲以及州里的半个甲，共四个半甲，拟定设立为凌时土巡检司，并打算任命土目龙寄来掌管。因为龙寄是最先来归降的，所以就比别人多分派几个甲。

一、田州砦马甲、略罗、博温甲，共三甲，拟立为砦马土巡检司，拟以土目卢苏管之。

译文

一、田州的砦马甲、略罗、博温甲，一共三个甲，拟定设立为砦马土巡检司，并拟定让土目卢苏掌管。

一、田州大田子甲、那带甲、锦养甲，共三甲，拟立为大田土巡检司，拟以土目黄富管之。

译文

一、田州的大田子甲、那带甲、锦养甲，一共三个甲，拟定设立为大田土巡检司，并拟定让土目黄富来掌管它。

一、田州万洞甲、周甲，共二甲，拟立为万洞土巡检司，拟以土目陆豹管之。

译文

一、田州的万洞甲、周甲，共两甲，拟定设立为万洞土巡检司，并拟定让土目陆豹来掌管。

一、田州阳院右邓甲、控讲水册槐并畔甲，共二甲，拟立为阳院土巡检司，拟以土目林盛管之。

译文

一、田州的阳院右邓甲，控讲水册槐并畔甲，共两甲，拟定设立为阳院土巡检司，并拟定让土目林盛来掌管。

一、田州思郎那召甲、舍甲，共二甲，拟立为思郎土巡检司，拟以土目胡喜管之。

译文

一、田州的思郎那召甲、舍甲，共两甲，拟定设立为思郎土巡检司，并拟定让土目胡喜来掌管。

一、田州累彩甲、子轩忧甲、笃忻下甲，共三甲，拟立为累彩土巡检司，拟以土目卢凤管之。

译文

一、田州的累彩甲、子轩忧甲、笃忻下甲，共三甲，拟定设立为累彩土巡检司，并拟定让土目卢凤来掌管。

一、田州怕何甲、速甲，共二甲，拟为怕何土巡检司，拟以土目罗玉管之。

译文

一、田州的怕何甲、速甲，共两甲，拟定设立为怕何土巡检司，并拟定让土目罗玉来管理。

一、田州武龙甲、里定甲，共二甲，拟立为武龙巡检司，拟以土目黄笋管之。

译文

一、田州的武龙甲、里定甲共两甲，拟定设立武龙巡检司，并拟定让土目黄笋来掌管。

一、田州栱甲、白石甲，共二甲，拟立为栱甲土巡检司，拟以土目邢相管之。

译文

一、田州的栱甲、白石甲，共两甲，拟定设立为栱甲土巡检司，并拟定让土目邢相来掌管。

一、田州床甲、砦例甲，共二甲，拟立为床甲土巡检司，拟以土目卢保管之。

译文

一、田州的床甲、砦例甲，共两甲，拟定设立为床甲土巡检司，并拟定让土目卢保来掌管。

一、田州婪凤甲、工尧降甲，共二甲，拟立为婪凤土巡检司，拟以土目黄陈管之。

译文

一、田州的婪凤甲、工尧降甲，共两甲，拟定设立为婪凤土巡检司，并拟定让土目黄陈来掌管。

一、田州下隆甲、周甲，共二甲，拟立为下隆土巡检司，拟以土目黄对管之。

译文

一、田州的下隆甲、周甲，共两甲，拟定设立为下隆土巡检司，并拟定让土目黄对来掌管。

一、田州县甲、环甫蛙可甲，共二甲，拟立为县甲土巡检司，拟以土目罗宽管之。

译文

一、田州的县甲、环甫蛙可甲，共两甲，拟定打算设立为县甲土巡检司，并拟定让土目罗宽来掌管。

一、田州篆甲、炼甲，共二甲，拟立为篆甲土巡检司，拟以土目王莱管之。

译文

一、田州的篆甲、炼甲，共两甲，拟定设立为篆甲土巡检司，并拟定让土目王莱对他掌管。

一、田州砦桑甲、义宁江那半甲，共一甲半，拟立为砦桑土巡检司，拟以土目戴德管之。

译文

一、田州的砦桑甲、义宁江那的半个甲，共一个半甲，拟定设立为砦桑土巡检司，并拟定让土目戴德来掌管。

一、田州思幼东平夫棒甲、尽甲子半甲，共一甲半，拟立为思幼土巡检司，拟以土目杨赵管之。

译文

一、田州的思幼东平夫棒甲、尽甲子的半个甲，共一个半甲，拟定设立为思幼土巡检司，并拟定让土目杨赵来掌管。

一、田州侯周怕丰甲一甲，拟立为侯周土巡检司，拟以土目戴庆管之。

译文

一、田州的侯周怕丰甲，共一甲，拟定设立为侯周土巡检司，并拟定让土目戴庆来掌管。

一、思恩兴隆七城头兼都阳十城头，拟立为土巡检司，拟以土目韦贵管之，缘韦贵先来向官故，授地比众独多。

译文

一、思恩下辖的兴隆的七个城头以及都阳的十个城头，拟定设立为土巡检司，并拟定让土目韦贵来掌管。由于韦贵最早来向官府归降，所以授给他的土地比别人的多。

一、思恩白山七城头兼丹良十城头，拟立为白山土巡检司，拟以土目王受管之。

译文

一、思恩下辖的白山的七个城头以及丹良的十个城头，拟定设立为白山土巡检司，并拟定让土目王受来掌管。

一、思恩定罗十二城头，拟立为定罗土巡检司，拟以土目徐五管之。

译文

一、思恩下辖的定罗的十二个城头，拟定设立为定罗土巡检司，并拟定让土目徐五来掌管。

一、思恩安定六城头，拟立为安定土巡检司，拟以土目潘良管之。

译文

一、思恩下辖的安定的六个城头，拟定设立为安定土巡检司，并拟定让土目潘良来掌管。

一、思恩古零、通感、那学、下半四堡四城头，拟立为古零土巡检司，拟以土目覃益管之。

译文

一、思恩下辖的古零、通感、那学、下半四堡的四个城头，拟定设立为古零土巡检司，并拟定让土目覃益来掌管。

一、思恩旧城十一城头，拟立旧城土巡检司，拟以土目黄石管之。

译文

一、思恩的旧城的十一个城头，拟定设立为旧城土巡检司，并拟定让土目黄石来对它进行掌管。

一、思恩那马十六城头，拟立为那马土巡检司，拟以土目苏关管之。

译文

一、思恩下辖的那马的十六个城头，拟定设立那马土巡检司，并拟定让土目苏关来掌管。

一、思恩下旺一城头，拟立为下旺土巡检司，拟以土目韦文明管之。

译文

一、思恩下辖的下旺的一个城头，拟定设立为下旺土巡检司，并拟定让土目韦文明来掌管。

一、思恩都阳中团一城头，拟立为都阳土巡检司，拟以土目王留管之。

译文

一、思恩下辖的都阳中团的一个城头，拟定设立为都阳土巡检司，并拟定让土目王留来掌管。

右各目之内，惟田州之龙寄，思恩之韦贵、徐五，事体于各目不同，而韦贵又与徐五、龙寄稍异。盖韦贵于事变之始即来投顺官府，又尝效有勤劳，宜不待三年，而即与之以实授土巡检，以旌其功；徐五亦随韦贵投顺，而效劳不及；龙寄虽无功劳，而投顺在一年之前，二人者宜次韦贵，不待三年而即与之以冠带，三年而即与之以实授土巡检。如此，则功罪之大小、投顺之先后，皆有差等，而劝惩之道著矣。或又以卢苏、王受不当与各土目并立者。臣等又以为不然。方其率众为乱，则苏、受者固所谓罪之魁矣；及其率众来降，则苏、受者，又所谓功之首也。况二府目民又皆素服二人，今若立各土目而二人不与，非但二人者未能帖然于众目之下，众目固亦未敢安然而处其上，非所以为定乱息争之道也。故臣等仍议以卢苏、王受为众目之首，庶几事体稳帖，而人心允服矣。

译文

以上所提到的各个头目中，只有田州的龙寄，思恩的韦贵、徐五情况与其他各个头目不同，而韦贵又和徐五、龙寄稍微有些不同。大概原因在于韦贵在事变刚开始的时候，就来归顺了官府，又曾经为朝廷效力立下功劳，应该不等到三年时间，就可以实际授给他土巡检的官职，用来表彰他的功绩；徐五是跟随韦贵来归降，但是为朝廷效力的功绩比不上韦贵；龙寄尽管没有立下什么功劳，但他是在一年前来归降的，因此，两人适合较晚于韦贵，在不到三年的时间内，可以授给他们冠带，等到了三年时间，就实际授给他们土巡检的官职。如此一来，区别他们功劳与罪过的大小、前来投降的先后，都有了差别等级，那么规劝惩罚的原则明晰显著。有人认为，卢苏、王受二人的封赏，不能够和其他各土目的封赏相提并论。我们一干臣子又都认为并不是这样的。当他们率领众多的兵民作乱一方的时候，卢苏、王受就是人们所说的叛乱的罪魁祸首了；等到他们率领众兵民来归降的时候，卢苏、王受就又是人们所说的首要功臣了。何况思恩、田州两府的目民们，在平时都对此二人很敬服，现在若是对其他各个土目都进行封赏，唯独对他们两个没有什么表示，不但他们两个人不能够在众土目的掌管下俯首帖耳，就是众土目们也不能够心安理得地处在他们俩之上，这并不是用来作为平定叛乱、停息争斗的正确的方针策略。所以，我们一干臣子仍然商议并决定让卢苏、王受来作为众土目们的首领，这样做或许能够让事情处置得更加稳妥、贴切，并且能够让人们在内心深处感到服气。

一、田州、思恩各官目人等见监家属男妇，初拟解京，今各目人等即已投顺，则其家属男妇相应给还领养。均乞圣明裁允。

译文

一、田州、思恩的各个官员头目的家属等一众男女，如今正在被监禁，当初拟定解押到京城听候发落，如今各个头目一干人等，既然都已经归降了，那么他们的家属等一众男女都要相应发还，让他们领回去。这也都乞求皇上英明地裁决，给予允诺。

一、田州新服，用夏变夷，宜有学校。但疮痍逃窜之余，尚无受廛之民，焉有入学之士。况斋膳廪饩，俱无所出，即欲建学，亦为徒劳。然风化之原，终不可缓。臣等议欲于附近府州县学教官之内，令提学官选委一员，暂领田州学事。听各学生徒之愿改田州府学及各处儒生之愿来田州附籍入学者，皆令寄名其间。所委教官，时至其地，相与讲肄游息，或于民间兴起孝弟，或倡远近举行乡约，随事开引，渐为之兆。俟休养生息一二年后，流移尽归，商旅凑集，民居已觉既庶，财力渐有可为，则如学校及阴阳医学之类，典制之所宜备者，皆听该府官以次举行上请，然后为之设官定制。如此，则施为有渐而民不知扰，似亦招徕填实之道，鼓舞作新之机也。均乞圣明裁处。

译文

一、田州最近才刚降服，应该用华夏的文化来改变少数民族的风俗，适当地建立学校。可是，田州满目疮痍，百姓逃窜，尚且还没有定居安置下来的百姓，哪里有到学校上学的学士呢？何况校舍、饭食、物资等，都还没有定下用来供给的出处，就算是建立起了学校，也是徒劳无用的呀。可是，学校作为对百姓们进行教化的起点，终究不能够有所迟缓。我们一干臣子商议后决定，想在附近府、州、县的学校的教官里面，命令提学官选派一名教官，暂时让他来掌管田州的学校教育事业。然后，听从各个州县学校的学徒自己的意愿改从田州府入学，以及各地的外来儒生自愿来田州附入本地户籍入学的人，都命他们挂名在这里入学。所委派的教官，要时常地到这个地方来讲学行止，或者到民间去传播孝悌思想，或者到远方和近处的各地方倡导人们订立乡规民约，要按照实情进行引导、开化，渐渐使这里兴起好学、守法的风气和征兆。等到人们安定休养、繁衍生息一二年后，那些流亡迁移的百姓都返回，商人旅客也云集在这里，老百姓的房屋也显然多了起来，地方上的财产力量也能够逐渐做一些事情了。那么，像建立学校以及设置阴阳、医学等科目，还有应该具备的典章制度等，都应听从该府的府官按次序向上级奏报请求，然后再设立相应的官员，制定相应的制度，这样一来，一些举措都能够渐渐地施行起来，而老百姓们都没有感到什么惊扰，这似乎也是吸引人口、充实地方的策略，鼓舞地方创造更新的时机。这些都乞求皇上英明地裁决、处置。

一、思、田去梧州水陆一月之程，军门隔远，难于控驭调度。兼之府治虽立，而规制未成；流官虽设，而职守未定。且疮痍未复，人心忧惶，须得重臣抚理。臣等已经具题，乞将右布政林富量升宪职，存留旧任；副总兵张祐，使之更迭往来于二府地方，绥缉经理；仍乞赐以便宜敕书，将南宁、宾州等府卫州县及东兰、南丹、泗城、那地、都康、向武等土官衙门俱听林富等节制。臣等所议地方经久事宜，候奏请命下之日，悉以委之林富等，使之钦遵，以次施行，庶几事无隳堕，而功可责成矣。

译文

一、从思恩、田州到梧州，水路加上陆路要有一个月的路程，总督府与它们相隔很远，所以对这里进行控制、调遣起来较为困难。再加上府衙尽管建立起来了，但是规章制度还没有确立；流官尽管已经设立了，但是他们的职责、任务还都没有确定。并且目前战争破坏的创伤还没有恢复，人心惶惶，必须要有重要的大臣前来安抚、管理。我们一干臣子已经写好了题本，乞求将右布政林富，酌情提升为宪职，保留他过去的职务；副总兵张祐，就让他不断地在思恩、田州两府之间的地方来往，对这里进行抚绥、经营和管理；仍然乞求朝廷能够赐给便于执行的敕书，命令南宁、宾州等府卫州县，以及东兰、南丹、泗城、那地、都康、向武等地的土官衙门，都听从林富等人的指挥管辖。我们一干臣子所议奏的有关地方长治久安的措施等事宜，等到上奏朝廷，接到朝廷旨意的时候，全部都把这任务委派给林富，让他依照朝廷的旨意去办理，并按照顺序来实施这些措施，这或许能够让事情没有什么差漏、毁坏，并且能够指定他成就功业了。

卷之十五　别录七

奏疏七

征剿稔恶瑶贼疏

七年四月十五日

据留抚田州、思恩等处地方广西布政司右布政林富，原任副总兵都指挥同知张祐等会呈前事，开称："田州、思恩平复，居民悉已各安生理，土夷亦皆各事农耕，地方实已万幸。但惟八寨瑶贼，积年千百成徒，流劫州县乡村，杀害良民，虏掠子女生口财物，岁无虚月，月无虚旬。民遭荼毒冤苦，屡经奏告，乞要分兵剿灭者，已不知几百十番。为因地方多事，若要进兵，未免重为民困，是以官府隐忍抚谕，冀其悔罪改过。而彼乃悍然不顾，愈加凶横，出劫益频。盖缘此贼有众数万，盘据山谷，凭恃险阻，南通交趾等夷，西接云贵诸蛮，东北与断藤、牛肠、仙台、花相、风门、佛子及柳庆、府江、古田诸处瑶贼回旋连络，延袤周遭二千余里，东掠西窜、南摽北突。近因思、田扰攘，各贼乘机出攻州县乡村，远近相煽，几为地方大变。仰赖朝廷威令传播，苟幸未动。缘此瑶贼之与居民势不两立。若瑶贼不除，则居民决无安生之理。乞要乘此军威，速加征剿，庶不贻患地方。缘由呈乞照详施行”等因。

译文

根据留任安抚田州、思恩等几处地方的广西布政司右布政林富，原来任职副总兵都指挥同知的张祐等人共同呈奏有关过去的事的文书，报告说：“田州、思恩等地方已经被平定收复，老百姓们都已经各自安定生活，当地的夷族也都各自去从事农耕生产了，这些地方实在是太幸运了。但只有那八寨的瑶贼多年来聚集了成百上千的劣徒，流窜劫持州县村落，杀害良善的老百姓，掠夺他们的儿子、女儿、牲口、钱财贵物，一年中没有哪一月，一个月中没有哪一旬不发生这些事。老百姓屡屡遭受残害、冤屈和苦痛，他们屡次上奏，乞求官府能够派兵对这些贼寇进行围剿消灭，已经不知道有几百次了。由于地方上的事务很多，若是要派兵围剿，就会不可避免地加重地方上百姓们的穷困，所以，官府不得已只好忍着愤怒来对他们进行安抚、慰谕，希望这些贼徒能够悔悟罪行，改正过错，可他们竟然蛮横妄为，不顾一切，更加的凶残放肆，出去抢劫的次数更加地频繁了。大概因为这些贼徒有数万名，盘结踞守在山谷之中，依仗着那险要阻塞的地势，南面通往交趾等夷族，西面接邻云南贵州地区的诸多蛮族，东北面则与断藤、牛肠、仙台、花相、风门、佛子以及柳、庆、府江、古田等地众多的瑶贼活动联系，其势力绵延伸展周围长达两千余里，掠夺流窜东西，突击劫掠南北。最近，由于思恩、田州的逆贼遭受官军的进剿，各处的贼徒就趁机出动劫掠州县村落，远近一带相互煽动蛊惑，差点在地方上形成大的动乱。只是仰仗依赖朝廷的威势法令传播在外，才苟且幸运地没有发生大的变动。因此，瑶贼与地方居住的老百姓势不两立，不共戴天。若是不能够剿除瑶贼，那么地方上居住的老百姓必定没有安定生活的道理。我们乞求趁着收复思恩、田州后强盛的军威，尽快对瑶贼展开进剿，从而不会给地方上留下祸患。现将缘由呈上，乞求能详细地实行。”等等情况。

据此行间，随据左江道守巡守备等官左参议汪必东、佥事吴天挺、参将张经等会呈，为请兵征剿积年穷凶极恶瑶贼以除民患事，开称：“断藤峡、牛肠、六寺、磨刀等处瑶贼，上连八寨诸蛮，下通白竹、古陶、罗凤、仙台、花相、风门、佛子等峒各贼，累年攻劫郡县乡村，杀人放火，虏掠子女财畜，民遭荼毒，逃窜死亡，抛弃田业，居民日少，村落日空，延袤千百里内，皆已变为盗贼之区。各处被害军民，累奏请兵诛剿。为因地方多事，兵力不敷，官府隐忍招抚，期暂少息，而各贼愈肆猖獗。近因思、田用兵，遂与八寨及白竹、古陶、罗凤等贼乘势朋比连结，杀虏抢劫，月无虚旬，扇惑摇动，将成大变。仰赖神武传播，幸未举发。近幸思、田之诸夷感慕圣化，悉已自缚归降，远近向服；各山瑶、僮，亦皆出来投抚，请给告示，愿求自新，从此不敢为恶。虽其诚伪未可逆料，然皆尚有畏惧之心。独此断藤各巢逆贼，自知罪在不赦，恃险如故，截路劫村，略无忌惮。若不乘此军威，进兵剿灭，将来祸患，焉有纪极。”缘由会案呈详到臣。

译文

据这些情况，随后按照左江道守巡守备等官吏左参议汪必东、佥事吴天挺，参将张经等人共同呈报，为了乞求发兵征讨剿除多年残暴凶恶的瑶贼，从而为百姓铲除祸患的事宜，报告：“断藤峡、牛肠、六寺、磨刀等地方的瑶贼，向上连通八寨的众蛮族，向下连接白竹、古陶、罗凤、仙台、花相、风门、佛子等窝点的各族贼徒，多年来攻击劫掠郡县村落，疯狂地杀人放火，掳掠百姓的孩子、牲畜、财物，老百姓深深地遭受残害，以致四处逃窜，无辜死亡，抛弃田产家业，导致居住的百姓越来越少，村落里一天比一天空虚，绵延千百里之内的地方，都已经变成了盗贼出没的区域。各地受害的军兵、百姓，屡次上奏乞求出兵剿杀贼寇。可是由于地方上事务繁多，兵力不足，官府不得不暗中容忍，进行招安抚慰，希望他们能够暂时稍微停止下来，但各处贼徒变得更加放肆、猖狂。近来因为思恩、田州进兵征伐逆贼，这里的贼徒就与那八寨以及白竹、古陶、罗凤等地的贼徒，趁这个机会相互勾结起来，烧杀、掳掠、抢劫，每月中的每旬都没有间断，他们又不断地进行煽惑鼓动，将要变成大的叛乱。只是仰仗陛下的威武传播远布，才幸运地没有发作。最近幸运地看到，思恩、田州的众多夷族，都仰慕皇上的恩德，渐渐受到感化，都已经把自己绑缚起来，前来归顺投降，远处和近处的人们没有不仰慕佩服；各个山上的瑶族和僮族，也纷纷出来投降，接受招抚，并请求给予赦免的诏令，愿意自求新路，从此再也不敢作恶多端。尽管他们是真诚还是伪诈难以预料，但是他们还都有害怕的心理。唯独这断藤峡的各窝点贼徒，他们知道自己的罪行难以赦免，就还像以前一样凭借着险阻的地势，截断道路，抢劫村庄，丝毫没有一点顾忌和害怕，若是不趁我们现在强盛的军威，对他们快速地发兵，剿灭他们，那么将来的祸患，哪里还有限度？”这一前后原因，会同案奏都已经详细地呈报给了我。

照得臣近因思、田之役，奉命前来，驻军南宁府地方，与八寨瑶贼相去六日之程。朝廷德威宣布，虽外国远夷皆知震慑向慕，输情纳款，而此瑶贼独敢拥众千百，四出劫掠武缘等处乡村，杀人放火，略无忌惮，此臣所亲知。即此猖炽桀骜，平时抑又可知。及照牛肠、六寺、磨刀、古竹、古陶、罗凤、仙台、花相、风门、佛子等巢稔恶各贼，自弘治、正德以来，至于今日，二三十年之间，节该桂平等县被害人户李子太等前后控奏，乞行剿除民害，不下数十余次，皆有部咨行令勘议计剿，若不及今讨伐，其为地方之患，终无底极，诚有如各官所呈者。况臣驻扎南宁，小民纷然诉告，请兵急救荼毒，皆为朝不谋夕。各贼之恶，委已数穷贯满，神怒人怨，难复逋诛。即欲会案奏请，俟命下之日行事，切恐声迹昭彰，反致冲突奔窜，则虽调十数万之众，以一二年为期，亦未易平荡了事。照得臣节该钦奉敕谕：“但遇贼寇生发，即便相机，可抚则抚，可捕则捕。钦此！”钦遵，为照思、田变乱之时，该前都御史等官姚镆等奏调湖广永、保二司土兵，前来南宁等处听用，近幸地方悉已平靖，各兵正在班师放回之际，归途所经，正与各贼巢穴相去不远。况思、田二府新附土目卢苏、王受等感激朝廷生全之恩，屡乞杀贼报效。俱各遵奉敕谕事理，除一面量调官军，协同前项各兵，行委左江道守巡参将等官，监统永、保二司宣慰官男领各头目土兵人等，分道进剿牛肠、六寺、仙台、花相等贼。并行留抚思、田布政及右江分巡、兵备、守备等官，监统思、田土目兵夫，分道进剿八寨等贼，所获功次，俱仰该道分巡、兵备官收解，纪功御史纪验，造册奏报，及行总镇太监张赐密切公同行事，并密行镇巡等官知会外，缘系征剿积年稔恶瑶贼，以除民患，以安地方事理，为此具本题知。

译文

查察而得　我近来因为思恩、田州的进剿战役，遵奉朝廷的命令来到这里，在南宁府的地方上驻扎军队，距离那八寨的瑶贼只有六天的路程。朝廷的德政、威势宣扬远播，就算是外国的远夷各族，都感到震动害怕而向往仰慕，还表达情怀，缴纳款项；可是这里的瑶贼独自竟敢集众成百上千，到处出动抢劫掳掠武缘等地方的村落，行凶作恶，无法无天，毫无顾忌。这些都是我亲眼所见到的，如此的猖獗、桀骜不驯，平常他们的所作所为就能够想到了。比照牛肠、六寺、磨刀、古竹、古陶、罗凤、仙台、花相、风门、佛子等窝点罪恶深重的各族贼徒，自从弘治、正德年以来，一直到今天，在二三十年的时间里，接到该地桂平等县的受害人李子太等人前前后后的控诉奏文，请求进兵剿灭这一百姓的祸害，不下数十多次，这些都有部里的咨文，下命令进行勘查议定，若是到今天还没有对他们实行讨伐的话，那么他们为患地方，就更加没有停止的时候了，确实像各个官员呈报的奏文中所讲到的那样。何况我驻扎在南宁，贫困苦难的百姓都纷纷来倾诉禀告，乞求发兵赶快救助被残害中的百姓，他们都已经是朝不保夕了。各部贼徒的罪恶，委实已经数不胜数、恶贯满盈，人神共愤，很难再逃避诛罚。我即刻想要把各种奏请汇集在一起上奏给王上，等着王上命令下达的时候就进军行剿，唯恐消息泄露，反而导致矛盾激化，贼徒流窜逃跑，到那时候就算是调集十几万军队，用一二年的时间，也很难把这些匪徒剿灭干净。按照臣持有的圣旨："只要是遇到逆贼寇徒引发祸乱，就可以见机行事，能够招安的就招安，需要剿捕的就剿捕。钦此！"臣谨记遵守，比照在思恩、田州发生变乱的时候，该地的前都御史等官员姚镆等人上奏文请求调发湖广地区永顺、保靖司当地的士兵，前来南宁等地方听候待命，近来所幸这些地方都已经安定，各路部队正处在撤军、返回原籍的时期，回去所经过的地方，正好和各部贼徒的老窝距离不远。何况思恩、田州两府新近归附的土人头目卢苏、王受等人，为了感激朝廷让他们获得新生的恩情，屡次请求去剿杀贼徒来为朝廷效力。全都依奉敕令、旨意，除了一方面根据实际情况调用官兵，协助前面提到的各路人马，委派左江道守巡参将等官员，监督统管永、保两司，宣慰官男统领各路当地头目军兵若干人等，分路围剿牛肠、六寺、仙台、花相等窝点的贼徒；又命留任安抚思恩、田州二府的布政官员以及右江分巡、兵备、守备等官员，监督统管思恩、田州的当地头目以及军兵，分路围剿八寨等地方的贼徒，这次剿贼战役所获得的功劳等级，都仰赖该道分巡、兵备官接收战利品并纪录功绩，并由纪功御史进行纪录查验，并制订文册呈报上奏，另外总镇太监张赐紧密地配合各个官员共同执行公务，并且暗地里通知镇巡等官员知道并开展工作，原本是为了征讨进剿行恶多年的瑶贼，从而铲除老百姓的祸患，让地方得到安定事宜，为了这件事写奏本告知皇上。

举能抚治疏

七年正月二十五日

案照先该礼部右侍郎方献夫奏前事，节奉圣旨：“田州应否设都御史在彼驻扎，还着王守仁议处，具奏定夺，钦此！”兵部备咨前来知会，随钦遵外，随于今年正月二十七日，该思恩、田州二府土目卢苏、王受等各率众数万，自缚归降，该臣遵照敕谕事理，悉已抚定。当遣广东右布政林富，旧任副总兵张祐，分投督领各夷，各归原土复业安生。已经具本奏报外，为照思恩、田州连年兵火杀戮之余，官府民居，悉已烧毁破荡，虽蔀屋寻丈之庐，亦遭翻空发掘，曾无完土，荒村僻坞，不遗片瓦尺椽，伤心惨目，诚不忍见。各夷近已诚心投服，毁弃兵戈，卖刀买牛，见已各事田作；自后反侧之患，以臣料之，或已可免。但其风景凄戚，生意萧条，忧惶困苦之余，无以自存，非得老成宽厚之人抚恤绥柔之。臣等见其悲惨无聊之状，诚亦未忍一旦弃去而不顾。况思、田去梧州军门水路一月之程，一时照料，有所不及。近又与各官议，欲于田州建立流官府治，以制御土官；修复城池廨宇等项，必须劳民动众，自非素得夷情者为之经理区画，各夷凋弊之余，岂复堪此骚屑？况议设知府等官，皆未曾到，一应事务，莫有任其责者。该臣看得右布政林富，慈祥恺悌，识达行坚，素立信义，见在思、田地方安插各夷，皆能得其欢心。合无准如方献夫所奏，将林富量升宪职，仍听臣等节制，暂于思、田地方往来住扎，抚循缉理，其于事理亦甚相应。俟一二年后，各夷生理渐复，府治城郭廨宇渐已完备，则将林富量移别处任用，而思、田止存知府理治，或设兵备官一员于宾州住扎，或就以南宁兵备兼理，不时往来抚循。如此，则目前既可以得抚定绥柔之益，而日后又可以免困顿劳烦之扰。已经具本于本年二月十五日差舍人汤祥赍奏请旨。

译文

按照先前该礼部右侍郎方献夫上奏之前的事，接到圣旨说："田州是否应该在那里设置都御史来驻扎，还令王守仁商议处理，写本上奏来决定，钦此！"兵部送来咨文让臣知道，于是依照皇上的旨意去办了。在今年正月二十七日，思恩、田州两府的土人头目卢苏、王受等人，各自率领几万人，自己把自己绑缚起来归降，臣依照圣谕中所要求的，对他们都已经进行招抚安置了。当即派遣广东右布政林富、前任副总兵张祐，分别督管统领各部夷族，让他们分别回归原籍，重操旧业，安定生活。这件事情臣已经写奏本上报了。思恩、田州因为连年遭受战火以及杀戮，官舍衙门和百姓住房都已经被烧坏破败，就算是用帷幕临时围起的只有八丈大小的庐舍，也都遭到了翻刨挖掘，几乎没有一点完整的地方了，荒凉的村庄、偏僻的坞房，连一片瓦、一尺椽头都没有留下，那悲惨、凄凉的景象，真的是让人不忍心去看。各个夷族最近已经真心实意地归顺降服了，他们抛弃武器，卖掉刀剑来购买耕牛，如今都已经分别从事农业生产，从今往后，造反叛乱的祸患，按照我的料想，或许已经能够免除了。可是那里景况凄凉悲戚，生意萧条冷淡，老百姓在忧愁惶恐和贫困穷苦的间隙，没有了自我生存的方法，必须得让稳重、宅心仁厚的官员，前去对他们进行安抚、柔远绥怀。臣等一干人看到百姓们悲戚惨痛、无法生存的状况，也确实是不忍心某天离开而不再顾念他们。何况思恩、田州距离梧州总督府，水路大约要走一个月，一时之间无法及时得到照顾管理，最近又与各个官员商议，想要在田州建立流官制府衙，来控制管理土官；重新修复城墙、官署舍宇等设施，这必定会给百姓带来辛劳，动用很大的人力，自然必须要那平时向来清楚夷族情况的人来经营、筹划这些工程。只是各个夷族经历征战，一片凋敝、萧条，哪里又禁得住这样的骚扰呢？何况计议选定任职知府等的官员，都还没有到来，所有的这些事情，还都没有担任这一职责的人。我看到右布政林富，慈爱祥和，平易亲近，见识练达，行动坚决，平时就在人们心目中树立起了威信和道义，如今他在思恩、田州一些地方安置的各个夷族，都能够得到他们的赏识，不如就按照方献夫奏书中的内容，把林富酌情升任为宪职，仍然听从臣的调遣控制，暂且让他在思恩、田州这些地方来回驻扎，执行安抚、缉拿罪犯的事务，对于这些事务，他也很适合去管理。等到一二年过后，各个夷族的生活秩序逐渐得到恢复，府衙、城墙、官舍已经渐渐地完备，那么就可以把林富酌情调到其他地方去任职。那思恩、田州就只设置知府来进行治理，或者设置一员兵备官在宾州驻扎，或者就让南宁兵备官兼管治理，不时地往来两地进行安抚慰问，这样的话，当前既能够得到抚绥、安定的好处，而今后也能够让老百姓免受艰难窘迫、劳累繁乱事情的骚扰。这件事情我已经书写奏章，在本年二月十五日差遣舍人汤祥送至朝廷上奏，请求旨意。

续为处置平复地方以图久安长治事，节该臣看得思恩、田州二府地方，府治虽立而规制未成，流官虽设而职守未定，且疮痍未服，人心忧惶，乞将右布政林富量升宪职，及存留旧任副总兵张祐，使之更迭往来于二府地方，绥缉经理。仍乞赐以便宜敕书，将南宁、宾州等府卫州县及东兰、南丹、泗城、那地、都康、向武等土官衙门俱听林富等节制。臣等所议地方经久事宜，候奏请命下之日，悉以委之林富等，使之钦遵，以次施行，庶几事无隳堕，而功可责成。又经条陈具本，于本年四月初六日差承差杨宗贲奏请旨，俱未奉明示。

译文

接着，为了安定处理已经收复的地方，达到长治久安的事宜，我呈上奏文：臣看到，思恩、田州两府的地方上，尽管府衙已经建立起来了，可是规章制度还并不完备；流官制尽管已经设置了，但是职责没有确定。并且那里遭受到的战争破坏和创伤还没有来得及进行修补，老百姓心中依旧忧愁惊惶。乞求将右布政林富酌情考虑提升为宪职，并留下前任副总兵张祐，派他们两个不断地往来于思恩、田州两府之间的地区，来进行安抚、管理。仍然乞求朝廷能够赐给他们较为方便的圣旨，让南宁、宾州等地的府卫州县，以及东兰、南丹、泗城、那地、都康、向武等地的土官衙门，都听从林富的控制和管理。臣等一干人所上奏的有关这些地方长治久安的事情，等到王上对我们的奏文批示并且下达命令的那天，就全把命令委托给林富等人，让他们依照王上的旨意去办，按着顺序去实施行动，如果这几件事情办理得没有失败，就能够委任他们建成功绩。接着，我又写下了陈述详情的文本奏章，在今年四月初六日，派遣承差官杨宗带奏本上朝去乞求皇上的旨意，还没有接到朝廷给予的明确指示。

本年五月二十二日，本官已蒙钦升都察院右副都御史，抚治湖广、郧阳等处地方去讫，所有思、田二府抚循缉理官员，尚未奉有成命。如蒙皇上轸念边方，俯从臣等所请，乞于两广及邻省附近地方各官内选用，庶可令其作速到任，不致久旷职业。臣本昧于知人，不敢泛然僭举。切照广东右布政使王大用，湖广按察使周期雍，皆才识过人，可以任重致远。臣往年巡抚南赣，二臣皆在属司，为兵备佥事，与之周旋兵革之间，知其皆肯实心干事。江西未叛一年之前，臣尝与周期雍密论宸濠之恶，不可不为之备，期雍归去汀、漳，即为养兵蓄锐以待。及臣遇变丰城，传檄各省，独期雍与布政席书闻变即发。当是时四方援兵皆莫敢动，迄宸濠就擒，竟无一人至者，独席书行至中途，复受巨檄，归调海沧打手，又行至中途，闻事平而止。其先后引领至江西省城者，惟周期雍、王大用两人而已。当时以捷奏既上，随复谗言朋兴，各臣之忠勤，遂不及一白，臣为之每怀歉然。即是而观，其能竭忠赴义，不肯上负国家，亦可知矣。乞敕吏部酌臣所议，于二臣之内选用其一，非惟地方付托得人，永有所赖，而臣等亦可免于身后之戮，地方幸甚。

译文

今年五月二十二日，我已经承蒙王上亲定升为都察院右副都御史，来安抚治理湖广、郧阳等地方了。所在思恩、田州二府负责安抚、管理任务的官员，还都没有接到成文命令进行落实。若是承蒙皇上深切顾念边疆地区，听从臣子们所奏请的建议，乞求朝廷能够在两广以及邻近省份的附近地区的各级官员中进行挑选并任用，命他们迅速走马上任，不至于使职位停旷太久。我原本在了解人才这方面不太擅长，不敢泛泛地随意举荐。只是广东右布政使王大用、湖广按察使周期雍，才能、胆识都超过常人，能够委以重任，做官长远。我前几年再南赣任职巡抚时，这两个人都在我所管辖的部门之中，任职兵备佥事。我在与他们沟通武器铠甲装备事宜时，清楚他们都是真心实意想要干事情、做工作的。在江西还没有发生叛乱的前一年，我曾经和周期雍秘密地议论宸濠的恶行，并认为不能不做一些预防措施，周期雍回到汀州、漳州之地以后，立刻培养士兵、积蓄力量，等待着朝廷的旨令。等到我碰到丰城叛乱的时候，我便把讨逆檄文传达到各省，只有周期雍和布政使席书，在听到丰城叛乱消息的时候立刻发兵征讨。在那个时候，四方各地的援兵都不敢贸然动兵前来，等到宸濠被抓住后，竟然没有一个军队到达这里，只有席书行军走到中途，又接到了我的讨逆檄文，我让他回去调集海沧的武士、军兵前来支援，他们又走到中途，听到变乱已经平定，便停止行军了。而先后带领军兵到达省城的，只有周期雍、王大用两个人而已。当时，由于捷报已经上奏给了朝廷，接着又遭受谗言群起的祸患，各个臣子的忠心和勤勉，就来不及上奏朝廷，使王上知晓，我的心中每每为这件事怀着歉疚。从以上这些事情来看，他们能够为朝廷尽忠并且敢于奔赴大义，从不肯做有负于国家的事情，也能够知道他们的为人了。乞求皇上敕令吏部，斟酌考虑我所议奏的这些事情，从他们这两个人中，选用一个来任命。如此，不但地方上的事情能够托付给可靠的、尽职的人，百姓们永远有了可以依赖的父母官，而且我也能够避免将来因为才力不济而导致误事，从而遭到被杀戮的危险，地方上也是十分幸运了。

边方缺官荐才贤赞理疏

七年七月初六日

迩者思恩、田州之变，诸夷感慕圣化，悔罪求生。已蒙浩荡之仁，宥纳而抚全之，地方亦既宁定矣。但凋弊之余，必须得人以时绥缉。况两府设立流官衙门，及修筑城池营堡等项，百务并举，若无专官夙夜经理催督，则事无统纪，功难责成。已经臣等具题，乞将右布政林富等升职留抚，随蒙将林富升任去讫。又经臣等仍乞推选相应官员替任，俱未奉明旨。

译文

近来的思恩、田州的叛乱，各个夷族都感激仰慕朝廷的恩德，悔悟自己的过错，寻求新的生路。也已经承蒙王上广大旷远的仁德，宽恕接纳并安抚保全他们了，地方上也已经平静安定。可是，这些地方经过战火的洗礼后，一片凋零、萧条的景象，必须要有能人按时对这里进行巡视、抚慰。何况，这两府地方上设立了流官制府衙，还修复建造了城墙、堡垒等工程，很多项事务一块儿展开了，若是没有专门管理这些事务的官员，昼夜不停地管理、督促，那么事情就很难有统一的管理、执行纪律，功绩也就难以责令达成。关于这件事情，我等一干臣子已经过写本题奏，希望朝廷将右布政林富等人，加升官职，留下安抚。承蒙朝廷将林富升官，已经上任去了。另外，经我等一干臣子还推荐选用相适宜的官员前去接替的请求，还都没有接到明确的旨意。

臣看得今岁例当朝觐，各该掌印官员不久皆将赴京，而广西布、按二司等官适多迁转去任者，右布政林富升郧阳副都御史，参政黄芳升江西布政副使，李如圭升陕西按察使。参政龙诰、参议汪必东、佥事吴天挺等督押湖兵出境，往复之间，即须半年。参议邹輗、佥事申惠皆赍捧表笺进京。其余虽有一二新任官员，皆未到任，止存左布政严紘、按察使钱宏各掌司印，佥事张邦信分巡桂林，李杰分巡苍梧，而臣在南宁思、田等处舆疾往来调度，再无一官随从赞理者。近日止有兵备副使翁素来管右江道事，缘其才性乃慈祥恺悌之人，用之中土，分理司事，足为循良。而置之边方瘴毒多事之乡，则其禀质稍弱，不耐崎险，易生疾病，似于风土亦非所宜。臣看得为民副使陈槐，平生奋志忠节，才既有为，而又能不避艰险。致仕知府朱衮，年力壮健，才识通敏。去任副使施儒，学明气充，忠信果断。闲住副使杨必进，晓练军务，识达事机。此四人者皆堪右江兵备之任。施儒旧为兵备于潮、惠，杨必进旧为兵备于府江，皆尝著有成绩，两地夷民至今思念不忘。若于四人之中选用其一，其余地方之事必有所济。

译文

我料想，按照今年的例行规定，各官员应该到京城前去朝觐面圣，各个地方的掌印官员不久都将要赶赴京城，而广西布政司、按察司等所属官员恰好大多数升迁去任，右布政林富升任郧阳副都御史，参政黄芳升任江西布政副使，李如圭升任陕西按察使。参政龙诰、参议汪必东、佥事吴天挺等人，正监督指挥湖广士兵离开广西区域，来回奔波，也需得半年的时间。参议邹锐、佥事申惠都持捧表文、笺章赶往京城。其他虽然有一两个新任的官员，可都还没有到任，只留下左布政严纮、按察使钱宏分别掌管司衙大印，佥事张邦信、李杰分别去巡视桂林、苍梧，而我则在南宁、思恩、田州等地方，驾车疾驰，来回地调度各官员，再也没有一个官员跟随我进行协助的。最近几日只有兵备副使翁素来掌管右江道的事务，因为他才情、性格属于慈善祥和、平易近人的一类官员，若让他在中原地区做官，分担掌管一部分司衙的事务，足以成为奉公守法的良吏；可若是把他安排在边防弥漫烟瘴毒气的民情复杂的地方任职，那么他的禀性、体质稍微弱了一些，对这里崎岖险要的地形无法适应，很容易产生疾病，至于这里的风俗人情，也好像不太适合他。我观察到，为民副使陈槐素来有奋进的志向，忠诚的节操，满身才华，已经有所作为，同时又能够不怕艰难险阻。辞官退休的知府朱衮，年富力强，身体健壮，才华通达，见识敏捷。离任的副使施儒，学问明达，志气充足，为人忠诚信实，行事果断。离职闲居的副使杨必进，能通晓熟悉军事事务，识别洞察行事的时机。这四个人，都能够担任起右江兵备的职务。施儒过去在潮州、惠州任兵备之职，杨必进过去在府江任兵备之职，他们都曾经做出过不错的成绩，两个地方的夷族百姓，直到今日还对他们思慕想念无法忘记。若是从这四个人当中，挑选一个去上任，其他地方的事务，必定能够有所帮助。

及照田州新附之地，知府陈能尚未到任。该臣看得化州知州林宽，旧在江西知其才能足充任使，已经具奏行委，见在该府管事。但其禀质乃亦不禁炎瘴，于风土非宜，莅事以来，终月卧病，呻吟床席，躯命且不能保，又何能经理地方之事乎？臣又访得潮州府推官李乔木者，才力足以有为，而又熟知土俗夷情，服于水土；但系梧州籍贯，稍有乡里之嫌。臣看得广西军卫有司衙门所属官员及各学教职，亦皆多用本省士人，今田州虽设流官知府，而其所属乃皆土夷，自无乡里之嫌可避，亦与各教职无异者。乞敕吏部改用林宽于别地，俯采臣议，将李乔木改升田州同知，庶可使之久于其任，以责成功，则地方之幸，臣之幸也。

译文

另外，了解到田州新近归附的土地，知府陈能还没有到这儿来上任。我观察到化州的知州林宽，原来在江西的时候，我清楚他的才能足以委派到这里来任职，我已经写本章上奏朝廷对他进行委派，如今他在江西府料理事务。但是他的体质，也禁不住炎热和瘴毒，不太适应这里的风俗与地理环境，自从上任以来，整月卧病在床，在褥席上呻吟，连身体和性命都不能保全，又怎么能够有精力掌管地方上的事务呢？我又察访到潮州府的推官李乔木这个人，他的才华、能力足够可以有所作为，并且又熟知当地夷族人的风俗人情，对这里的风俗人情和地理环境很适应，但他的籍贯又是梧州，只是有乡籍避讳的嫌疑。我又观察到隶属于广西军卫有司衙门的官员以及各个太学的讲师，也都多任用本省的人士。现在田州尽管设立了流官知府，而他的下属官员都出自当地夷族，自然也就没有什么乡籍嫌疑可回避的，也都与各个讲师职务没有什么不同。因此，乞求朝廷敕令吏部把林宽改派到别的地方任职，采用我的议奏，将李乔木改升为田州同知，差不多可以使他在那里任期长久一些，来责令他做出功绩，那么这就是地方上百姓的幸运，也是我的幸运了。

臣惟任贤图治，得人实难，其在边夷绝域反覆多事之地，则其难尤甚。何者？反覆边夷之地，非得忠实勇果通达坦易之才，固未易以定其乱。有其才矣，使不谙其土俗而悉其情性，或过刚使气，率意径行，则亦未易以得其心。得其心矣，使不耐其水土，而多生疾病，亦不能以久居于其地，以收积累之效，而成可底之绩。故用人于边方，必兼是三者而后可。即如右江一兵备，此臣之所最切心者，臣窃为吏部私计其人，终夜不寝而思之，竟未见有快心如意者，盖兼是三者而求之也。如前所举四人者，固皆可用之才，今乃皆为时例所拘，弃置不用，而更劳心远索，则亦过矣。

译文

我认为任用贤能、治理好国家、求得人才实在是困难，在遥远的充斥着夷族的频繁动乱的边疆地区，这种困难更加地深重。为什么会这样呢？在这频繁发生动乱的边疆夷族居住的地方，如果不是忠诚实在、勇敢果断而且又通晓洞达、坦率平易的人才，就不容易平定叛乱。有了这样的才干，如果他不了解这里的风土人情，并且不熟悉当地人的本性，或者过于刚烈动气，草率鲁莽行事，那么也不容易得到这些人的拥护。得到了当地人的拥护，如果他不适应这里的自然条件和气候，而较容易生病，也不能长久地在这里担任官职，从而收到多年管理积累的成效，而形成可作为地方发展基础的成就。所以，在边防地方任用人才，要满足这三个条件之后，才能够任命。就如右江兵备的官职，这是我最为上心的一件事，我暗地里替吏部私自考察可用的人才，整夜不睡而思考适合的官吏，竟然没有想到一个能够令我满意的人，大概是需要同时具备这三个条件吧。像前面所列举的四个人，都是足可以利用的人才，现在却都被当下的条例所局限，抛在一边而不使用，而是更加劳心费神地到其他地方去索求，那就有些过分了。

臣近于南宁、思、田诸处，因无可用之才，调取其发身科第以迁谪而至者三四人，其志向才识果自不群，足可任用。但到未旬日，而辄以患病告归，皆相继狼狈扶携而去矣。不得已就其见在者而使之，则皆庸劣陋下，素不可齿于士类者。然无可奈何，则略其全体之恶而用其一肢之能，既其终事，所就不能以尺寸，而破坏则寻丈矣。用是观之，亦何怪乎斯土之民愈困，乱愈积，而祸日以深也哉！是固相沿积习之弊，不及今一洗而改革之，边患未见其能有瘳也。

译文

我最近在南宁、思恩、田州等地方，由于没有能够调度的人才，就从那些科考登第出身的被贬官于此的三四个人，他们的志向、才能、见识，着实是超出一般的人，足可以用来任命。但不到十天，便因患病请求返家，都接连狼狈不堪地搀扶着离去了。没有办法，我只有从现在还在任的人里面挑选而任用他们，可他们都平庸、卑劣、粗陋、才能低下，平时都不屑于列入士人的行列。然而没有办法，于是就忽略他们整体的丑恶，而利用他们某一肢体般的部分才能。就算是他们能够把事情办完，他们的成就小得不能用尺寸丈量，而他们对事情效果的破坏力却已经有几丈了。由此来看，难怪这个地方的百姓越发地困窘，骚乱越发地累积，而祸事一天比一天深重。这是随着历届官员相继而积累下来的习惯弊端，若是今天不加以清洗而改造革新，那么就没法见到边疆的祸患被清除治愈的那天了。

夫今之以朝觐考察而去者，固多贪暴不才之人矣，其间乃有虽无过人之才，而亦无显著之恶，尚在可用不可用之间者，皆未暇论。至其平生磊落自负，卓然思有所建立，而其学识才能果足以有为者，乃为一时爱憎毁誉之所乱，亦遂悉然就抑而去，斯固天下之所共为不平，公论弥彰者，孰得而终掩之。陛下何不使在位大臣，一时各举十余人之可用者，陛下合而考之：若一人举之而九人不举，未可也；三人举之而七人不举，已在所察矣；五人举之而五人不举，其察又宜详矣；或七人八人举之而一二人不举，则其人之可用亦断在不疑者矣。若此者，亦在朝觐二次三次之后，或七年、或十年而后一举，夫身退十年之后，则是非已明，公论已定，虽有党比，自不能容。

今边方绝域，无可用之人，至取其庸劣陋下者而使之，以滋益地方之苦弊。其豪杰可用之才，乃为时例所拘，弃置而不用。夫所谓时例者，固朝廷为之也，可拘而拘，不可拘而不拘，无不可者。陛下何忍一方之祸患日深月积，乃惜破例而用一人以救之乎？夫考察而去者，果皆贪恶庸陋之徒，则固营营苟苟，无时而不侥幸以求进。若磊落自负有过人之见者，则虽屈抑而退，自放于山水田野之间，亦足以自乐。今若用之于边夷困弊之地，殆亦未必其所欲。但为朝廷爱惜人才，则当此宵旰侧席，遑遑求贤之日，而使有用之才废弃终身，乃不得已至取其庸劣陋下者而用之，以益民困，岂不大可惜乎？臣因地方缺人，心切其事，不觉其言之烦渎。伏望陛下恕其愚妄，下臣议于吏部，采择而去取之。臣不胜渎冒恐惧之至！

译文

如今因为进京面圣、接受考察而革职的官员里，原本就有很多贪婪、残暴、没有才能的人，在他们中间，还有虽然没有过人的才能，也没有明显的恶行，尚且在可以使用也可以不使用行列的人，都还没有时间去论说。至于那些生来光明磊落而又自视甚高，卓著地想有所建树，并且他们的学识、才能果然足够可以有所作为的人，却被他人一时的喜爱与憎恶、毁谤与称赞所扰乱，就愤懑抑郁地离去了。这原本就是天下人都认为不公平的事，公众的评价应该更加显露，怎么能够遮掩它呢。陛下为什么不让在位的各位大臣，短时内各自推荐十几个可堪任用的人才，陛下把他们召集在一块进行考察：若是有一个人推荐他，却有九个人不推荐他，这是不能够使用的；若是有三个人推荐他，而有七个人不推荐他，这个人便已经应该在所考察的行列了；若是有五个人推荐他，又有五个人不推荐他，就应该对他进行进一步更加详尽的考察了；若是有七八个人推荐他，而有一二人不推荐他，那么这个人是能够任用的，并且必定是没有什么可怀疑的了。如果这样操作，也在朝觐面圣二三次之后，或者七年，或者十年之后对他举用，等到他退休十年之后，那大是大非就已经十分清楚了，大家对他的评价早已经确立下来了，就算是有党朋与他狼狈为奸，自然也是不能容许的。如今在那遥远的边疆，没有能够使用的人，从而导致选择那平庸、卑劣、丑陋、才能低下的人而任用他们，使得地方上的艰苦、弊端更加滋长下去了。而那些豪杰之士、能够任用的人才，却被当时的惯例所局限，被弃置到一旁而不予任用。那所谓的当下条例，原本是由朝廷确立的，可以局限的就进行局限，不可以局限的就不用局限，没有什么不可以的。皇上怎能忍心看着一个地方的祸患日月加深累积，却吝惜破例任用一人来救这地方于水火呢？对于经过考察而罢免的人，着实都是贪婪、丑恶、平庸、鄙陋的人，那么原本他们就像狗和苍蝇一样钻营取巧，无时无刻不在想侥幸地求得升职。若他们是光明磊落、自视过人的人，那么就算是委屈、压抑而退休了，自我解放到山水、田野之间，也足以来自我欢乐了。现在若是让他们任职在边疆夷族的困穷弊陋的地方，这大概也不是他所想要去的地方。但是因为朝廷怜爱珍惜人才，在这日夜辗转不眠，急切地想要寻求贤良人才的日子里，却让有用的人才，一辈子废弃不用，却不得已选用那些平庸、卑劣、鄙陋、才能低下的人，从而使老百姓的贫困苦难变得更加厉害，难道不是太可惜了吗？我由于地方上缺少人才，内心关切着这件事，所以不自觉地说了一些烦琐的话。希望皇上能够饶恕我的愚蠢、狂妄，下令让吏部来商议决定，选择并把他们召取来进行任命，我禁不住亵渎、鲁莽，恐惧达到极点！

八寨断藤峡捷音疏

七年七月初十日

据湖广按察司分巡上湖南道监军佥事汪溱，广西按察司分巡左江道监军佥事吴天挺，分巡右江道监军副使翁素等会呈，节据广西领哨浔州卫指挥马文瑞、王勋、唐宏、卞琚、张缙，千户刘宗本，永顺统兵宣慰彭明辅，官男彭宗舜，保靖统兵宣慰彭九霄，及辰州等卫部押指挥彭飞、张恩等各呈前事，职等遵奉统领各该军兵，依期于本年四月初二日密到龙村埠登岸。当蒙统督参将张经，都指挥谢珮，督同宣慰彭明辅，分布官男彭宗舜，头目彭明弼、彭杰，领土兵一千六百名；随同领哨指挥马文瑞、头目向永寿、严谨，领土兵一千二百名；随同领哨指挥王勋，又督同宣慰彭九霄等，分布官男彭荩臣，下报效头目彭志明，领土兵六百名；随同领哨指挥唐宏，头目彭九皋，领土兵六百名；随同领哨指挥卞琚，头目彭辅，领土兵六百名；随同领哨指挥张缙，头目贾英，领土兵六百名；随同领哨千户刘宗本，并各哨官员，领浔州等卫所及武靖州汉土官兵乡导人等，共一千余名。永顺进剿牛肠，保靖进剿六寺等贼巢，刻定初三日寅时一齐抵巢。

译文

按照湖广按察司分巡上湖南道监军佥事汪溱，广西按察司分巡左江道监军佥事吴天挺，分巡右江道监军副史翁素等人联合写呈报报告说：按照广西领哨浔州卫指挥马文瑞、王勋、唐宏、卞琚、张缙，千户刘宗本，水顺统兵宣慰彭明辅，官男彭宗舜，保靖统兵宣慰彭九霄，以及辰州等卫所押指挥彭飞、张恩等人各自呈报说明前项事情，各官员都依照命令统帅各自的部队兵将，按照期限在今年四月初二日，秘密地从龙村埠登上江岸。当时，承蒙统督参将张经，都指挥谢珮，督同宣慰彭明辅，分布官男彭宗舜，土人头目彭明弼、彭杰，带领士兵一千六百名；随同领哨指挥马文瑞，土人头目向永寿、严谨，带领士兵一千二百名；随同领哨指挥王勋，还有督同宣慰彭九霄等人，分布官男彭荩臣，下报效头目彭志明，带领士兵六百名；随同领哨指挥唐宏，土人头目彭九皋，带领士兵六百名；随同领哨指挥卞琚，头目彭辅，带领士兵六百名；随同领哨指挥张缙，土人头目贾英，带领士兵六百名；随同领哨千户刘宗本，连同各哨所的官员，带领浔州等卫所以及武靖州的土汉官兵、本地向导等，共一千多人。永顺的部队进军围剿牛肠的逆贼，保靖的部队进军围剿六寺等地的贼徒老窝，规定在初三日寅时一齐到达贼徒的老窝，集合兵力围剿。

各贼先防湖兵经过，各将家属生畜驱入巢后大山潜伏，贼首胡缘二等，各率徒党团结防拒。然访知本院住扎南宁，寂无征剿消息，又不见调兵集粮，而湖兵之归，又皆偃旗息鼓，略无警备，遂皆怠弛，不以为意。至是突遇官兵，四面攻围，各贼仓惶失措，然犹恃其骁悍、蜂拥来敌。当有彭明辅、彭九霄、彭宗舜并头目田大有、彭辅等，督率目兵，奋不顾身，冲突矢石，敌杀数合，贼锋摧败。当阵生擒斩获首贼并次从贼徒、贼级六十九名颗，俘获男妇及夺回被虏人口牛只器械等项数多。余贼退败，复据仙女大山，凭险结寨。各兵追围，攀木缘崖，设策仰攻。至初四日，复破贼寨，当阵生擒斩获首贼并次从贼徒、贼级六十二名颗。初五日，复攻破油磜碎、石壁、大陂等巢，生擒斩获首贼及次从贼徒、贼级七十九名颗，俘获男妇、牛只、器械等项数多。余贼奔至断藤峡、横石江边，因追兵紧急，争渡覆溺死者约有六百余徒。官兵复从后奋勇追杀，当阵生擒获斩首贼及次从贼徒、贼级六十五名颗，俘获男妇、牛畜、器械等项数多。各贼间有一二漏网，亦皆奔窜他境。官兵追杀至于本月初十日，遍搜山峒无遗。禀蒙收兵，回至浔州府住扎间。随蒙本院密切牌谕，复令职等移兵进剿仙台等贼。

译文

这里的各个贼徒先是为了防御湖兵经过这里，各自将家人、牲畜驱赶到了老窝后面的大山里潜藏起来。贼徒首领胡缘二等人，各自带领自己的党徒喽啰联合防御、抗拒即将到来的官兵。然而，当他们察访得知官军大本营驻扎在南宁，一片寂静，没有任何要征伐进剿的消息，又没有看到官军调兵遣将以及集结粮草，而且湖兵在归回本地的时候，又都是放倒军旗，停打军鼓，没有战斗的意思，也稍稍放松了警惕和准备，于是这些贼徒就都怠慢、放松了下来，没有当作一回事。直到忽然遭遇军兵，对他们进行四面围攻，这些盗贼便都惊慌失措，乱了方寸，不过，他们仍然自恃骁勇、彪悍，蜂拥前去抵挡官兵。当时，彭明辅、彭九霄、彭宗舜以及土人头目田大有、彭辅等人，督导率领头目官兵，不顾生死，奋勇向前，在飞箭乱石之中冲锋陷阵，与贼徒拼杀了几个回合，贼徒的锐气就被摧毁败阵下来了。于是，在阵地上就活捉斩获了贼徒首领和下属贼徒头目、贼徒喽啰六十九人，俘虏缴获男女人口以及抢夺回被贼徒掳掠的人口、牛羊、器械等很多数。剩余的贼徒大败后逃跑，又盘踞在了仙女大山上，他们凭借着险要的地形结起营寨。各路官兵追来进行围剿，攀缘树木和悬崖，制定策略从低处往高处进攻。到初四日，又攻破了贼徒的营寨，在战争中生擒斩杀获得贼徒首领和下属头目、喽啰六十二名颗。初五日，又攻破了油碎、石壁、大陂等贼徒老窝，活捉和杀死贼徒首领以及从属的头目、喽啰共计七十九人，俘获男女人口、牛匹、兵器等很多项。剩下的逆贼又逃跑到了断藤峡、横石江边，由于官兵追击迅猛，贼徒争抢着渡江，淹死了大约有六百多人。官兵又从贼徒后面奋勇追杀，当场活捉、杀死了贼徒首领以及从属头目、喽啰六十五人，俘获男女人口、牛羊牲畜、武器等极多。这些贼徒当中或有一二人漏网，也都逃到了其他区域。官兵进行追杀，一直到本月初十日，又遍搜山洞，毫无遗漏。禀告上级后撤回军队，回到浔州府驻扎期间，随即又接到本院的详细周密的谕令，又派各路官员带兵转移，进发围剿仙台等地的贼徒。

就于本月十一日夤夜，仍前分布各哨官兵，遵照牌内方略，永顺于盘石、大黄江登岸，进剿仙台、花相等处；保靖于乌江口、丹竹埠登岸，进剿白竹、古陶、罗凤等处。刻定于十三日寅时一齐抵巢。各贼闻知牛肠等巢破灭，方怀疑惧，谋欲据险自固。贼首黄公豹、廖公田等各率徒党，沿途设伏埋签，合势出拒。官兵骤进，翕如风雨。各贼虽已夺气，然犹舍死冲敌，比之牛肠等贼凶恶尤甚。各该官兵奋勇夹击，争先陷阵，生擒斩获首贼及次从贼徒、贼级四百九十名颗，俘获贼属男妇、牛畜、器械等项数多。各贼奔入永安边界，地名立山，恃险结寨。当蒙摘调指挥王良辅并目兵彭恺等，于本月二十四日，亦各分路并进，奋勇争先，四面仰攻。贼乃败散，当阵生擒斩获首贼及次从贼徒、贼级一百七十二名颗，俘获男妇、牛畜、器械数多。余贼远窜，追杀无遗。

译文

就在本月十一日深夜，依旧在前线布置各个哨所的军兵，依照牌令中所写好的进兵策略，永顺驻扎的军兵从盘石、大黄江登岸，围剿仙台、花相等地方的贼徒；保靖驻扎的官兵从乌江口、丹竹埠登岸，围剿白竹、古陶、罗凤等地方的贼徒。规定在十三日寅时，一齐抵达贼徒的老窝。各路贼徒听闻牛肠等地方的老窝已经被攻破了，这才心中疑虑、害怕，谋求凭借着险要的地形自我防御。贼徒首领黄公豹、廖公田等人，各自率领党羽贼徒，在沿路设立埋伏，埋藏尖棍，集合势力出队抵抗官军。这时候，官兵突然进军，阵势庞大如同风雨一般。贼徒虽然被这阵势吓住了，但仍然是拼死冲杀，与牛肠等地方的贼徒相比，更加的穷凶极恶。各路军兵奋力勇猛地夹击贼徒，争先恐后地冲锋陷阵，活捉以及斩杀获得贼徒首领以及从属头目、喽啰共计四百九十人，俘虏收获贼徒的男女人口、牲畜、兵器等很多项。剩余的贼徒逃到了永安边界一个叫作立山的地方，他们凭借着险要的地形集结营寨。当时，又承蒙摘调指挥王良辅和士兵头目彭恺等人，在本月二十四日，也兵分几路同时进剿贼徒，都奋进勇猛，争先恐后，分布四周，从下往上进攻。于是，贼徒大败散逃。当场活捉斩首获得贼徒首领以及从属头目、喽啰一百七十二人，俘获男女人口、牲畜、兵器等很多。剩余的贼徒向远处逃窜，官兵乘势追击斩杀无遗漏。

又据把截邀击参将沈希仪解报，擒斩首从贼徒、贼级八十六名颗。把截头目邓宗七，抚瑶老人陈嘉猷，旗军洪狗驴等，及贵县典史苏桂芳，把隘指挥孙龙官、舍覃铻，浔州府捕盗通判徐俊，平南知县刘乔等，亦各呈解擒斩首从贼徒、贼级八十一名颗，俘获男妇、器械等项数多。

译文

又根据负责拦截、截击的参将沈希仪发来的捷报说，活捉、杀死贼徒首领从属的头目、喽啰计八十六人。把守拦截头目邓宗七、抚瑶老人陈嘉猷、旗军洪狗驴等人，以及贵县的典史苏桂芳，把守隘口的指挥孙龙官、舍覃铻，浔州府的捕盗通判徐俊，平南知县刘乔等人，也全部都各自呈来解押文告，共计杀死、活捉从属的贼徒头目、喽啰八十一人，还俘获了大量的男女人口、兵器等多项。

又该督兵右布政林富、旧任副总兵张祐等，遵奉本院方略，分督田州府报效头目卢苏等目兵及官军人等三千名，思恩府报效头目王受等目兵及官军人等二千名，韦贵等目兵及官军乡款人等一千一百名，照依分定哨道，进剿八寨稔恶瑶贼，刻期于本年四月二十三日卯时一齐捣巢。先于二十二日晚，于新墟地方集各土目人等，申布本院密授方略，乘夜衔枚速进，所过村寨，寂然不知有兵。黎明各抵贼寨，遂突破石门天险，我兵尽入。贼方惊觉，皆以为兵从天降，震骇溃窜，莫知所为。我兵乘胜追斩，各贼且奔且战。薄午，四远各寨骁贼聚众二千余徒，各执长标毒弩，并势呼拥来拒，极其猛悍。我兵鼓噪奋击而前，声震崖谷，无不一当十。贼既失险夺气，而我兵愈战益奋，贼不能支，遂大奔溃。当阵生擒斩获首贼及次从贼徒、贼级二百九十一名颗，俘获男妇、畜产、器械数多。贼皆分阵聚党，奔入极高大山，据险立寨。我兵亦分道追蹑围剿，然崖壁峻绝，我兵自下仰攻，战势不便；贼从巅崖发石滚木，多为所伤。于是多方设策，夜发精锐，掩其不备。二十四日，我兵复攻破古蓬等寨，生擒斩获首贼及次从贼徒、贼级共一百三名颗，俘获数多。二十八日，复攻破周安等寨，生擒斩获首贼及次从贼徒、贼级共一百四十六名颗，俘获数多。五月初一日，复攻破古钵等寨，生擒斩获首从贼徒、贼级一百二十七名颗，俘获数多。初十日复攻破都者峒等寨，斩获首从贼徒、贼级一百四名颗，俘获数多。

译文

另外，该督兵右布政林富、前任副总兵张祐等人，依照本院制定的进军策略，分别督领田州府前来效力报国的头目卢苏等目兵加上将官等三千人，还有思恩府前来效力的头目王受等目兵加上将官共计两千人，韦贵等带领的目兵以及将官、乡勇共计一千一百名，按照已经安排好的分兵路线，围剿八寨那作恶多端的瑶贼，规定在本年四月二十三日卯时，一同进军抵达贼徒的老窝。他们首先在二十二日晚，在新墟处集结各部土目士兵，向他们宣布本院秘密传授的进军策略，趁着夜色，口衔木枚，快速进发，所经过的村寨，都是一片寂静，并不知道有军队路过。到了黎明时分，各个军队都已经抵达贼徒的营寨，于是，我军突破石门这个地方的险峻地势，部队全部都冲了进去。这时候，贼徒才有了警觉，都认为是兵从天上降落，震惊害怕，溃败窜逃，不知道要干些什么。我军则乘胜追杀贼徒，各个贼徒一边奔跑一边作战。接近中午，四面八方处于远处的各贼寨的骁勇贼徒，聚集了两千多党徒，分别手执长标、毒弓箭，集结成势力前呼后拥地前来抵抗我军，极其凶猛、强悍。我军则鼓动声势，奋勇向前拼杀，呼喊声震动山谷，没有不以一当十的。贼徒已经失去了险峻的有利地势，又被我军的声势夺去了士气，加上我军愈战愈勇，贼寇无法抵挡，于是大败，各自溃散奔逃。当场活捉、杀死贼徒首领以及从属头目、喽啰二百九十一人，俘获男女人口、牲畜、财产、兵器等很多数。贼徒都划分阵地，聚集党徒，逃到了极高的大山里面，凭借着险要地形建立营寨。我军也兵分几路，对他们追踪围剿。然而崖壁高峻险绝，我军从下面往上面进攻，战斗形势对我们自己大为不利；贼徒从山顶上扔下滚木雷石，很多士兵为其所伤。于是，我军从多方面出谋划策，在夜里发动精锐部队，趁敌人毫不防备时进行突然袭击。二十四日，我军又攻下了古蓬等营寨，活捉、杀死了贼徒首领以及从属头目、喽啰共计一百零三人，还俘虏收获了很多的东西。二十八日，又攻下周安等营寨，活捉、杀死了贼徒首领以及从属头目、喽啰共计一百四十六人，还俘虏收获了很多的东西。五月初一日，我军又攻下古钵等营寨，活捉、杀死了贼徒首领以及从属头目、喽啰一百二十七人，还俘虏收获了很多的东西。初十日，我军又攻下都者峒等营寨，斩杀获得贼徒从属头目、喽啰一百零四人，还俘虏收获了很多的东西。

本月十二等日，复据参将沈希仪解到，督领指挥孙继武等官军及迁江土目兵夫人等，于高径、洛春、大潘等处追剿邀击各寨奔贼，斩获首从贼徒、贼级九十八名颗；都指挥高崧解到，督领指挥程万全等官军及土目兵夫人等，于思卢、北山等处，搜剿截捕各寨奔贼，斩获首从贼徒、贼级九十一名颗。又据同知桂鏊监督思恩土目韦贵、徐五等目兵，分剿铜盆等寨，斩获首从贼徒、贼级一百九十二名颗，俘获数多。又据通判陈志敬督领武缘应虚等处乡兵，搜剿大鸣等山奔贼，斩获首从贼徒、贼级八十六名颗。

译文

本月十二日等，又根据参将沈希仪通报道，督领指挥孙继武等官军，以及迁江的土目士兵、民夫等，在高径、洛春、大潘等地，追击、围剿并诱击各个营寨逃跑出来的贼徒，共斩杀、抓获贼徒从属头目、喽啰九十八人。都指挥高崧通报，督领指挥程万全等官军以及土目士兵、民夫等人，在思卢、北山等地方，搜查、围剿、堵截、捕杀各个营寨逃跑出来的贼徒，斩杀、抓获贼徒首领以及从属头目、喽啰九十一人。又根据同知桂鍪所监督的思恩土目韦贵、徐五等带领的目兵，分兵进剿铜盆等营寨，斩杀、抓获贼徒首领以及从属头目、喽啰一百九十二人，俘虏收获颇丰。又根据通判陈志敬督领武缘、应虚等地的乡兵，搜查围剿大鸣山等山上所逃跑的贼徒，斩杀、抓获贼徒首领以及从属头目、喽啰八十六名。

又于本月十七等日，卢苏、王受等复攻破黄田等寨，斩首从贼徒、贼级三百六十二名颗，俘获数多。六月初七等日，复攻破铁坑等寨，斩获首从贼徒、贼级二百五十三名颗，俘获数多。又据指挥康寿、松干黉、王俊等督领官兵，于绿茅等处把隘搜截，斩获首从贼徒、贼级四十八名颗。

译文

又在本月十七日等，卢苏、王受等人又攻下了黄田等营寨，斩杀贼徒首领以及从属头目、喽啰首级三百六十二颗，还俘虏收获很多东西。六月初七日等，我军又攻下了铁坑等营寨，斩杀贼徒首领以及从属头目、喽啰首级二百五十三颗，还俘虏收获很多东西。又根据报告，指挥官康寿、松干黉、王俊等督领的官兵在绿茅等地区，把守关隘，搜查拦截、斩杀、收获贼徒首领以及从属头目、喽啰首级四十八颗。

各贼始虽败溃，然犹或散或合，至是，见其渠魁骁悍，悉就擒斩，遂各深逃远窜。其稍有强力者尚一千余徒，将奔往柳、庆诸处贼巢。我兵四路夹追，及之于横水江。各贼皆已入舟离岸，兵不能及。然贼众船小，皆层叠而载，舟不可运；复因争渡，自相格斗，适遇飓风大作，各船尽覆，浮迫登岸得不死者，仅二十余徒而已。我兵既无舟渡，又风雨益甚，遂各归营。既晴，我兵仍分路入山搜剿，各贼茫无踪迹。又复深入，见崖谷之间，颠堕而死者不可胜计，臭恶薰蒸，不可复前。远近岩峒之中，林木之下，堆叠死者男妇老少大约且四千有余。盖各贼皆仓卒奔逃，不曾赍有禾米，大雨之中，饥饿经旬，而既晴之后，烈日焚炙，瘴毒蒸炽，又且半月有余，故皆糜烂而死。八寨之贼略已荡尽，虽有脱网，亦不能满数十余徒矣。

译文

各处的贼徒开始虽然失败溃逃，然而仍然或分散或聚集，直到见到他们那勇猛强悍的首领们全被擒拿斩杀，就各自逃跑到深山里，流窜到遥远的地方。其中稍微强壮一些的贼徒还有一千多人，将要奔向柳州、庆州等地的老窝。所以，我军从四面对他们进行夹击、追剿，一直到横水江岸边。这些贼徒全部都已经乘小船离开了江岸，官兵无法靠近他们。然而贼徒众多，船只数量少，贼徒都层层叠叠地站坐在船上，小船没有办法运载；他们又由于争着要先渡过江去，便相互争斗起来，这时候正巧赶上飓风大起，江中的贼船全部都倾翻，贼徒浮水往岸上游去，登上江岸得以不死的仅有二十多人而已。我军既没有船可以渡过江去，又见风雨变得等加猛烈，于是便各自返回军营。天晴了之后，我军仍旧兵分几路深入山中去搜捕、围剿那些流窜的贼徒，但是茫茫然看不见贼徒踪迹。我军又深入到大山内部，在山崖和山谷之间看到，坠崖摔死的贼徒数不胜数，那些尸首因为太阳蒸晒，臭味熏人，让人无法再往前走。远近的崖洞之中，以及林树下面，层层堆叠的死人，男女老少，大约有四千多人。大概是各路贼众都在慌忙地逃跑，而没有携带柴米，遭受了大雨的淋洒，又忍饥挨饿十天，等到了天晴之后，烈日炎炎，瘴气毒雾蒸腾弥漫，持续半个多月，所以那些人都因为身体溃烂而死了。八寨的贼大致上就已经扫荡完毕了，就算是有漏网的贼徒，也超不过十几个人了。

本院议于八寨之中，据其要害，移设卫所，以控制诸蛮。复于三里设县，以迭相引带。亲临相视思恩府基，景定卫县规则。其时暑毒日甚，山溪水涨，皆恶流臭秽，饮者皆成疫痢。本院因见各贼既已扫荡，而我兵又多疾疫死亡，乃遂班师而出。

译文

本院决定在八寨之中，按照地形提示的关键地点，迁置卫所，以此来控制众蛮族。并在三里这个地方设县，来互相连接、牵引。我亲临现场去看思恩府的地基，根据日影制定了卫、县府的建设规制。这时候暑热日益严重，山谷里的溪水漫涨，全都是污水、恶秽，喝了这里水的人，全部都引发了痢疾等疾病。本院因见各地的贼徒都已经被荡平，而我们的军兵又有很多因为生病、感染瘟疫而死亡，于是就决定班师回军，离开这里。

照得各职于本年三月二十三等日，先奉本院钧牌："据左江道守巡、守备等官呈称，断藤峡等处瑶贼，上连八寨，下通仙台、花相等峒，累年攻劫郡县乡村，杀害军民，累奏请兵诛剿，乞要乘此兵威剿灭等因，行仰各职监统各该官兵进剿各贼。谕令未至信地三日之前，停车中途，候约参将张经，与同守巡各官集议，先将进兵道路之险夷远近，各巢贼徒之多寡强弱，及所过良民村分之经由往复，面同各乡导人等，逐一备细讲究明白，务要彼此习熟，若出一人；然后刻定日时，偃旗息鼓，寂若无人，密至信地，乘夜速发，务使迅雷不及掩耳，将各稔恶贼魁尽数擒剿，以除民害，以靖地方。除临阵斩获外，其余胁从老弱，一切皆可宥免。今兹之举，惟以定乱安民为事，不以多获首级为功。各官务要仰体朝廷忧悯困穷之心，俯念地方久罹荼毒之苦，仍要禁约军兵人等，所过良民村分，毋得侵扰一草一木。有犯令者，当依军法斩首示众。各官既有地方责任，兼复素怀忠义，当兹委任，务竭心力，以祛患安民。事完之日，通将获过功次开报纪功御史纪验，以凭奏报。"奉此各职会同参议汪必东，佥事汪溱、吴天挺，参将张经，都指挥谢珮，遵照军门成算，分布各哨官兵，申明纪律，严督依期进剿前项各贼巢穴，获功解报间。

译文

各个官员在今年三月二十三日等，先是依奉本院的官令牌："按照左江道守巡、守备等官员呈报说，断藤峡等地方的瑶贼，向上连通八寨贼徒，向下又沟通仙台、花相等峒寨，经年累月地进攻抢劫郡、县、乡村，受害军兵、百姓，曾多次奏报，乞求朝廷发兵进剿，现想要乘着我们这波军兵的威力一举剿灭逆贼等等情况。仰赖各个职官监督统率各自的将兵去进剿各地的贼徒。谕令还没有到达预先设定的会师地点的前三天，在停车等待的中途，参将张经与和他在一起留守巡视的各级官员集中商议决定，首先要把进军道路的险要与平坦、远与近，各据点贼徒的多与少、强与弱，以及所要经过良善百姓村庄的分布位置、经过点、来回路线，都要亲自和各村的向导们逐一且详细地讲述清楚，必须要每个人熟悉于心，就像是出自同一个人的口中一样。然后再规定好时间，放倒军旗，停打军鼓，寂静得犹如无人一般，如此秘密地向约定地点进发，乘着夜色迅速行军，务必让你们率领的军队以迅雷不及掩耳之势，将各地作恶的贼徒首领，全部抓获、剿灭，从而铲除百姓的这一祸害，让地方上得到安定。除了在当场斩杀、抓获的贼徒以外，其他的被胁迫跟从的老人、弱子，都可以宽赦不杀。如今这番举动，只是以平定叛乱、安抚百姓为宗旨，并不把斩杀贼徒的脑袋多少作为功绩。各级官员一定要崇仰、体谅朝廷的忧心怜悯老百姓困顿穷苦的良苦用心，顾念地方上百姓长久以来已经遭受到的残害的痛苦，仍然要禁止约束官兵等众人，在经过良善百姓居住的村庄时，不得侵犯或是打扰百姓们的一草一木。若有违反禁令者，就当按照军法，斩首示众。各级官员，既肩负着地方上的责任，又兼有向来怀有的忠心与大义，应当给予委任，一定要竭尽才智，来祛除祸患，安抚百姓。等到事情办理完后，要把全部的战利品、过失、功绩以及立功等级，开列报告给纪功御史进行纪录验查，凭借这个来上报朝廷。”依照此命令，各职官会同参议汪必东，佥事汪溱、吴天挺，参将张经，都指挥谢珮，遵照军事部门的筹划谋算，分头布置各个哨所的将士，并说明军纪，严格监督官兵按时围剿前面提到的各个贼徒部落的巢穴，获得功劳的通报正处上奏期间。

随准参将张经手本，密奉本院钧牌：“仰候牛肠事毕，即便移兵进剿古陶诸贼。就使各贼先已闻风逃遁，亦须整兵深入，扫其巢穴，以宣声罪致讨之威。若其遂能悔罪效顺，亦宜姑与招安。如其仍前凭险纵恣，两征不已至于三，三征不已至于四，务在殄灭，以绝祸根。各官就彼分定哨道，永顺进剿仙台诸处，保靖进剿白竹诸处，各分乡导人等引路进兵，务在计虑周悉，相机而行，各毋偏执己见，致有误事。彼中事势，参将张经久于其地，必能知悉，仍要本官勇当力任，断决而行，不得含糊两可，终难辞责。”又经遵照方略，依期进剿，获功解报间。

译文

于是，照准参将张经的手本，秘密地依奉本院的牌令："等到牛肠剿贼的事完结后，要马上转移军兵去围剿古陶的众贼徒。就算是各处的贼徒事先听闻了消息逃跑了，也一定要整顿军队深入敌后，扫平他们的巢穴，以此来宣扬贼徒的罪恶，增强我军进行征讨的强盛威力。若是他们终于能够改过自新，愿意归顺效力，也应该姑且对他们进行招安。若是他们仍旧像之前那样凭借着险要的地势肆意胡为，若是对他们两次征讨都没能讨尽，就进行第三次围剿，若三次征讨还剿灭不尽贼徒，就进行第四次进剿，一定要把贼徒消灭，来杜绝祸根。各职官根据自己的情况分配好守卫路线，永顺的驻扎官军围剿仙台等地方的贼徒，保靖的驻军围剿白竹等地方的贼徒，各自分配当地向导多人在前面指引道路，进发部队，计划思虑一定要周详，抓住机遇，积极采取行动，各位务必不要执拗于自己的意见，刚愎自用，以致耽误了大事。那些地方的事务、形势，参将张经在那里已经驻扎了很久，一定能够详细地知道，仍然决定要该官勇敢地承担起重任，果断决定策略而采取行动，而不能含糊不清，否则，最终难以推卸责任。"又已经依照该命令中的策略，按照日期行军围剿，获功详情通报正在上奏。

又于四月初五等日，各职先奉本院密切钧牌："据右布政林富，副总兵张祐等呈称，八寨瑶贼，毒害万民，千百里内，涂炭已极。乞要乘此军威，急除一方大患等因。本院看得八寨之贼，既极骁猛，而石门天险，自来兵不能入，此可以计取，未易以兵力图者。迩者思、田既附，湖兵尚留，彼贼心怀疑惧，必已设有备御。今各州狼兵悉已罢散，而思、田新附之民方各归事农耕，湖兵又已撤回，彼必以我为无复有意于彼，是以近日稍稍复出剽掠，是殆以此探望官府举动。今我若罔闻知，且听其出没，彼亦放纵懈弛，谓我不复能为。此正天亡之时，机不可失。前者思、田各目感激朝廷再生之恩，求欲立功报效。当时许其休息三月，然后调用。今已及期，仰右布政林富，副总兵张祐照牌事理，即便分投密切起调各目兵夫，迂路前到南宁，面听约束行事。"各职遵奉起调，行至新墟地方，又密奉进兵方略。刻定日期。当即遵奉，连夜分哨速进，遂克攻破巢穴，连战皆捷，斩获功次解报间。

译文

又在四月初五等日，各职官又依奉本院的密切叮嘱的牌令："按照右布政林富，副总兵张祐等人呈报，说八寨的瑶贼，让万余百姓遭受毒害，千百里的范围内，他们所遭受的困苦已经达到了极点。乞求趁着我军此时强盛的军威，紧急地剿除这个地方的大祸患等等情况。本院察看到八寨的瑶徒，已经十分的骁勇、凶猛，而且石门地区凭借着天然的险要地势，自古以来，兵家难以进入，所以，这里只能用智谋来获取，而不能轻易地动用武力获取。当时思恩、田州已经归附，湖广士兵还驻留在那里，那些贼徒的心中必然怀有疑惑、惧怕，一定已经有所防备。如今各州的勇猛狼兵，都已经被解除散归了，而思恩、田州新近依附的百姓，都才刚回到农耕生产的事务中，湖兵又已经撤回，他们必定会以为我们不会再对他们打什么主意，所以，最近一些日子他们又略微出兵剽窃、抢掠，这大概是他们在以此试探官府对他们的举动态度。如今我们装作像是没有听说过他们抢掠的事情，暂且放任他们出没抢掠，他们也就会放纵、懈怠，以为我军不会再对他们采取什么行动。而这正是上天要灭绝他们的时机，机会万万不可失掉。前些日子思恩、田州的各目民，感激朝廷给他们重获新生的恩德，想要立功来报效朝廷。当时我已经允许他们休养三个月，然后再调用他们。如今已经到了期限，仰赖右布政林富、副总兵张祐依照牌令办理这件事情，立刻分头行动，秘密起来调动各目士兵、军夫，迂回行军，赶往南宁，亲自按照约定的情节去行动。"各职官依照命令调兵出发，行军到新墟这一地方，又秘密依照进攻的策略，预定好总攻的日期。立即依照命令，连夜兵分几路快速进军，于是攻破了贼徒巢穴，连续作战，都取得了胜利。斩杀、抓获贼徒的人数以及立功的等级，都还处在通报上奏期间。

职等各蒙巡按广西监察御史石金案验："为纪获功次事，案行该道，各不妨监督，如遇参将张经，旧任副总兵张祐等官各解到擒斩贼人贼级，并俘获贼属男妇牛马，俱要就彼审验真的，事完通查获功员役，分别首从功次多寡缘由，造册赍报，以凭复审奏报等因"。除遵奉外，今据进剿断藤峡谷各哨土目官兵解到生擒斩获首从贼徒、贼级一千一百四名颗，俘获贼属五百六十八名口；进剿八寨各哨土目官兵解到生擒斩获首从贼徒、贼级一千九百一名颗，俘获贼属五百八十七名口。两处共计擒斩获三千五名颗，俘获贼属一千一百五十五名口。除遵照案验事理，再行验实造册另报外，其各哨解到生擒、斩获、俘获等项功次数目，合先开报。

译文

各职官承蒙广西监察御史石金查询验证，说："为了纪录立功等级的事宜，决定执行该规则，都不能妨碍其监察，比如遇到参将张经、前任副总兵张祐等官员，各自解送到的活捉、斩杀的贼人以及头颅，以及俘获的贼徒所拥有的男女青壮年、牛马牲畜，都要审查验证真假，等事情完毕后，要通盘查验立功的官员、兵士、役夫，分别按上下等级以及立功的次数多少、原因经过等项，制订文册进行送报，并凭借这个重新审验上奏朝廷"等等情况。这些都已依照命令遵守了。如今据了解围剿断藤峡山谷的各路土目将士解送到活捉、斩获的头目以及从属的贼徒、贼人头颅共计一千一百零四名颗，俘获贼徒家属计五百六十八口；围剿八寨各路土目官兵解送到的活捉、斩获的头目以及从属贼徒、贼人头颅计一千九百零一名颗，俘获贼徒家属计五百八十七口。两处共计活捉、斩首了三千五百名颗，俘虏获得贼徒家属计一千一百五十五口。除了要依照查询验证的事项，再进行核准、制订文册另行上报外，各支军队解送到的活捉、斩首、俘虏等项有关立功的名次、数目，合计一处，先行上报，告知。

职等会同参照断藤峡诸贼连络数十余巢，盘亘三百余里，彼此掎角，结聚，凭险稔恶，流劫郡县乡村。自国初以来屡征不服；至天顺年间，该都御史韩雍统兵二十余万来平两广，然后破其巢穴。兵退未久，各贼复攻陷浔州，据城大乱。后复合兵攻剿，兼行招抚，然后退还巢穴。自是而后，官府曲加抚处，或时暂有数月之安，而稍不如意，辄复猖獗，杀掠愈毒。盖其祖父以来，狠戾相承，凶恶成性，不可改化。近年以来，官府剿抚之计益穷，各贼残毒之害日甚，盖已至于不可支持矣。至于八寨诸贼，尤为凶悍猛恶，利镖毒弩，莫当其锋；且其寨壁天险，进兵无路。自国初韩都督尝以数万之众围困其地，亦不能破，竟从招抚。其后屡次合剿，一无所获，反多挠丧，惟成化年间，土官岑瑛素能慑服诸瑶，尝合各州狼兵一入其巢穴，斩获二百余功，已而贼势大涌，力不能支，当遂退兵，亦以招安而罢。自是而后，莫可谁何，流劫远近，岁无虚月，民遭荼毒，冤苦无所控吁。自思田多事，两地之贼相连煽动，将有不可明言之变，千里之间，方尔汹汹朝夕。今幸朝廷威德宣扬，军门方略密授，因湖广之回兵而利导其顺便之势，作思、田之新附而善用其报效之机，翕若雷霆，疾如风雨，事举而远近不知有兵兴之役，敌破而士卒莫测其举动之端。两地进兵，各不满八千之众，而三月报绩。共已逾三千之功，盖其劳费未及大征十之一，而其斩获加于大征三之二，远近室家相庆，道路欢腾，皆以为数十年来未见其斯举也。

译文

各职官聚在一起，依照断藤峡众贼徒相互联络达十几个巢穴，连绵三百多里，他们彼此形成掎角之势，集聚在一起，凭借着险阻的地理环境，作恶多端，流动劫掠远近的郡、县、乡村。自从我朝建立以来，屡次对这里的贼徒进行征剿，但都没能够制服他们；到天顺年间，都御史韩雍统领二十多万军队，来进剿两广地区逆贼，然后攻下了他们的巢穴。等到军队撤退后不久，各巢贼徒又重新攻陷了浔州，占据了城池大肆展开叛乱。后来朝廷又重新集合军队攻伐围剿，一边还同时对其进行招安慰抚，才又重新退回到巢穴里去了。从此之后，官府又曲意地对他们进行安抚，在这种情况下，才暂时有了几个月的安定，不过稍微不如意了，贼徒便又猖獗肆虐起来，烧杀抢掠比以前更加的狠毒。大概贼徒从他们的祖辈以来，狠毒、暴戾相继承，穷凶极恶侵略成性，不能够被改造和教化过来。最近几年，官府对贼徒进行围剿和安抚的策略越发无计可施了，而各巢的贼徒对百姓进行的残暴的毒害更是一天比一天严重，这些地方的百姓已经达到了难以支撑生活，无法再进行生产的地步了。至于说八寨的众多贼徒，尤其凶暴、彪悍、恶毒、狠猛，他们持有锋利的飞镖、涂有毒药的弓弩，官兵无法抵挡飞镖弓弩的锋芒；而且，他们的营寨所在位置崖壁险峻，对他们发兵，几乎是没有通路的。自立国初期，韩都督曾带领数万官兵，包围这个地方，都没有能够攻破，只得采用安抚、招安办法。从此以后，朝廷屡次集合兵力进行围剿，可是一点成效也没有，而自己的军兵反而退缩沮丧。只有成化年间，土官岑瑛，向来能震慑、征服诸瑶贼，曾经集合各州的勇猛狼兵，进入过贼徒的巢穴，斩杀、抓获了二百多人，可没多久，贼徒的势力又极迅猛地膨胀起来，其势如潮涌，岑瑛的兵力难以支撑，当即退兵，也还是采用了招安的办法而已。从此往后，没有谁能够把这贼徒们怎么样，他们对周边远近的地方流动地进行劫掠，简直没有哪个月停止过。老百姓深深地遭到毒害，冤枉、痛苦而没有地方去控诉。自从思恩、田州逆贼造反，事务繁多之后，这两个地方的贼徒，相互联络，煽动蛊惑，将要随即发生不用明说的动乱，千里之内的地方，朝夕之间叛乱瞬间就会席卷到各地。如今幸运的是，朝廷的威势、德政广泛宣布，军事部门已经制定了进剿的策略，秘密地传授给各个职官。即借助湖广籍正在撤离的军兵，根据敌情引导他们顺势而战，这支部队作为思恩、田州新近附入的有生力量，善于抓住他们效力报国的机会，如迅雷一般收拢聚集，如风雨一般飞速前进，大举进兵了而远近各地的百姓却不知道有围剿贼徒的大战役，贼徒被击毁了，而无法揣测士兵们行动的踪迹。两个地方进剿贼徒的官兵，都分别没有超过八千人，而三月份时报告成绩，就已经立下了歼敌超过三千的功劳，这次征伐贼徒所花费的钱财大概不到大举征讨贼徒时的十分之一，而这次行动斩杀、抓获的贼徒却超过大举征讨逆贼时的三分之二，无论远近的住户人家都相互庆贺，道路上全部都是欢庆奔腾的百姓，都认为这是几十年来没有见到过的战绩。

职等承乏任使，虽冲冒炎毒，攀援险阻，不敢不竭力效命，但仅遵奉方略，安能仰赞一筹。照得宣慰彭明辅、彭九霄，官男彭宗舜等扶病冒暑，督兵剿贼，颠顿崖谷，仆而益奋，遂能扫荡巢穴，殄灭渠党。即其忠义激发，诚亦人所难能。其思、田报效头目卢苏、王受等，感激再生之恩，共竭效死之报，自备资粮，争先首敌，遂破贼险，捣自昔不到之巢，斩自来难敌之寇。盖有仰攻险寨堕崖而碎首者，犹曰“我死不憾”；亦有仰受贼弩挂树而裂肢者，犹曰“我死甘心”。民间传诵，以为卢苏、王受昔未招抚，惟恐其为地方之患，今既招抚，乃复为地方除患，啧啧称叹，谓其竭忠报德之诚，虽子弟之于父兄，亦不能是过矣。再照督兵、督哨、防截、给饷等项，凡有事于军前各官，虽其职有崇卑，功有大小，然皆冲冒矢石炎瘴，备历险阻艰难，比之往来大征，合围守困，坐待成功，其为利害劳逸，相去倍蓰。均乞录奏，以劝将来等因到臣。

译文

各职官承受着艰苦困乏的条件来执行任务，虽然顶受着炎热毒瘴，攀登援爬艰难险阻，不敢不为国家竭尽全力效命，但是，我们也只能依照上级制定好的战略战术，无法给上级提供更胜一筹的谋略。据了解宣慰彭明辅、彭九霄，官男彭宗舜等人，带着重病，冒着酷暑，督令军兵，进剿贼徒，在山崖、深谷之中颠沛困顿，仆倒了爬起来却更加奋勇，于是终于能够扫平荡尽了贼徒的巢穴，把这些逆党剿灭尽绝。就算是激于忠心，出于大义，也确实是一般人很难做到的。那些思恩、田州等地方的报效国家的头目卢苏、王受等人，都十分感激朝廷给予重获新生的恩德，愿意诚心竭力地来报答朝廷。他们自己准备钱财、粮食，争先恐后地首先冲入敌阵之中，于是破除了贼徒中险要的防御措施，还捣毁了过去从没有人能够到达的贼徒巢穴，斩杀掉了那些从来都难以抵挡的贼徒。有在从下往上进攻险要营寨的过程中坠下山崖而摔碎脑袋的士兵，临死时仍然说着“我死而无憾了”的话。也有仰面往上冲锋时，遭受贼徒弓弩的袭击，挂到树上而四肢撕裂的士兵，临死时仍然说着“我甘愿死去”的话。民间流传着这样的事，从前，百姓们认为卢苏、王受没有接受招安、绥抚，害怕他们会成为地方上的祸患，如今他们已经被招安，又替地方上铲除祸患，皆啧啧称赞惊叹，说他们那竭尽忠诚回报陛下恩德的诚意，就算是子弟对于他们的父兄，也无法超过他们了。又比照督导士兵、督监岗哨、围追堵截、发放粮饷等事项，但凡是在大军进发中担任了职责的各级官员，虽然他们的职位有高与低，立功也有大有小，但是都经受着敌贼的炮石以及炎热的天气和升腾的瘴毒，历尽了艰难险阻，比起以往的大型的行军征战，只是对这里进行围剿死守，坐等着成功到来，其中的利益与危害、辛劳与安逸，真是相差五倍了。这些功绩，都乞求能够加以纪录，上奏给朝廷，用来劝勉将来的人。等等情况。这些呈报都已经传达给了我。

照得先该各官呈称，前项各巢各贼积年穷凶稔恶，千百里内，被其惨毒，万姓冤苦，朝不保夕，乞要乘此军威，急救一方涂炭等因。其时臣方驻扎南宁，目睹其害，诚不忍坐视斯民之苦，一至此极。及查兵部屡次咨来题奉钦依事理，要将前项各贼即行发兵计剿，以除民患，正亦臣等职所当尽之责。但虑贼众势大，连络千里，可以计破，难以力攻。欲俟再行奏请，命下然后举行，必致形迹昭闻，虽用十万之师，图以岁年，亦未可克。故遂仰遵钦奉敕谕："但有贼盗生发，当抚则抚，可剿则剿"及便宜行事"事理。一面密切相机行事，及密行总镇太监张赐知会，随该镇守两广丰城侯李旻亦相继到任，又经转行知会外。

译文

根据先前各官的呈报说，前面提到的各个贼巢、贼徒，常年来都是穷凶极恶之徒，在千百里范围之内的百姓，全部都遭受到了他们的残害荼毒。千百万老百姓真的是冤屈、痛苦，早晨无法保证晚上的命运，乞求能够趁着我军强盛的军威，急切地救助这一地方的苦难。等等情况。那时候我才刚到南宁驻扎，亲眼看到了贼徒带来的危害，着实是不忍心干看着老百姓的困苦达到了这样的境地。等到我查看了兵部多次发来的咨文，里面也讲到了朝廷批示的事情，将要对前面说到的各巢贼徒，立即发兵按照计划围剿，来铲除这一老百姓的祸患，这也正是我等一干臣子应当尽到的职责。但是，考虑到贼徒人数众多，声势浩大，又连绵有千里之长，因此，只能够用计谋来智取，而无法用蛮力来征服。本来我想再进行上奏请求，等到朝廷下发命令后，再举兵征讨，这样做的话，必定会导致行踪昭彰，走漏风声，如此，即使是动用十万军队，耗费几年的时间来进行围剿，也不一定能够攻克贼徒。所以就敬仰遵奉皇上的圣谕："凡是有贼徒发动叛乱，应当招抚的，就进行招抚，能够进剿的，就加兵进剿，要依照具体情况来便利行事"的道理。一方面，我们秘密地根据时机来采取行动，以及让秘密地到来总监督的太监张赐知情，随后镇守两广的丰城侯李旻也相继来到任所，又经过转告，把我的计划告诉了他们。

今据各呈前因，该臣等会同总镇太监张赐，总兵李旻，及镇巡三司等官，看得八寨、断藤、牛肠、六寺、磨刀、古陶、白竹、罗凤、龙尾、仙台、花相等贼，巢穴连络，盘据千百余里，凶悍骁猛，酷虐万姓，流毒一方，自来征剿所不能克。果已贯盈罪极，神怒人怨，委有如各官所呈者。是诚两广盗贼之渊薮根柢，此而不去，两广盗贼终未有衰息之渐也。乃今于三月之内，止因湖广便道之归师，及用思、田报效之新附，两地进兵，不满八千，而斩获三千有奇，巢穴扫荡，一洗万民之冤，以除百年之患。此岂臣等知谋才略之所能及？皆是皇上除患救民之诚心，默赞于天地鬼神，而神武不杀之威，任人不疑之断，震慑远迩，感动上下，且庙廊诸臣咸能推诚举任，公同协赞，惟国是谋，与人为善。故臣等得以展布四体，无复顾虑，信其力之所能为，竭其心之所可尽，动无不宜，举无弗振，诸将用命，军士效力，以克致此。虽未足为可称之功，而朝廷之上所以能使臣等获成是功者，实可以为后世行事之法矣。不然，则兵耗财竭，凋弊困苦之余，仅仅自守尚恐未克，而况敢望此意外之事哉？

译文

如今依照各个呈报所报告的情况，我会同总镇太监张赐、总兵李昱以及镇巡布、都、按三司的官员，看到八寨、断藤、牛肠、六寺、磨刀、古陶、白竹、罗凤、龙尾、仙台、花相等地的贼徒巢穴，连成一片，连绵占据成百上千里，这些贼徒凶暴、彪悍、骁勇、狠猛，残酷虐杀成千上万的老百姓，使得整个地方遭受到了毒害，官兵历来对他们进行征伐进剿，都无法取胜。这帮贼匪已经是恶贯满盈，罪过至极，真的是天怒人怨，委实有像各个官员所呈报的情况。这些贼徒，真的是两广盗贼的渊源和根基，若是不把他们铲除掉，那么两广的盗贼，便始终也没有停息下来的趋势了。而如今在三个月之内，只是趁着湖广军队顺路班师撤军的机会，并利用了思恩、田州来报效朝廷的新近归附的土目士兵，两地同时进兵，这些军兵一共不满八千人，却斩杀、抓获了三千多人，把贼徒的巢穴也都扫平荡尽了。这样，洗刷了千百万百姓的冤屈，铲除了这些地方的长达百年的祸患。如此的功绩，哪里是我们通晓计谋，善用战略战术所能够达到的呢？这都是因为皇上铲除祸患、救助百姓的虔诚，受到了天地鬼神的默默赞许，并且皇上神圣、雄武的不轻易杀生的威势，任用人才毫无疑虑的果断，震惊、威慑着附近和远方的疆域，感动着上上下下的官员、军民。并且，朝廷上的众位大臣，都能够做到推心置腹地推荐任命人才，并在一起协助参谋军机大事，都是只从国家的利益出发进行筹划，并且都能够与人为善，相互帮助。所以，我等一干臣子才能够展开自己的手臂，施展出才华，没有任何的顾虑，相信自己的能力能够做成自己在做的事，竭尽心力的程度直至自己能够承受的范围，如此，行动没有不适宜的，举措没有不令人振奋的，众位将领拼命效劳，士兵竭尽效力，从而才最终赢得了征剿逆贼的胜利。这虽然不足以称得上是什么功劳，但是从朝廷方面讲，能够让我们获得这次成功的一些做法，确实能够作为今后朝廷做大事采取行动参考的办法了。若不是这样，那么耗尽兵力，用尽钱财，地方忍受萧条、穷苦、困顿的间隙，仅仅是依靠自我的防守尚且害怕不能，又哪敢奢望取得出乎意外的胜利呢？

照得宣慰彭明辅、彭九霄，官男彭宗舜等，皆冲犯暑毒，身亲陷阵，事竣之后，狼狈扶病而归，生死皆未可必。其官男彭荩臣者，亦遣家丁远来报效。两年之间，颠顿道途，疾疫死亡，诚有人情所不能堪者。而彭明辅等忠义奋发，略无悔怠，即其一念报国之诚，殊有所不可泯者。至于思、田报效头目卢苏、王受等，感激朝廷再生之恩，自备资粮，力辞军饷，实能舍死破敌，争先陷阵，惟恐功效不立，无以自白其本心。谓子弟之于父兄，亦不过是，诚非虚言。此皆臣所亲见者也。

译文

又得知宣慰彭明辅、彭九霄，官男彭宗舜等人，都是冒着暑热和瘴毒，亲自冲锋陷阵，身先士卒，等到把贼徒剿灭以后，他们又都狼狈不堪，拖着病痛回去了，他们的生和死还都很难说呢。尤其是官男彭荩臣，还派自己的家丁大老远来这里报效朝廷。在两年之间，他在道途中颠沛困顿，由于感染瘟疫而牺牲，确实是有人情以来所不堪忍受的。而彭明辅等人，尽忠尽义，奋勇向前，丝毫没有一点懊悔和懈怠，他报效祖国的这片诚心，也实在是难能可贵，不可泯灭呀！至于思恩、田州那报效朝廷的头目卢苏、王受等人，因为感激朝廷给予他们活命的恩德，自己准备钱财、粮食，极力推辞朝廷给予他们的军粮，实在是能够舍身忘死地攻击贼徒，争先恐后，冲锋陷阵，唯恐自己无法立功效力，从而没有机会来表达他们报答朝廷的忠心。我认为子弟对于父兄的忠诚，也不会超过他们的这番用心，这着实不是假话。这些都是我亲眼看到的。

及照留抚思、田右布政林富，已闻都御史之擢，而忠义激发，犹且不计体面，必欲督兵入巢，破贼而后出。是尤人所难能。旧任副总兵张祐、参将张经、沈希仪，湖广督兵佥事汪溱，广西督兵佥事吴天挺，参议汪必东，副使汪素，湖广督兵都指挥谢珮，广西都指挥高崧，及各督哨、督押、指挥等官马文瑞、王勋、唐宏、卞琚、张缙、彭飞、张恩、周彻宗、赵璇、林节、刘镗、武銮，千户刘宗本等，督剿县丞林应聪，主簿季本，并防截、搜捕、调度、给饷等项官员知府程云鹏、蒋山卿，同知桂鏊、史立诚、舒柏，通判陈志敬、徐俊，知州林宽、李东，谕召知县刘乔，县丞杜桐、萧尚贤，经历周奎等，虽其才猷功绩各有大小等级之殊，而利害勤苦，亦有缓急久暂之异，然当兹炎毒暑雨之中，瘴疫薰蒸，经冒锋镝之场，出入崎险之地，固皆同效捍患勤事之绩，均有百死一生之危者也。

译文

另外，留任巡抚思恩、田州的右布政林富，已经听说自己被擢升为都御史了，而激发对朝廷的忠心、大义，尤其是不计较自己的体面，一定想要督领士兵进剿贼徒巢穴，攻破贼人而做好善后工作。这更是人们难以做到的。前任副总兵张祐、参将张经、沈希仪、湖广督兵佥事汪溱，广西督兵佥事吴天挺，参仪汪必东，副使汪素，湖广督兵都指挥谢珮，广西都指挥高崧，另外各督哨、督押、指挥官等，马文瑞、王勋、唐宏、卞琚、张缙、彭飞、张恩、周彻宗、赵璇、林节、刘镗、武銮，千户刘宗本等，监督剿贼的县丞林应聪，主簿季本，还有防御、拦截、搜查、抓捕的官员及调度粮草、饷银等官员知府程云鹏、蒋山卿，同知桂鏊、史立诚、舒柏，通判陈志敬、徐俊，知州林宽、李东，谕召知县刘乔，县丞杜桐、萧尚贤，经历周奎等官员，尽管他们的才能谋略、功劳成就，分别有大、小以及等级的差别，并且利益、危害以及勤劳、辛苦，也都有缓慢、紧急和长久、暂时的区别，可是，在那天气炎热、暑季雷雨交加的环境中，瘴雾毒气充斥蒸腾在山谷，并且经常暴露在刀刃箭镞纷飞的战场，出没在崎岖险要的山地，所以他们都有着为朝廷效力、进剿贼患、勤勉劳碌的功绩，都是在战场上经历了百死一生的危险的勇者。

伏望皇上明昭军旅之政，既行庙堂协赞举任之上赏，亦录诸臣分职供事之微劳，及将宣慰彭明辅等特加升奖，官男彭宗舜、彭荩臣免其赴京，就彼袭替，以旌其报国之义。土目卢苏、王受等，亦曲赐恩典，或不待三年而遂锡之冠带，以励其报效之忠。如此，庶几功无不赏，而益兴忠义之心；赏当其功，而自息侥幸之望矣。

译文

希望皇上能够明确地发出有关军队政务的指示，既要对朝廷中协助推荐任用人才的官员给予最高奖赏，也要纪录那些分别担任一定职责、在剿贼中供职的官员所立下的微薄功劳。另外，对于宣慰彭明辅等人，特别给予晋升、奖赏，至于官男彭宗舜、彭荩臣，就免去让他们进京城面圣的义务，就地袭荫官职，来表彰他们报国的大义。土人头目卢苏、王受等人，也要承蒙您给予恩赐，或许不到三年，就能够赐给他们官职，以用来勉励他们报效国家的忠诚。这样，就能够做到有功劳没有不给予奖赏的，而更加能增强士兵的尽忠尽义的心思；赏赐符合他们的功绩，就能够打消人们侥幸获得赏赐的愿望了。

臣以懦劣迂疏，缪蒙不世之知遇，授以军旅重任，言无不录，计无不行，且又慰以温旨，使之不必顾忌。臣伏读感泣，自誓此生鞠躬尽死，以报深恩。今兹之役，本无足言，然亦自幸苟无覆败，以免戮辱。但恨身婴危疾，自后任劳颇难，已具本告回养病，乞赐俯允，俾得全复余生，尚有图报之日，臣不胜愿望！

译文

我为人懦弱、平庸、迂讷、粗疏，错误地蒙受到皇上给予的盖世难求的知遇之恩，授予我进兵贼巢的重要任务，对于我的建议，没有不采用的，对于我所献的计策，没有不执行的，并且又给予对我们慰问的温暖旨意，让我没有什么顾虑的了。我在听读圣旨时，不禁感动得哭泣起来，发誓自己这一生一定会鞠躬尽瘁，死而后已，用来报答皇上给予的深厚恩情。如今的这场讨贼战役，原本并没有什么值得去说的，可是自己也庆幸没有导致失败，从而免于遭受杀身的耻辱。只是深深遗憾自己身患危险的疾病，以后难以为朝廷效劳了，我已经写了奏折，乞求能够回家养病，乞求皇上能够赐我允诺，从而让我在剩余的人生中，还能够有报效朝廷的时日，我希望这个愿望的实现！

处置八寨断藤峡以图永安疏

嘉靖七年七月十二日

照得臣于去岁奉命勘处思、田两府，皆蒙皇上天地好生之仁，悉从宽宥。两府人民今皆复业安居，化为无事宁靖之地，自此可以永无反覆之患，而免于防守屯息之劳矣。惟是八寨及断藤峡诸贼，积年痛毒生民，千百里内，涂炭已极。臣既目睹其害，不忍坐视而不救，遂遵奉敕谕事理，乘机举兵征剿。仰赖神武威德，幸已剪灭荡平；一方倒悬之苦，略已为之一解。但将来之患，不可以不预防，而事机之会亦不可以轻失。臣因督兵，亲历诸巢，见其形势要害，各有宜改立卫所，开设县治，以断其脉络而扼其咽喉者。若失今不为，则数年之间，贼以渐复，归聚生息，不过十年，又有地方之患矣。臣以多病之故，自度精神力量断已不能了此，但已心知其事势不得不然，不敢仰负陛下之托，俯贻地方之忧，辄已遵奉敕谕便宜事理，一面相度举行，不避烦渎之诛，开陈上请，乞赐采择施行，实地方之幸，臣等之幸。

译文

我在去年遵奉朝廷的命令去勘查处理思恩、田州两府相关事宜，都承蒙皇上具有天地般的爱惜生命的仁慈，对那里首从逆贼都进行了宽赦饶恕，两府的老百姓，如今都已经恢复生产，安定居所，这些地方也都已经变成了宁静平定的地方。从此之后，这里能够永远没有逆贼造反的祸患，并且，也能够避免除在这里防守、驻扎平息的辛劳了。只是八寨和断藤峡两个地方的众多贼徒，常年来都毒害、劫掠这里的老百姓，千百里的范围内，老百姓的穷困已经达到了极点。我既然已经亲眼看到了这里人民遭受的的悲惨景象，不忍心坐视不管，便谨遵皇上给我的敕谕中所要求的事项，趁机向逆贼发兵，进行征伐围剿。仰赖朝廷神圣威武的威势和德政，幸运地将逆贼剿灭荡平了。这个地方形势倾覆的困苦危机，大致上已经为百姓们解除了。可是这里将来可能发生的祸患，不能够不进行预防，而事情变化之中的机会，也不能够轻易地丧失掉。我由于曾督领军兵亲身经历过逆贼的巢穴，见到那些形势险峻的要害地方，分别都应当设立卫所，建立县治制度，用来中断他们之间的脉络，从而扼制住这些险要地形中的咽喉。若是失去这个机会，如今不做任何事情，那么几年之间，贼徒就又会渐渐恢复起来，重新在这里聚众生活繁衍，那么不超过十年，这里就又会有地方上的祸乱了。我由于身体多病，自知自己的精神和智力断然已经不能够去做这些事了，可是，既然心中已经知道了这些事情的利害，迫于形势所逼，不得不提出这一问题，不敢辜负了皇帝对我的重托，并且又会给地方上贻留下新的忧虑，于是，我谨遵皇上的圣谕，根据实际情况便利地去采取计策、行动，一方面我也在度量着这些事情并展开行动，不敢躲避因为烦扰、亵渎陛下而引来的杀身大祸，开写条陈，上奏皇上，乞求皇上能够采纳这些建议并予以实施。这样的话，实在是地方上老百姓的幸运，也是我等一干臣子的幸运。

计开：

一、移筑南丹卫城于八寨。臣等看得八寨之贼实为柳、庆诸贼之根柢。盖其东连柳州、陇蛤、三都、岭三、北四等处贼峒以数十，北连庆远忻城、东欧、莫往、八仙等处贼峒亦以数十，西连东兰等州及夷江、土者等处贼峒以十数，南接思恩及宾州、上林县诸处贼村亦以十数。各处贼巢虽多，其小者仅百数人，大者不过数百人及千人而止。各贼巢穴皆有山溪之限，险厄之守，不相通和。至期有急，或欲有所攻劫，纠合会聚，然后有一二千之众，多至数千者。惟八寨之贼，每寨有众千余，四山环合，同据一险，无事则分路出劫，有警急奔入其巢。数千之众，皆不纠而聚，不约而同，不谋而合。故名虽为“八”，实则一寨。此八寨之贼所以势众力大，而自来攻之有不能克者也。各巢之贼皆倚恃八寨为逋逃主，每有缓急，一投八寨，即无所致其穷诘。八寨为之一呼，则群贼皆应声而聚。故群贼之于八寨，犹车轮之有轴，树木之有本。若八寨不除，则群贼决无衰息之期也。今幸八寨悉已破荡，正宜乘此平靖之时，据其要害，建置卫所，以控驭群贼。

计划开列：

一、在八寨之处修筑南丹卫城。我等一干臣子看到，八寨的贼徒，其实是柳州、庆州等众多贼徒的根源、大本营。大概是他向东连接柳州、陇蛉、三都、岭三、北四等地方的贼穴几十个，向北连接庆远、忻城、东欧、莫往、八仙等处的贼穴也达几十个，向西连接东兰等州以及夷江、土者等地方的贼穴也达十几个，向南连接思恩以及宾州、上林县等众多地方贼徒村落也有十几个。各地的贼徒巢穴虽然很多，其中较小的仅有一百多人，大的不过有几百人到几千人为止。各个贼徒的巢穴之间用山谷溪水作为界限，都有艰险重要的护守处，不能通达。到了有紧急情况的时候，或者想要出去劫掠，需要纠集、会合，然后凑够一两千人，多的时候则达有几千人。只有八寨的贼徒，每个寨子有几千多人，四面环山，共同据守着一个险要地方，没事的时候就分路出去劫掠，有警报的时候，就急忙逃到巢穴里面，几千多的贼徒，都不必纠结而聚集，不必相约而同行，不用商量而合为一体，所以名义上虽然是“八”寨，可实际上却是一个寨子。这也是八寨的贼徒之所以声势浩大、力量强盛，并对这里的征剿从来都没有取得过成功的原因。各个巢穴的贼徒，都依靠凭恃着八寨，把它作为他们在被捕剿的时候所逃奔的大本营，每到遇到有紧急情况的时候，只要一投靠八寨，便没有了被官兵穷追不舍而导致困窘的危险了。八寨只要振臂一招呼，那么各地的贼徒就都会应声聚集起来。所以，八寨对于各地的贼徒来说，就像是车轮有了主轴，树木有了本根。若是八寨不能够被剿灭，那么其他地方的贼徒就不会有衰落停止的时候。如今很幸运，八寨的贼徒都已经被扫平荡尽了，正是适宜趁着这里平静安定的时候，占据它险要的地理位置，设置哨所，用来控制驾驭众贼徒。

臣等看得周安堡正当八寨之中，四方贼巢道路之所，会议于其地创筑一城，度可以居数千之众者，而移设南丹一卫于其间。盖南丹卫旧在南丹州地方，为广西极边穷苦之地，非中土之人所可居者。故自先年屡求内徙，今已三迁而至宾州，遂为中土富乐之乡。宾州既有守御千户一所官军，而又益以南丹一卫，自远来徙，无片田尺土之籍，但惟安居坐食，取给于宾州。州城之内，皆职官旗舍之居，州民反避处于四远村寨，每遇粮差徭役，然后入城。故州官号令不行于城中，而政事牵沮，地方益弊。今计一卫之官军虽不满五百之数，盖尽移其家众则亦不下二千。以二千之众，而屯聚于一城，其气势亦已渐盛，足充守御。遂清理屯田之在八寨者，使之屯种，又分拨各贼占据之田，使各官军得以为业，以稍省俸给月粮之费，彼亦无所乐从。且宾州之城既空，又可以还聚居民，修复有司之治，亦事之两便者也。

译文

我等一干臣子看到周安堡正处在八寨当中，是四面八方贼徒巢穴的道路汇集的枢纽，商议着可以在这个地方修筑一座卫城，估计能够居住几千人，并把南丹的一个卫所转移设立在这中间。大概南丹卫所过去是在南丹州的地方，是广西的极其边远、穷困的地方，并非中原人所能够居住的地方，所以自从多年之前，多次要求内迁，如今已经迁徙过三次了，到达了宾州，于是就成了中原大地上的富裕、快乐的地方。宾州已经有在这里防御护守的千户所官兵，又加上南丹的一个卫所从远方迁徙而来，没有一点用来耕种的隶属土地，只仅仅在这里平安居住，坐等饭食，所需粮、饷全部都是从宾州领取而来的。而宾州城内，又全部都是带职官员以及旗舍子弟居住的地方，宾州的老百姓反而要回避他们，居住在四面八方遥远的村寨里，等碰到征缴粮税以及征调徭役、差役的到来，他们就跑进州城之中，因此州官的号令无法在城中执行，从而导致国事政务遭受到阻碍牵扯，地方上也变得更加凋敝。如今，估算一下这一个卫所的官军，尽管不超过五百人，如果他们把自己的所有家属迁移到这里来居住，也不会少于两千人。凭借着这两千多人，而驻扎聚集在一个小城中，它的气势也已经渐渐地强盛了起来，足能够用来达到守护、防御的目的。于是清理这些在八寨中能够屯种的田地，让他们去屯种，又把各个贼徒所占据的田地分拨给各官员，让他们能够以此来作为自己的家业，来稍微节省一些国家给予他们的俸禄、月粮的费用，他们没有谁是不喜欢这样做的。并且宾州城变空虚后，又可以让老百姓回去聚集居住，把相关部门的府衙修复起来，也是两项都方便的事情。

臣等又看得迁江八所皆土官、指挥、千、百户等职，旧有狼兵数千，以分制八寨瑶贼之势。后因贼势日盛，各官皆不敢复入，反遂与之交通结契，及为之居停指引，分其劫掠之所得，共为地方之害，已非一日。官府察知其奸，欲加惩究，则又倚贼为重，不可根极。近臣督兵其地，悉将各官遵照敕谕事理，绑赴军门，议欲斩首示众，以警远近。而各官哀求免死，愿得杀贼立功自赎。然其时贼势已平，遂许其各率土兵入屯八寨，就与该卫官军分工效力，助筑城垣。待城完之日，就与城外别筑营堡，与南丹卫官军犄角而守。亦各分拨贼田，使之耕种，以资衣粮。今八所土兵，虽已比旧衰耗，然亦尚有四千余众；若留其微弱者四所于外，以分屯其所遗之田，而调其强盛者四所于内，合南丹一卫之众以守，亦且四千有余，隐然足为柳庆之间一巨镇矣。此镇一立，则各贼之脉络断，咽喉绝，自将沮丧震慑，其势莫敢轻动。稍有反侧者，据险出兵而扑之，夕发而旦至，各贼之交，自不能合，如取机上之肉，下箸无弗得者。此真破车轮之轴，而诸辐自解，伐树木之本，而众干自枯。不过十年，柳、庆诸贼不必征剿，皆将效顺而服化矣。伏乞圣明裁允。

我等一干臣子又看到迁江的八个卫所，全部都是土官、指挥官、千户、

百户等职官，过去有狼兵几千人，用来分别制约八寨瑶贼的势力，后来贼徒的势力逐渐强盛，各个官员都不敢再进入八寨，反而与他们展开交往，结成默契，以及给他们外出抢掠、停留加以指引，并分得贼徒抢劫掳掠的东西，与贼徒一起成了地方上的祸害，这样已经不是一天了。当时官府察访到了这些官员的奸情，想要对他们进行惩罚、查究，然而这些人与贼徒勾结联系很深，根本无法彻底根除。最近，我督领军兵进剿这些地方，把这些官员全部都抓了起来，依照皇上在敕谕中所要求、规定的原则，把他们都绑缚起来，押解到总督府，议定想把他们斩首示众，以此来警诫远近的各级官员。然而这些官员又苦苦哀求，想要免于一死，愿意戴罪立功，用奋力杀贼来救赎他们的罪过。可是这个时候，贼徒的势力已经被剿灭了，于是允许他们分别率领士兵，进驻八寨，和该卫的官兵们一起，分工合作，为朝廷效力，帮助修筑城垣。等到城垣修筑完成后，就与城外别处修筑的营堡以及南丹卫的官兵形成犄角之势来守卫此地。也会给他们划分贼徒的田地，让他们来耕种，以作为他们衣服、粮食的来源。如今八个卫所的士兵，尽管已经比过去损耗衰弱了，但也还有四千多人，若是留下那较为虚弱的士兵组成四个卫所驻留在外围，把贼徒遗留的田地让他们去屯种，而调遣那些强壮的士兵，组成四个新的卫所驻守在内部，联合南丹一个卫所的众人进行守卫，也且有四千多人，显然足以成为柳州、庆远之间的一个巨大城镇了。这个城镇一建立，那么各个贼徒巢穴间的脉络就会被掐断，咽喉就会被扼制，贼徒自然会被这一形势震慑消沉，不敢轻举妄动。若是他们稍微有造反的举动，我军就可以凭借着险要的地理位置出兵对他们进行扑杀，晚上出兵早上就能够到达，各处贼徒的交汇自然也就无法完成，使我们如同获取案几上的肉一般，只要下筷子就没有得不到的。这真的是把车轮的主轴打破了，那么车辐自然也就解散了；把树木的主根砍伐掉了，那么众多的树干树枝自然也就干枯了。超不过十年的时间，柳州、庆远的众贼徒，不用对他们进行征伐进剿，全部都将归顺效命并臣服同化了。乞望皇上能够英明裁断，给予允诺！

一、改筑思恩府城于荒田。臣等看得思恩旧治，原在寨城山内，尚历高山数十余里。其后土官岑浚始移出，地名乔利，就岩险垒石为城而居，四面皆斩山绝壁，府治亦在礰确之上，芒利硿砑之石冲射抵触，如处戈矛剑戟之中。自岑浚被诛，继是二十余年，反者数起，曾不能有一岁之安。人皆以为风气所使，虽未可尽信，然顽石之上不生嘉禾，而阴崖之下必有狐鼠，要亦事理之有然者。况其地瘴雾昏塞，薄午始开，中土之人来居，辄生疾疫。自春初思田归附之后，臣时即已经营料理其事，竟未能有相应之地。近因督剿八寨，复亲往相度，乃于未至桥利六十里外地名荒田者，其地四野宽衍，皆膏腴之田，而后山起伏蜿蜒，敷为平原，环抱涨畜，两水夹绕后山而出，合流于前，屈曲数十里，入武缘江水，达于南宁。四面山势重叠盘回，皆轩豁秀丽，真可以建立府治。臣因信宿其地，为之景定方向，创设规则。诸夷来集，莫不踊跃欢喜，争先趋事赴工。遂令署府事同知桂鏊督令各役，择日兴工。

译文

一、改筑思恩府城到荒田。我等一干臣子看到，思恩过去旧的治理府衙，原本是在寨城山的内部，尚且要经历十几里的高山。后来，土官岑浚，开始把府衙迁移到一个名叫乔利的地方，在险峻的山崖上垒聚起石块，筑成了城墙来居住，它的四面全部都是陡峭的山崖峭壁，府治的衙门也设立在贫瘠的土地上边，光怪陆离的石块相互冲煞抵牾，好像是使人处在戈矛剑戟之中。自从岑浚被杀后，相继二十多年里，造反的事件有很多起，不曾有过一年的安宁，人们都认为是因为这里的风水不好而导致的。虽然不能够全然相信，但是在顽石之上，茅草庄稼都无法生长，并且在山崖的阴洞中，必定有狐狸、黄鼠狼等动物生存，依照这样来分析，也应当会出现这样的结果。况且，那里瘴雾弥漫，昏沉闭塞，直到接近中午的时候才会四散放晴，中原的人一来到这里居住，就会生出疾病。自从今年初春，思恩、田州归顺臣服后，我当时就已经筹划管理思恩府的相关事宜，想要找一个地方来重建府，竟然没有找到适合的地方。最近，由于督领军队进剿八寨的贼徒，又重新亲自去那里进行探察，于是在距离乔利不到六十里的地方，发现了一个名叫荒田的地区，这个地方四野开阔，全部都是丰腴的良田，并且后面山峦起伏，蜿蜒而行，里面则是平原，又环抱着涨、畜两条河，河水从两边围绕着山峦流出，又在前面汇聚在一起，弯弯曲曲地绵延有几十里，流进武缘江水，一直到达南宁，四面的山势，重叠盘桓，都给人一种开朗、豁亮、秀丽的感觉，这里真的是建立府城的理想位置。我于是在这里连住两夜，为府城的筹建进行了规划，并按照事物影子确立了方向，创设了新府城的规模秩序。如此，众夷族都来聚居，没有谁不踊跃欢喜的，全部都争先恐后地赶赴工地，参加建设。于是命令署府事同知桂鏊监督各个役夫，选择日期动工兴建新城。

盖思恩旧治皆在万山之中，水道不通，故各夷所须鱼盐诸货类，皆远出展转鬻买，往反旬月，十不致一，常多匮绝。旧府既地险气恶，又无所资食，故各夷终岁不一至府治，情益疏离，易生嫌隙。今府治既通江水，商货自集，诸夷所须，皆仰给于府，朝夕络绎，自然日加亲附归向。而武缘都里，旧尝割属思恩者，其始多因路险地隔，不供粮差，今荒田就系武缘止戈乡一图、二图之地，四望平野，坦然大道，朝往夕反，无复阻隔，则该府之官，自可因城头巡检之制，循土俗以顺各夷之情，又可开图立里，用汉法以治武缘之众。夷夏交和，公私两便，则改筑思恩府城于荒田者，是亦保治安民，势不容已之事。伏乞圣明裁允。

译文

大概思恩过去旧的城池，是建筑在万千大山之中，水路不通达，因此各夷族所需要的鱼、盐等众多货物，都需要走很远的路，辗转很多地方，前去买卖，前后要往返十天半个月，并且十个中买不了一个，所以这些生活必需品常常是极为匮乏的。旧的府城，不仅地势险恶，风水恶劣，而且还没有什么资源、粮食可以利用，所以，各个夷族终年也不来一回府城，感情越发地疏远、分离，很容易产生猜疑、不满。如今新建的府城，已经通达江水，商品货物自然会聚集在这里，众夷族所需的生活必需品，都要仰赖府城的供给买卖，每天从早到晚人都络绎不绝，各夷族自然一天比一天依附归顺。而且，武缘、都里，过去曾经想要脱离思恩府的管辖，最开始多由于道路险恶，山势阻隔，因此不分设收缴粮食的差役。如今荒田就距离武缘的止戈乡只有一图、两图的路程，四处望去全部都是平坦的原野，还有宽阔的道路，人们早上去晚上就能够返回，不会再有大山险路的阻隔了。该府的官员，也能够恢复执行一府之长进行巡视、检视的规定，依照当地人的风俗行事，来顺应各夷族人民的习惯，同时还能够拓展疆界，建立集镇、村里，使用汉族的法规来治理武缘的民众。夷族、华夏民族交流融和，国事、私情都能够很便利地施展开来。此外，改建思恩府城到荒田，也是保证治理、安定百姓，形势不容许停止下来的事情。希望皇上能够英明裁决，予以允诺。

一、改凤化县治于三里。臣等勘得思恩旧有凤化一县，然无城郭县治廨宇，选来知县等官，多借居民村，或寄其家眷于宾州诸处，而迁徙无常，如流寓者然。上司怜其无所依泊，则委之管理别印，或以公务差遣，往来于外，以苟岁月。故凤化之在思恩，徒寄虚名，而实无县治。臣近督剿八寨，看得上林县地名三里者，乃在八寨之间。其地平广博衍，东西数里外，石山周围如城，自后极高石山之间，独抽土山一脉，起顿昂伏，分为两股，环抱而前，遂有两水夹流土山之外，当心交合，出水之口，石山十余重，错互回盘，转折二三十里。极外石山合为城门，水从此出，是为外隘。其间多良田茂林，村落相望，前此居民十余家，皆极饶富，后为寨贼所驱杀占据，遂各四散逃亡，不敢归视其土者，已二十余年。今各贼既灭，遂空其地。不及今创设县治以据其险，或有漏殄之贼潜回其间，日渐生息结聚，后阻石门之险，前守外隘之塞，不过数年，又将渐为地方之梗矣。故臣以为宜割上林上、下无虞乡三里之地属之思恩，而移设凤化县治于其内。量为筑立城垣廨宇，选委才能之官兴督其役。远近闻之，不过三四月，而逃亡之民将尽来归，各修复其田业，供其粮差，蔚然遂可以成一方之保障。且其南通南丹、新卫五六十里，南丹在石门之内，凤化当石门之外，内外声势连合，而石门之险亡。西至思恩一百余里，取道于那学，沿途村寨荒塞日久，因此两地之人往来络绎，而道途益通。又上林旧在大鸣山与八寨各贼之间，势极孤悬，今得凤化为之唇齿，气势日盛，虽割三里之地以与凤化，而绿茅、绿篠等村寨旧所亡失土田，皆将以次归复，则亦失之于东而收于西矣。

译文

一、改建凤化县治到三里。我等一干臣子勘察得知，思恩府过去有凤化一县，但是凤化并没有城墙、县衙以及官舍，被选派来的知县等官员，也大多是借住在村子里老百姓的房子里，或者是让他们的家属寄住在宾州等地方，并且要不断地进行迁移，就像是住在旅馆里一样流动。上级官府怜悯他们没有什么能够依靠驻扎的地方，便派他们去管理别的地方，或者以公务为由，差派他们奔波在外面，来打发时间。所以，凤化县在思恩府的范围，只是挂了一个虚名，其实并没有县衙的设立。我最近督令军兵进剿八寨，看到上林县有一个名叫三里的地方，地处于八寨中间，它的土地平坦广远，东西方向几里之外的地方，有石山环绕，如同城墙，在其后方最高的山峰之间，延伸出土山山脉，起伏昂俯，分为两支，相互呼应着向前延伸，于是有两条河流围绕着这两支土山流出山外，在平地中间的地方汇合到一起，成为水流出的山口。石山一共有十几重，相互交错盘旋，曲折长达二三十里。最外面的石山关合状像城门，水从这里流出，这里也就成为了外隘口。在石山的中间，有众多肥沃的田地，茂密的森林，村落一个挨着一个。在这儿的前面有十几家住户，都十分的富饶，可是后来被八寨的贼匪斩杀驱赶，占据了这里，所以这十几户居民便四散逃跑，不敢回来探看他们的土地，已经有长达二十多年的时间了。如今各巢贼徒都已经被剿灭了，于是这些地方就空置了起来。如若现在不在这里设立县衙，来占据这个地势险要的地方，或许就会有在围剿中漏网的贼徒，偷偷地跑回到这里，渐渐地休养生息从而再度结聚贼党，后面有险峻的石门作为屏障，前面有险阻的关隘来防守，不用过几年，这些地方就又会渐渐变成地方上的祸患了。所以，我觉得，应当把上林县上面部分区域、无虞乡下面三里的区域划归到思恩府管辖，并把凤化县的县衙等移建到这个地方，并适当地修筑建立城墙、府衙、官舍，选择委派有才能的官员监督役夫们进行建筑。就这样，远远近近各地的人听说了这些事情，不超过三四个月，那些逃亡的老百姓，就会全部回来投顺，他们将会各自恢复自己的农业生产，为当地提供粮食和差役，逐渐兴盛，于是便能够成为一个地方实行统治的有力保障了。并且，三里南通南丹的新卫，有五六十里地，南丹位于石门山的里面，凤化又在石门山的外面，若是内外的声势联合在一块，石门就没有什么危险了。向西到达思恩府一百多里地，路过那学这个地方，沿路的村寨已经荒凉阻塞很久了。所以，这两个地方的人往来络绎不绝，那么道路也变得更加畅通了。再加上上林县过去地处在大鸣山和八寨各个贼巢的中间，其形势十分的孤立、危险，如今得到凤化县作为它的唇齿屏障，气势会一天比一天强盛起来，虽然割出三里的地方给了凤化县，但是绿茅、绿篠等村寨过去所丢失的田地，全部都将按照次序归还、恢复，这样也算是丢失了东面，又得到了西面。

及照思恩虽已设立流官知府，然其所属皆土目巡检，旧属凤化一县亦皆徒寄空名，实未尝有，今割武缘止戈一图、二图之地改筑思恩府城，而又割上林上、下无虞三里之地改设凤化县治，固于思恩亦已稍有资辅。但自凤化三里至于思恩一百五六十里，中间尚隔上林一县。臣以为并割上林一县而通以属之思恩，似于事势为便，而于体统尤宜。何者？

译文

另外，思恩尽管已经建立了流官知府制度，但是它的下属都是土目巡检官，而之前下辖的凤化一县，也只不过是寄挂了一个虚名，其实并不曾有过。如今割出武缘的止戈一图、二图的土地，改建为思恩府城，并又割出上林县上部区域、无虞乡下部区域共三里的这个地方，改造设立为凤化县衙，就对思恩也算是有资助、辅助的了。不过，在距离凤化三里、距离思恩一百五六十里地的中间，还隔着上林县，我觉得应当把上林县一并割出，让它们全部都归属于思恩，或许对形势和治理方面都更加便利，而对于统治的体制也会更加适宜。为什么这么说呢？

柳州一府所属二州十县，宾州盖柳州所属者，且有上林、迁江两县，今思恩既设流官知府，固亦一府之尊，而反不若柳州所属之一州也，其于体统亦有所未称矣。况宾州自有十五里，而又有迁江一县，虽割上林以与思恩，其地犹倍于思恩未为遽损也。上林之属宾州与属思恩，均之为一属邑，亦未有所加损也。然以之属于思恩，则思恩始可以成一府之规模，而其间有无相须，缓急相援，气势相倚，流官之体统益尊，则土俗之归向益谨，郡县之政化日新，则夷民之感发日易。固有不可尽言之益也。

译文

柳州一府，一共下辖两州十县，宾州是归属于柳州管辖的，并且宾州又管辖着上林、迁江两个县。如今思恩既然已经设立了流官知府，那也就是一个府区域的尊长，却反倒不如柳州所辖的一个州了，那从治理体制方面来讲也有些不大相称了。何况，宾州自身就有十五里，又还有迁江一个县，即便把上林割给思恩，它的土地面积仍然要比思恩大一倍，也并没有什么大的损失。把上林归属于宾州，和把它归属于思恩，都无非是所辖的一邑，也并没有多大的损失。可是，把它归属给思恩，思恩便能够形成一个府的规模，并且它们之间能够货物互通有无，若是有了紧急情况也能够相互援助，气势上又能够互为倚靠，那么流官治理的体制也会更加神圣不可违背，土人的臣服也会更加的恭谨，郡县的政务教化也会日益更新，如此，夷族百姓的感激之情也会一天天生发出来。所以有说不完的好处。

夫立新县以扼据地险，改属县以辅成府治，是皆所以乂安地方者也。伏乞圣明裁允。

译文

那设立新县用来控制险要的地形，更改下属县的归属用来辅助建成府衙，这些都是为了使地方上能够得到安定治理。乞望皇上能够英明裁决，给以允诺！

一、添设流官县治于思龙。照得南宁自宣化县至于田宁，逆流十日之程。宣化所属如思龙、十图等处，相去尚有五日六日。其间错以土夷村寨，地既隔越，而穷乡小民，畏见官府，故其粮差多在县之宿奸老蠹与之包团，因而以一科十，小民不胜迫协，往往逃入夷寨，土夷又从而侵暴之，地日凋残，盗贼日起。近年以来，思龙之图乡民屡次奏乞添设县治以便粮差。盖亦内迫于县民之奸，外苦于土夷之暴，不得已而然。臣因入抚田宁，亲历其所，民之拥道控告者以千数，因停舟其地，为之经理相度。得村名那久者，其地亦宽平深厚，江水萦回环匝，傍有一江来会，亦正于此合流。沿江居民千余家，竹树森翳，烟火相接，且向武各州道路皆经由其傍，亦为四通之地。若于此分割宣化县思龙一、五、六、七、八、九、十、十二及西乡之六、八图共十里之地而设立一县治，则非独以便穷乡小民之粮差赋役，亦足以镇据要害，消沮盗贼。其间小民村居，如那茄、马坳、三颜、那排之类，未可悉数，皆久已沦入于夷，今若县治一立，则此等村寨诸夷自不得而隐占，皆将渐次归复流官，而其地遂接比于田宁，固可以所设之县而遂以属之田宁矣。

译文

一、在思龙添设流官县衙。依照从南宁宣化县到田宁的距离，沿江逆流而上需要耗费十天的路程。宣化所辖的地区如思龙、十图等地，相距尚且还有五六天的路程。这中间错落地分布着夷族的村寨，这些地方间隔很远，而穷乡僻壤的老百姓很怕见到官府的人，所以，官府征集的粮税、差役，大多依赖于一县之中向来老奸巨猾的小人替他们承包征敛，因此这些人一份的课税按十份课税征收，贫困苦难的百姓忍受不了他们的压迫和威胁，常常逃跑到夷族的村寨中，于是，夷族人又趁机侵掠、暴虐他们，导致田地逐渐荒芜、凋敝，盗贼渐渐兴起了。最近这些年，思龙这个图的老百姓，屡次上奏，乞求能够增设县衙，从而方便缴纳粮税、服差役。大概是他们对内遭受着县里奸诈小人的敲榨压迫，对外忍受着土人夷族残暴劫掠的痛苦，不得不这样做的。我由于要去安抚田宁，亲自路过了这个地方的所在，老百姓们见了都蜂拥地来到道路边上，喊冤告状的就有上千人。所以我在这地方停下船，对他们进行协调，考虑应当采取的措施。得知有一个叫那久的村子，那个地方宽广、平坦，土层坚实深厚，江水环绕萦回，旁边还有一条江河正好在这儿与前面这条江汇合在一起。沿江的住户有一千多家，竹子等树木生长茂盛，乡村里人家的炊烟相连，并且向武各州的道路，都会从它的旁边经过，可以说是四通八达的地方了。若是在这里分割出宣化县思龙的一、五、六、七、八、九、十、十二以及西乡的六、八图共达十里的地方，设立一个县衙，这样不仅仅方便贫穷乡村的老百姓们缴纳粮税、赋税和服差役，也能够来控制占据着重要地点，削弱盗贼的势力。其间百姓们居住的村庄，如那茄、马坳、三颜、那排等数不清的村庄，已经沦落到夷族人手中很久了，如今县衙只要一设立，那么，这些村寨中的众夷人自然不敢私自占有了，都将要渐渐地向流官归顺，而这里的田地就会与田宁的土地接连在一起，如此，原本可以在这里设置的县域，便可归属田宁辖治了。

夫南宁一府所属一州三县，而宣化一县自有五十二里，今虽分割十里之地以与田宁，而宣化尚有四十二里，一县之地，犹四倍于一府也。况田宁又系新创流官府治，所统皆土目巡检，今得此一属县为之傍辅，又自不同。臣于前割上林以属思恩之议，已略言之矣。且左江一带，自苍梧以达南宁，皆在流官腹里之地；自南宁以达于田宁，自田宁以通于云、贵、交趾，则皆夷村土寨。稍有疑传，易成阙隔。今田宁、思恩二府既皆改设流官，与南宁鼎峙而立，而又得此新创一县以疏附交连于其间，平居无事，商货流通，厚生利用，一旦或有境外之役，道路所经，皆流官衙门，从门庭中度兵，更无阻隔之患。此亦安民利国之事，势所当为者也。伏乞圣明裁允，仍定赐县名，选官给印，地方幸甚。

译文

南宁府下面管辖着一州三县。而宣化一个县就有五十二里周长，如今虽然分割十里出来划归给田宁管辖，可是宣化还有四十二里周长的土地，就算是一个县的土地，还是一个府的四倍呢。何况田宁又是最近才创设的流官府衙，所统辖的都是土目巡检等官，如今得到一个属县来辅助他，又自然是一番别样的光景。这些我在前面提到的割出上林县来划入思恩的建议时，大致上已经说过了。并且左江一带，从苍梧到达南宁，都处在流官管辖的心腹地带；从南宁到田宁，再从田宁通往云、贵、交趾这一带，全部都是夷族人居住的村庄营寨。稍稍有些可疑的消息，就容易形成阻隔的势力。如今田宁、思恩两府，既然已经改为设置流官制度，与南宁府形成了三足鼎立的气势，现又有新设的一个县在这三者之间的区域发挥疏通、连接的功能。平日安定无战事，商品、货物都能够畅通无阻，从而富裕民生，物尽其用。如果某天区域外爆发了战争，那么这里的道路所经过的，全部都是流官的衙门，前去出征的军兵，便能够直接从门庭中顺利行军，也就更没有什么阻隔难行的忧患了。这也是对国家有利并使人民能够得到安定的事情，更是形势所迫应当必须去做的事情。希望皇上能够英明裁断，给予允诺，并仍希望皇上能够赐给县名，选派官员，给发官印，如此，地方上的百姓就真的是太幸运了。

一、增筑守镇城堡于五屯。照得断藤峡诸贼既平，守巡各官议开土、汉官兵数千于浔州，以防不测。该臣看得各贼既灭，纵有一二漏网，其势非三四年亦未能复聚。为今之计，正宜剿抚并行。盖破灭穷凶各贼者，所以惩恶，而抚恤向化诸瑶者，所以劝善。今惩恶之余，即宜急为劝善之政，使军卫有司各官分投遍历向化村寨，慰劳而存恤之，给以告示，赐以鱼盐，因而为之选立酋长，谕以朝廷所以征剿各巢者，为其稔恶也，今尔等向化村寨，自安心乐业，益坚为善之志，但有反侧悖乱者，即宜擒送官府，自当重赏，以酬尔劳。其漏殄诸贼，果能诚心悔恶，亦皆许其归附，待以良民。夫使向化者益劝于为善而日加亲附，则恶党自孤，贼势自散，不复能合，纵遗一二，终将启而顺服矣。乃今则不然，贼既破剿而犹屯兵不散，使漏殄之徒得以借口摇惑远近；其向化村分又略不加恤，奸恶之民复乘机而驱胁虐害之。彼见贼已破灭而复聚兵，已心怀警疑矣，而又外惑于贼党之扇摇，内激于奸民之驱胁，遂勾结相连而起也。近年以来，所以乱始平而变复作，皆迷误于相沿之弊而不察也。今各贼新破，势决未敢轻出，虽屯数千之众，不过困顿坐食，徒秽扰民居，耗竭粮饷，而实无益于事。今始一解其倒悬，又复自聚无用之兵以重困之，此岂计之得者哉？惟于各寨之中，相其要害之地，创立一镇以控制之，此则事理之所当行，亦正宜乘此扫荡之余而速图之者。

译文

一、在五屯的地方加筑守镇城堡。断藤峡等地方的贼徒已经被平定了，各个受巡官建议调用土人官兵和汉人官兵几千人在浔州驻扎，用来防止难以估测的祸患。我觉得各巢贼徒都已经被剿灭了，即便是有一两个漏网的，他们的势力没有三四年的时间是不能够再集聚了。现如今我们的策略，正适宜围剿和安抚两个办法一起实施。大概对于那些穷凶极恶的贼徒进行剿灭破除，就是用来惩罚他们的罪恶，而对于那些归顺、臣服了的瑶族人进行安慰、抚恤，就是用来劝勉他们能够弃恶从善。如今应当立即实行劝勉百姓弃恶从善的政令，让那军队、卫所、有关部门的各级官员分工走遍那些已经归服朝廷的村子和寨子，慰问劳苦并爱怜救助他们，在他们的村寨里张贴告示，赏赐给他们鱼、盐等生活用品，并借机为他们选举设立酋长职位，告知他们：朝廷之所以要对各个贼巢进行征伐和围剿，是因为贼徒作恶多端、罪恶深重。如今你们这些归服朝廷的村寨，自当放下心来，安定地生活，愉快地劳动，更加坚定做良善百姓的心志，凡是遇有造反、违法作乱的人，应该立即擒获押送到官府，官府必当给予重赏，用来酬谢你们的功劳。那些在剿伐中疏漏的贼徒，若是果真能够真心实意地承认错误，悔改罪恶，也都允许他们来归顺依附，朝廷也会按照良善百姓来对待他们。假使越加劝勉那些归服的人做良善百姓，他们就一天比一天亲近依附朝廷，那么那些凶恶的党徒自然也就被孤立起来了，贼徒的势力也就自然而然地瓦解了，不能够再聚合起来，纵使会遗留下一两个漏网的贼徒，也最终会屈服并顺从归附了。不过现在却并不是那样，贼徒虽然已经被剿灭了，但仍然驻守官兵不解散，使得那在围剿中疏漏的贼徒，能够借这种情况来煽动蛊惑远远近近各地的人；那些归服朝廷的村寨又没有得到过哪怕一点的安慰抚恤，那些奸诈恶劣的村民又会趁着这个机会驱赶威胁并虐待残害他们。他们看到贼徒已经被剿灭，但是又集聚兵力，心中已经怀有警惕和疑虑了，现又被外部的那些煽风点火的贼徒所蛊惑，被内部的那些奸诈的刁民所驱赶威胁，于是他们就暗中串通，聚到一块儿起兵造反了。最近这些年来，这些村寨之所以刚刚被平定叛乱又重新发生，都是被那些相延续的弊端所迷惑，贻误了时机而没有察觉到。如今各巢贼徒才刚刚遭到剿灭，他们势必不敢轻举妄动，即便集聚几千个众人，也不过是艰难窘迫地坐吃山空，仅仅丑恶地骚扰村民的住处，耗尽口粮和钱财，但其实对增长气势没什么益处。如今才刚解救他们于倾覆的水深火热的窘境中，又聚集起了丝毫没有任何作用的军队将他们重重围住，难道这就是计策想要的结果吗？唯有在各村寨当中，寻找一处险要的地方，建立一个城镇来控制管理他们，这一件事才是应当施行的，也是趁着这次剿灭贼徒的间隙应当快速办理的事情。

其在断藤、牛肠诸处，则既切近浔州府卫，不必更有所设。至于四方各寨，遍历其要害险阻，则惟五屯正当风门、佛子诸巢穴，而西通府江，北接荔浦各处瑶贼，最为紧要之区，宜设一镇，以控御远迩。而旧已有千户所统率官兵，亦几及一千之数，困于差徭，日渐躲避于附近土目村寨，官司失于清理，止有五百。其后上司不闻地方之艰难，又于五百之中分调哨守于他所，而所余遂不满二百。既而贼乱四起，守御缺乏，则又取调潮州之兵数百以来协守五屯。事既纷乱，人无所遵，兼以统驭非人，故地方遂致大坏。且其屯堡墙垣亦甚卑隘，不足以壮威设险。今宜开拓其地，增筑高城，度可以居二千之众，而设守备衙门于其内，取回五百之中分调哨守于他所之兵，其自潮州调来协守者，则尽数发还原卫，以免两地各兵背离乡土之苦，往复道途之费。仍于附近土寨目兵之中，清查拣补其原避差役者，务足原数一千。选委智略忠勇之官一员，重任而专责之，使之训练抚摩，敷之以威信，而怀之以仁恩，务在地险既设而士心益和，自然动无不克而行无不利。参将兵备各官，又不时亲至其地，经理而振作之，或案行其村寨，或劝督其农耕，或召其顽梗而曲示训惩，或进其善良而优加奖赐，或救恤其灾患，或听断其是非。如农夫之去稂莠而养嘉禾，渐次耕耨而耘锄之。无事之时，随意取调附近土官兵款或百人或七八十人，以协同哨守为名，使之两月一更班，而络绎往来于道路，以惯习远近各巢之耳目。自后我兵出入，自将无所惊疑。果有凶梗，当事举动，然后密调精悍可用土目一二千名，如寻常哨守然，以次潜集城中，畜力养锐，相机而发。夫无事而屯数千之兵，则一月粮饷费逾千金，若每一年无屯军之费，用之以筑城设险，犒赏兵士，招来远人，亦何事不行，何工不就？此增筑城堡以据要害，所谓谋成而敌自败，城完而寇自解，险设而贼自摧，威震而奸自伏，正宜及今为之，而亦事势之不可已焉者也。伏乞圣明裁允。

译文

在断藤峡、牛肠等诸多地方，既然靠近浔州府及其卫所，就没有必要再设立城镇了。至于其他四面八方的各个村寨，走遍那些重要的险峻地方，只有五屯在风门、佛子等的正中间，向西通达府江，向北邻接荔浦等各处的瑶贼，在地理位置上是最为紧要的一个区域，适宜在这里设立一镇，来控制防御远远近近的各夷族。并且这里之前已经有过千户所统率的官兵，几乎接近一千人，但是被繁重的徭役所疲累，渐渐躲避到了附近的土目人的村寨中，官府疏于对这些人的清查整顿，因此只剩下了五百人，后来上级又不了解地方上的艰难困苦，又从这五百人中分调出一些让他们到其他卫所进行巡守，这里所剩下的人便不满二百了。没多久，贼匪的叛乱到处爆发起来，这里防御困乏，就又调遣了几百个潮州籍的军兵前来协助守护五屯。五屯的各种事务已经变得混乱，百姓没有了规章制度的约束，再加上进行统管的人又不称职，所以这个地方终于导致了大乱。而且，五屯城堡的墙坝也都十分的低矮狭窄，不能够用来壮大军威，设立险关。如今应该开辟这个地方，加筑高高的城墙，预计能够满足两千人的居住，并且在它的里面设立防守警戒的衙门，要把那五百人中分调出去巡守其他卫所的军兵征调回来；那些从潮州调派来协助守卫五屯的军兵，可全部遣还他们回到原籍卫所，用来免除两个地方军兵背井离乡的苦楚，以及往返路途的花费。仍旧从附近的土人村寨的目兵中，清查挑出那些原来躲避差役的人，务必补足原来的一千人这个数目。还要选派一名有智有谋、忠诚勇敢的官员，给予他重任并专门负责这件事情，让他对这些军兵进行磨炼安抚，在他们中间树立起威信，用仁慈和恩德来关怀他们，务必要赶在据险防守的城池完工时，使士兵的心志更加团结凝聚，这样的话，进攻就自然没有不胜利的，行动自然没有不顺利的。参将、兵备等各个官员，又时常亲自到这里来，对他们进行经营管理，并使他们精神振奋；或者巡视村寨，或者劝勉、督促百姓进行农业生产；或者召唤那些顽固作梗的坏恶分子，对他们进行委婉的教训、惩戒；或者进荐那些德行良善的人，并多加奖励恩赐；或者救济抚恤这里的灾难、祸患；或者听取他们的陈述而裁断事情的是非恩怨。就像是农民在耕种田地的时候，铲除杂草而培养茁壮的禾苗，逐渐地对这块儿区域进行耕耘，并铲除掉那些坏恶分子。世道太平时，就随意地抽调附近村寨的土官、兵丁，或者上百人，或者七八十人，以协助防守的名义，让他们每两个月换班一次，在道路上络绎不绝地往来，以让远近各村寨、巢穴的耳目习以为常。此后，我们的军兵再出入这些地方的时候，自然也就不会惊吓、疑虑。若是有造反的迹象，立即采取行动，然后秘密调遣精壮强悍的可以任用的土目士兵一二千人，像平常防守轮换那样，按顺序潜进城中，养精蓄锐，然后抓住时机采取行动，进行攻伐。没有发生战事却屯驻几千名军兵，那么一个月的粮食、军饷花费就得超过千金。若是节约每一年的驻军花费，用来修筑城池，设立险要的关塞，以及犒劳赏赐军兵，把远方的百姓招引来安居乐业，这样，还有什么事情行不通？什么工程完不成呢？这加筑城池堡垒来占据险要、有战略意义的地理位置，就是人们所说的谋略施展成功了，那么敌人自然也就溃败了；城池修建完成了，那么贼徒自己也就解散消失了；险要的关塞设置好了，那么贼徒自己也就摧毁灭绝了；威势震动远播，那么奸贼自己也就伏法、老实了。这些事情正应该现在及时地去做，并且这也是形势逼迫不得不这样去做。希望皇上能够英明裁断，给以应允。

查明岑邦相疏

七年七月十九日

准兵部咨，该本部题节奉钦依："岑邦佐仍武靖知州，岑邦相着王守仁再查明白具奏钦此。"钦遵。照得先该臣等具题前事，内一件："仍立土官知州以顺土夷之情"。臣等议得岑氏世有田州，久结于人心，岑猛虽没，诸夷莫不愿得复立其后。议于开设流官知府之外，就于该府四十八甲之内，割其八甲，降设田州，立岑猛之子一人，始授以署州事吏目；三年之后，地方宁靖，效有勤劳，则授以为判官；六年之后，地方宁靖，效有勤劳，则授以为同知；九年之后，地方宁靖，效有勤劳，则授以为知州。使承岑氏之祀而隶之流官知府。

译文

依照兵部的咨文：兵部题奏，接到皇帝的圣旨说："我同意让岑邦相仍然做武靖知州，岑邦相的个人情况，仍然令王守仁去审查清楚，然后具体情况写本上奏。钦此！"这些都已经按照皇上分派的去做了。先前该臣等写本章报告前面提到的事情，其中有一件就是：仍然设立土官知州来顺应土人、夷族人的民俗风情。我等一干臣子议察到，岑氏几代人都占据田州，在这里已经深得民心。岑猛尽管已经死了，但是众夷族没有不愿意重立他的后代来承袭官职的。我们打算在田州设立流官知府外，就在田州府所辖的四十八甲当中，割取出八甲，来设立田州，并让岑猛其中的一个儿子来承袭官职，开始的时候会先授给他管辖州里事务的吏目官职；三年之后，若是地方上宁静安定，他能够勤勉辛劳地报效朝廷，那么就授予他判官之职；六年之年，若是地方上平静安定，他能够勤勉辛劳地报效朝廷，就授予他同知之职；九年之后，若是地方上保持安静、平定，他已经能够勤勉辛劳地为国效力，就授予他知州之职，让他能够承袭岑氏的宗祀烟火，并让他隶属于流官知府。

当时臣等通拘该府大小土目及乡老人等审问，岑猛之子应该承立者何人。乃众口一词，以为岑猛四子，长子岑邦佐系正妻张氏所出，次子岑邦彦系庶妾林氏所出，三子岑邦辅系外婢所生，四子岑邦相系次妾韦氏所出。猛嬖溺林氏，而张氏失爱，故邦佐自幼出继武靖，而以邦彦承袭官职。今邦彦既死，应该承立者莫宜于邦佐。

译文

到那时，我等把该府的大小土目官员以及乡绅、老人全部都请过来询问有关岑氏情况，并问岑蒙的哪一个儿子应该承袭职位，结果他们都异口同声地说岑猛的第四个儿子是最适合的。岑猛的长子岑邦佐，是由岑猛的正妻张氏所生，二儿子岑邦彦，是他的第一个小妾林氏所生，三儿子岑邦辅，是他的外戚婢女所生，四儿子岑邦相，是他的第二个小妾韦氏所生。岑猛对小妾林氏非常溺爱，正妻张氏因此而失宠，所以岑邦佐自幼便承继了武靖的官职，因而便让岑邦彦来承袭岑猛的官职。如今岑邦彦既然已经死了，应该承袭官职的，再没有谁比邦佐更加适合的了。

臣等当看得武靖地方正当瑶贼之冲，而邦佐自幼出继，该州之民信服归戴已久，况其才力足能制御各徭，近日该州土目人等又相继恳恳来告，愿得复还邦佐。今欲改立一人，亦未有可以代邦佐者。臣恐一失武靖各目之心，则于地方又多生一事，莫若仍还邦佐于武靖，一以御地方之患，一以顺各夷之情。至于田州新立，不过苟以无绝岑氏之祀，此其才否优劣，固有不必深论者。因论以邦佐出继武靖既久，朝廷事体已定，不可复还，宜立其次者，岑邦辅则可。于是各目人等又众口一词，以为邦辅名虽岑猛外婢所生，其实来历不明，阖府之民，皆不欲立。惟邦相则次妾所生，实系岑猛的亲骨血，况其质貌厚重谨实，众心归服。立继岑氏，庶不绝其真正一脉。臣等议得仍立土官者，专为不绝岑氏之后，以顺诸夷之情也。今众心若此，亦合俯顺。故当时直断邦辅谓非岑猛之子，而止谓岑猛之子存者二人，亦所以正名慎始，杜日后之纷争也。俱具奏之时，因本内事体多端，文以繁琐，若再加详说，诚恐有渎圣德，故遂简略其词。

译文

我等一二臣子当时看到，武靖的地理位置，正好处在瑶贼居住地的要冲位置，并且岑邦佐从小就出来承继了武靖的官职，这州的老百姓都非常信服、拥戴他，已经有很长的时间了；何况岑邦佐的才能和力量也足能够治理徭族人的事务，最近武靖州的土目人等，又接连不断地诚恳真切地请求，希望能够重新让岑邦佐回到武靖任职；如今即使想要重新改立另外一个人来执政，也没有能够代替岑邦佐的合适人选，我担心一旦失去武靖各土目的民心，就会让地方上又产生麻烦，所以还不如仍旧让岑邦佐回到武靖任职，如此，一方面能够防御地方上发生祸患，另一方面又能够顺应各个夷族人民的愿望。至于田州新任的官职人选，只不过是不使岑氏的宗祀灭绝，继承者的才能的优劣与否，本来就没有必要追究深论。因此论定岑邦佐出来承继武靖的官职既然已经有很长时间了，朝廷上的大事、体统也基本上已经得到了安定，政策不能反反复复，只要拥立他的三儿子岑邦辅就可以了。于是，各目民众，又都异口同声，认为岑邦辅尽管是岑猛的外戚婢女所生，但其实属于来历不明，所以，全岑府上上下下的人，全都不想让岑邦辅来继承官职。只有岑邦相是岑猛的第二个小妾所生，其实是岑猛的亲儿子，何况他品质优良，为人厚道、实在，外貌端庄，处事恭谨、得体，大家都对他尊敬、信服，让他来承袭岑氏的职位，便能够让岑氏的真正血脉不至于绝灭。我等一干臣子商议决定，仍然在田州设立土官，其目的是使岑氏不至于绝后，来顺应众夷族人的民情。如今大家的心愿都是这样，也正合情理，所以，在那个时候，我们就直接裁断，认为岑邦辅并非岑猛的儿子，并说岑猛在世的儿子只有两个，这也是为了端正名分，谨慎地采取行动，以杜绝日后将要发生的家族纷争。但是，我在写本章上奏的时候，由于本章内涉及的事情繁多，文章已经十分繁琐冗长了，若是再对这件事情进行详细地论述，实在是担心会对皇帝的德政产生亵渎，所以，便只是简练地进行了叙述。

今蒙朝廷明见万里，洞彻细微，复命臣等查奏。闻命惶惧，无所措躬。因思岑邦辅尚存，当时奏内不曾详开所以不立邦辅之故，而直言岑猛之子存者二人，果系情节脱落，事体欠明。臣等疏漏之罪，万死有不容赦者矣。臣等近复通拘该府土目乡老人等再加审问，而众口一词，执说如前，陈请益笃。臣等反覆思惟，其事诚亦必须如此，而后稳帖无弊，故仍照原议上请。盖此等关系地方之事，臣等言虽或有所不敢尽，而心已无所不用其极，必求事出万全，永久无患，然后乃敢具奏。伏乞圣明宥其疏漏万死之诛，仍敕该部俯从原议，立岑邦相于田州，以曲顺各夷之情。其岑邦辅者，听其以官族名目随住。如此，则名正事成，而人心允服，实地方之幸，臣等之幸。

译文

如今承蒙朝廷英明能够远见万里，洞察到了事情的微妙、细微之处，又命我等一干臣子进行审查，写本上奏。听到命令后，我心中真的是惊慌恐惧，不知道要怎么去处理这件事情。因为想到岑邦辅还活着，那时我的奏本中并没有进行详细的介绍说明白为什么不策立岑邦辅承袭官职的原因，却直接说岑猛在世的儿子只有两个，着实是细节脱落，从事理方面来看也欠明白。我等一干臣子的疏忽、错漏的罪责，就算是万死也不容赦免了。我等一干臣子又请来该府的土目官员、乡绅、老人等，对他们进行询问，他们都异口同声，说法同前面完全一致，陈述的情况和对岑邦相承袭官职的请求更加笃定。我们反来复去地考虑，这件事情确实也必须要这样去做，以后才能够稳妥、贴切，所以，我们仍然按照原来商议决定的议案来上奏。大概是这些决定关系到地方上的政务，我们所说的尽管有不全不尽的地方，但我们对朝廷的用心是竭尽全力的，一定要把事情考虑得万无一失，永远没有隐患，然后才敢写本章上奏。乞求英明的皇上，能够饶恕我们因为疏忽而犯下的应该万死的罪责，仍然敕令该部服从原来的议案，封立岑邦相继任田州的官职，来委婉曲意地顺应各夷族人的情怀。至于对岑邦辅，就听任他凭借官族的名义，随便驻留，如此，就名正言顺、事情顺遂了，并且百姓的心中也对这事表示允诺、顺服了，这实在是地方上百姓们的幸运，也是我们一干臣子的幸运。

奖励赏赉谢恩疏

七年九月二十日

准兵部咨，为奏报平复地方事，该臣题该本部覆题，节奉圣旨："王守仁受命提督军务，莅任未久，乃能开诚布恩，处置得宜，致令叛夷畏服，率众归降，罢兵息民，其功可嘉。写敕差行人赍去奖励，还赏银五十两，纻丝四表里，有政府司买办羊酒送用，钦此。"随于本年九月初八日，该行人冯恩赍捧敕书并前项彩币银两等项，到于广州府地方，奉迎入城，当除望阙谢恩，钦遵收领外，臣时卧病床褥，已余一月，扶疾兴伏，感激惶惧，颠顿昏眩，莫知攸措。已而渐复苏息，伏自念思恩、田州数万赤子，皆畏死逃生，本无可诛之罪。而前此当事者议欲剿灭，故皆汹汹思乱。既已陷之必死之地，而无复生全之心矣。仰赖皇上好生之仁，轸念远夷，惟恐一物不得其所，特遣臣来勘处。臣亦何能少效一筹，不过宣扬深仁，敷昭神武，而旬月之间，遂皆回心向化，舍死投生，面缚来归。是皆皇上圣德格天，至诚所感，不疾而速，是以绥之斯来，动之斯和，有莫知其所以然而然者，此岂臣等知谋才力能致毫发于其间哉？今乃误蒙洪恩，重颁大赏，且又特遣行人赍敕远临，事尤出于常格之外。臣亦何功，而敢当此？臣亦何人，而敢望此？祗受之余，战悚惶惑，徒有感泣，惟誓此生鞠躬尽瘁，竭犬马之劳，以图报称而已。臣病日亟，自度此生恐不复能奔走阙廷，一睹天颜，以少罄其蝼蚁葵藿之诚，臣不胜刻心镂骨，感激恋慕之至！

译文

依照兵部的咨文，为了报奏地方上的叛乱得到平定的相关事宜，该臣题奏，该本部又重新题奏，按照皇上圣旨，说："王守仁自从被任命为提督，管理军事政务以来，上任不久，就能够敞开胸怀，以极大的诚意，播布朝廷的恩德，对地方上的事情处置得很得体、适宜，致使发动叛乱的夷族畏惧、悦服，从而率领众人来归顺、投降，停止了兵戈战火，使老百姓得到了休养生息的机会，这样的功劳真的是值得嘉奖呀。所以，书写敕书，差派传旨官捧送你处，给予奖励，还赏赐给你白银五十两、丝四匹，另外还命布政司购买牛羊、酒肉给予犒赏。钦此！"于是，在今年的九月初八日，传旨官冯恩，捧送敕书，以及前面所提到的银两、丝绸等等东西，来到广州府地方，我们迎接差官进入城中，当时除了望着京城的方向叩头谢恩，依照皇上的命令接受赏赐外，我当时因为卧病在床已经有一个多月了，还带着病俯伏在地，来表达对朝廷的感激之情，真的是无以言表，心中惶恐之至，以至于颠顿眩晕，昏厥了过去，不知道该怎么办才好，一会儿才逐渐苏醒平复呼吸过来，自己想到，思恩、田州的几万民众，都是因为害怕死亡才逃往他地寻求生路的，他们原本并没有什么被杀的罪过。但是前一任这里的执政官，竟然决定对他们进行剿灭，所以，这些百姓才人心惶惶，想要发动叛乱，既然已经把他们拘陷于必死的境地，那么他们也就没有了再求生路、保全自己的心思。幸运的是，仰赖皇上有怜惜生命、爱恋生灵的仁慈之心，对远方的夷族珍惜顾念，唯恐一件东西无法产生它应当发挥的作用，因而特派遣我来斟酌处理。我又怎么能够少效一筹的功力呢，我并没有什么灵丹妙药，只不过是代为宣扬皇帝的深厚仁德，来昭示朝廷的神圣、威武，就在旬月之间，这些百姓便就都已经回心转意，心悦诚服，舍弃死路并向往重生的道路，自己把自己绑缚起来归降。这些都是皇帝的神圣德政直冲上天，用极致的诚意感动了上天，致使平叛得以迅速地达到了目的，这是凭借着绥柔的政策实行，造成了这一和平解决问题的结果，对于这些，真的使人不知道其所以然而之所以出现者，这哪里是我等一干臣子知晓谋略，能够有才能和力量在这期间获得的功绩呢？如今又错误地承蒙受到朝廷的浩荡洪恩，对我颁布如此大的奖赐，并特别派遣传旨官捧送敕书、奖品亲自从远方来到这里，尤其破格，已经超出了常规之外。我又有什么功劳，能够担当得起这样的殊荣；我又是什么样的人，而胆敢奢望如此？我在接受了赏赐之余，心中惶恐战栗，感激涕零，唯有发誓今后此生一定要为了国事鞠躬尽瘁，死而后已，竭尽自己如犬马般的辛劳，用来报答朝廷的恩德。我的病一天比一天厉害，自己揣度这一生恐怕再也无法重赴宫廷，看一看皇上的天颜，来稍微尽我的一点蝼蚁般的忠心以及向日葵般对太阳跟随始终的诚意，我禁不住刻心镂骨般地对朝廷感激、恋慕达到了极点！

乞恩暂容回籍就医养病疏

七年十月初十日

臣以忧病，跧伏田野，六年有余。蒙陛下赐之再生之恩，赐之分外之福，每思稽首阙廷，一睹天颜，以申其蝼蚁感激之诚，遂其葵藿倾戴之愿。既困疾病，复畏讥谗，六年之间，瞻望太息，竟未敢一出门庭。夫蒙人一顾之恩，尚必思其所以为酬，受人一言之知，亦必图其所以为报，何况君臣大义，天高地厚之恩！上之所以施于其下者，如雨露之沾濡，无时或息；而下之所以承乎其上者，乃如顽石朽株，略无生动，此虽禽兽异类，稍有知觉者，亦不能忍于其心。是以每一念及，则哽咽涕下，徒日夜痛心惕骨，行吁坐叹而已。

译文

我因为忧愁痛苦，蜷伏在家中，已经长达六年多了。承蒙皇上赐给我重获新生的恩情，又赐给了我格外的福祉，我每每都想要到宫廷中去叩头谢恩，能够亲眼看一看皇上的天颜，来表达我对陛下像蝼蚁般低微的真诚恳切的感激之心，以成全我对陛下如葵花跟随太阳一般拥戴的愿望。我已经被疾病所缠绕，又担心讥讽和谗言会对自己不利，所以在这六年的时间里，只是远望宫阙，默默叹息，竟然不敢走出门庭一步。那蒙受别人顾念的恩情，尚且还一定要考虑用什么来作为报酬，接受别人一句话的知遇之恩，也必定要图谋用什么来作为报答，更何况君主与臣子之间本应有的大义，是比天高比地厚的恩德！陛下用来施于臣下的东西，就像是雨露浸润万物，无时无刻不停息；而臣下用来报效给朝廷的东西，就犹如顽劣的石头、朽腐的木头，一点都没有生动感人的地方，这即使是低等的动物、非人的异物，在稍微有些知觉的情况下，也无法在心中容忍这样的不作为。所以，每次当我想念到陛下恩德的时候，便哽咽哭泣，泪流不止，也只有日夜不停地痛心疾首，犹如剔骨般痛苦难忍，唯有长吁短叹而已。

迩者缪蒙陛下过采大臣之议，授以军旅重寄。自知才不胜任，病不任劳，辄乃触冒上陈辞谢。又蒙温旨眷覆，慰谕有加。伏读感泣，不复能顾其他，即日矢死就道。既而沿途备访其所以致此变乱之由，熟思其所以经理斡旋之计，乃甚有抵牾矛盾者。而其事势既已颠覆破漏，如将倾之屋，半溺之舟，莫知所措。其惟恐付托不效，以孤陛下生成之德，以累大臣荐举之明，于是始益日夜危惧，而病亦愈甚。乃不意到任以来，旬月之间，不折一矢，不戮一卒，而两顽民帖然来服，千里之内，去荆棘而成坦途。其间虽有数处强大贼巢，素为广西众贼之渊薮根株，屡尝征讨而不克者，亦就湖广撤回之兵，而乘其取道之便，用两广新附之民，而鼓其报效之勇，财力不致于大费，小民不及于疲劳，遂皆歼厥渠魁，荡平巢穴，而远近略已宁靖。是皆陛下好生之至德昭格于上下，不杀之神武幽赞于神明，是以不言而信，不怒而威，阴祐默相，以克有此，固非愚臣意望之所敢及，岂其知谋才力为能办此哉？窃自喜幸，以为庶得借此以免于覆败之戮，不为诸臣荐扬之累，足矣。而臣之病势乃日益增剧，百疗无施。臣又思之，是殆功过其事，名浮其实，福逾其分，所谓小人而有非望之获，必有意外之灾者也。

译文

最近错承皇上过份地采纳了大臣们的建议，授予我重要的监守行军的职责。我自认为自身才能无法胜任这个职务，身体多病不能够担任如此的辛劳，于是冒着触犯陛下恩威的风险，写奏章对这个任命进行辞谢。后又承蒙皇上在圣旨中用亲切的话语表达眷顾，对我慰问多次。于是我伏身在地，阅读皇上的敕谕，感激得哭泣起来，不能够再顾念其他的情况了，当天就冒死上路赴任。一路上我访察导致广西爆发叛乱的原因，深切地思考对于这场叛乱所应当采取的调节处理措施，甚至还想到有很多抵触矛盾的地方。而事情的形势既然已经达到了倾覆破灭的境地，就像是将要倾倒的房屋，将要沉没的小船，不知道该怎么办。又担心朝廷托付给我的任务没能取得成效，从而辜负了皇上对我的成全，连累了众位大臣对我推举的聪睿之举，便开始日夜不断地感到恐惧、窘迫，病情也变得更加恶化了。可是竟意想不到，自从到任以来，在较短的时间内，没有用过一支箭，没有杀过一名士卒，而思恩、田州两地过去的顽固不化的民众竟然能够俯首帖耳地前来归附；千里范围内的地区，就像是砍伐掉了荆棘阻塞般一下子就变成了平坦的大道。在这些地区中间，尽管还有几处势力很强大的贼徒巢穴，向来都被看作是广西众多贼匪的渊源、根基，以前多次对他们进行征讨、剿伐，却从来没有取得过胜利，我们就利用湖广正要撤回本籍去的军兵，并乘着经过贼徒巢穴的便宜，又利用最近两广来归附的土目民众，鼓动他们为朝廷尽忠效力的勇气，如此，财物和兵力两方面都不用花费很大，老百姓们也不用遭受疲劳困顿，于是全部都歼灭了贼徒首领，扫平荡尽了贼徒的巢穴，并且远远近近各地大致上也已经宁静安定了。这些都是因为皇上那怜惜生灵的最高尚的仁德降临到人间，不轻易杀伐的举动彰显着朝廷的神圣和威武，又在暗中受到神明的庇佑帮扶，所以，不必说话就能够自然地产生信义，不必发怒就能够自然地显现出威武，有了暗中鬼神的庇护和默默的赞许，从而也就有了这克敌制胜的结果，这并不是我心中奢望就能达到的结果，难道凭借通晓谋略、有才能和兵力就能够办得到？我私下里欢喜、庆幸，认为凭借着这次的成功得以免除失败后的杀身之祸，从而不会使众位大臣因为荐举我而遭受到牵累，这样就足够了。可是我的病情，却一天比一天更加严重，百般治疗也都是无计可施，不见好转。我又思考这件事情，这大概是因为朝廷给予我的功劳超过了我实际应当得到的，名不副实，福祉也超过了自己本应当享有的范围，这也正是人们所说的，小人有了非分的收获，也必定会有意想不到的灾祸。

臣自往年承乏南赣，为炎毒所中，遂患咳痢之疾，岁益滋甚。其后退伏林野，虽得稍就清凉，亲近医药，而病亦终不能止，但遇暑热，辄复大作。去岁奉命入广，与旧医偕行，未及中途，而医者先以水土不服，辞疾归去。是后，既不敢轻用医药，而风气益南，炎毒益甚。今又加以遍身肿毒，喘嗽昼夜不息，心恶饮食，每日强吞稀粥数匙，稍多辄又呕吐。当思恩、田州之役，其时既已力疾从事，近者八寨既平，议于其中移卫设所，以控制诸蛮，必须身亲相度，方敢具奏，则又冒暑舆疾，上下岩谷，出入茅苇之中，竣事而出，遂尔不复能兴。今已舆至南宁，移卧舟次，将遂自梧道广，待命于韶、雄之间。

译文

我在过去承受着南赣困乏的环境，在那里中了暑毒，便患上了咳嗽、痢疾等病症，且这疾病一年比一年更为厉害，后来回家休养，尽管得以稍微在清静舒爽的环境中养病，也接见了不少医生，服用了不少的药剂，可是疾病却始终不能根治，一旦遇到暑季的炎热天气，就会又重新很厉害地发作起来。去年我接受朝廷的命令，前往两广，同旧时的医生一路同行，还没走到一半道路，我的医生就先因为水土不服，而身患疾病，辞职返回原籍去了。从那之后，我也不敢轻易地服用药剂，然而越往南走，炎热暑毒也就更加厉害。我如今浑身都长满了肿块毒疙瘩，喘气、咳嗽白天黑夜都不停息，常常恶心呕吐，饮食难进，每天只能勉强吞吃几匙稀粥，稍微多吃一些就又会呕吐出来。在思恩、田州的战役中，这时候我已经是忍着疾病来主持军务了，最近八寨的贼徒已经被平定了，我们商议准备在八寨当中移设卫所，来控制众多蛮族的力量，而我必须要亲自前往那里进行考察、揣摩，才能够写本把实际情况上奏，就又冒着暑热，带着病痛，在山崖、山谷中上下攀缘，在芦苇茅草之中进进出出，等到事情完全办完之后才出来，于是就不能够再起来行动了。如今已经把我用轿抬到了南宁，躺在小船中，将最终从梧州到达广州，在韶、雄之间的地带等待朝廷的命令。

新任太监总兵亦皆相继莅任，各能守法奉公，无地方骚扰之患。两省巡按等官，又皆安靖行事，创涤往时烦苛搜刻之弊，方务安民。今日之两广，比之异时，庶可谓无事矣。臣虽病发而归，亦可以无去后之忧者。

译文

新任的太监、总兵，他们也都已经相继到这里来上任了，他们也都能够遵纪守法，奉行公理，没有出现侵扰地方的祸患。两省的巡按等官员，又都安静办公，改革涤荡了过去课税繁杂苛刻的弊端，正在执行安抚百姓的任务。如今的两广，和过去相比较来说，基本上可以说是平安无事了。我即使疾病发作而归去，也可以无后顾之忧了。

夫竭忠以报国，臣之素志也；受陛下之深恩，思得粉身齑骨以自效，又臣近岁之所日夜切心者也。病日就危，尚求苟全以图后报，而为养病之举，此臣之所大不得已也。惟陛下鉴臣一念报主之诚，固非苟为避难以自偷安，能悯其濒危垂绝不得已之至情，容臣得暂回原籍就医调治，幸存余息，鞠躬尽瘁，以报陛下，尚有日也。臣不胜恳切哀求之至！

译文

竭尽忠心来报效国家，是我平生的志向；承受到皇上的深厚恩德，就想着粉身碎骨也要为朝廷贡献自己的力量，这也是我最近几年日日夜夜深切的心愿。在病情一天天接近危急的境地，还求得能够保全自己，来图谋今后报效朝廷，而请求回家休养病躯的举动，也是我在不得已的情况下做出的。希望皇上明察我的一片报效君主的诚意，并不是苟且为了躲避灾难来私自偷求平安，能够怜悯我因为重病临近危险将死的境地，迫不得已的情况下，容允我能够暂时回到我的原籍，找医生来调治身体，若是有幸能够活下来，那么，我为国事鞠躬尽瘁，死而后已，来报答皇上的洪恩，尚且还有时日呀。我真是恳切地哀求达到了极致！